MAGIS DE DIREITO
DEBATES JURÍDICOS CONTEMPORÂNEOS

—— VOLUME **DOIS** ——

Todos os direitos reservados à Associação Guimarães de Estudos Jurídicos

---

G963
2024

Magis de Direito: debates jurídicos contemporâneos – Volume Dois/ Afonso Vinício Kirschner Fröhlich ... [et al.]; coordenado por Clayton Douglas Pereira Guimarães, Glayder Daywerth Pereira Guimarães, Jordano Paiva Rogério.
Seattle: Independently Published, 2024.
256 p.; 15,24cm x 22,86cm.

ISBN: 979-8345091-07-4

1. Direito. 2. Direito Contemporâneo. I. Fröhlich,Afonso Vinício Kirschner. II. Alves, Andressa Munaro. III. Mendes, Bruno Coelho Da Paz. IV. Marini, Bruno. V. Barbosa, Caio César do Nascimento. VI. Guimarães, Clayton Douglas Pereira. VII. Bello, Diego Sena. VIII. Zandoná, Éverton Luís Marcolan. IX. Ijano, Gabriel Loureiro Melo. X. Möller, Guilherme Christen. XI. Guimarães, Glayder Daywerth Pereira. XII. Bassetto, Ingrid Pereira. XIV. Loio, Joanna Amorim de Melo S. XV. Silva, John Juan. XVI. Rogério, Jordano Paiva. XVII. Marini, Joyce Ferreira de Melo. XVIII. Oliveira, Júlio Moraes. XIX. Almeida, Lucas Ambrosio de. XX. Brolezi, Lucas Witkoski. XXI. Leite, Luciana Simon de Paula. XXII. Oliveira, Marco Aurélio Machado de. XXIII. Fonseca, Marina Ribeiro. XXIV. Almeida, Pedro. XXV. Pereira, Sarah Batista Santos.

CDD: 340 / CDU: 340

CLAYTON DOUGLAS **PEREIRA GUIMARÃES**
GLAYDER DAYWERTH **PEREIRA GUIMARÃES**
JORDANO PAIVA **ROGÉRIO**
ORGANIZADORES

MAGIS DE DIREITO
DEBATES JURÍDICOS CONTEMPORÂNEOS

VOLUME **DOIS**

Magis de Direito:
debates jurídicos contemporâneos

2024 © Associação Guimarães de Estudos Jurídicos

Coordenadores: Clayton Douglas Pereira Guimarães, Glayder Daywerth Pereira Guimarães, Jordano Paiva Rogério

Autores: Afonso Vinício Kirschner Fröhlich, Andressa Munaro Alves, Bruno Coelho Da Paz Mendes, Bruno Marini, Caio César do Nascimento Barbosa, Clayton Douglas Pereira Guimarães, Diego Sena Bello, Éverton Luís Marcolan Zandoná, Gabriel Loureiro Melo Ijano, Guilherme Christen Möller, Glayder Daywerth Pereira Guimarães, Ingrid Pereira Bassetto, Joanna Amorim de Melo S. Loio, John Juan Silva, Jordano Paiva Rogério, Joyce Ferreira de Melo Marini, Júlio Moraes Oliveira, Lucas Ambrosio de Almeida, Lucas Witkoski Brolezi, Luciana Simon de Paula Leite, Marco Aurélio Machado de Oliveira, Marina Ribeiro Fonseca, Pedro Almeida, Sarah Batista Santos Pereira

Presidente	Clayton Douglas Pereira Guimarães
	Glayder Daywerth Pereira Guimarães
Vice-presidente	Érica Melícia da Silva Silveira
	Sarah Batista Santos Pereira
Diretor Adjunto	Caio César do Nascimento Barbosa

DIREITOS AUTORAIS: É proibida a reprodução parcial ou total desta publicação, por qualquer forma ou meio, sem a prévia autorização da Associação Guimarães de Estudos Jurídicos, com exceção do teor das questões de concursos públicos que, por serem atos oficiais, não são protegidas como Direitos Autorais, na forma do Artigo 8º, IV, da Lei 9.610/1998. Referida vedação se estende às características gráficas da obra e sua editoração. A punição para a violação dos Direitos Autorais é crime previsto no Artigo 184 do Código Penal e as sanções civis às violações dos Direitos Autorais estão previstas nos Artigos 101 a 110 da Lei 9.610/1998. Os comentários das questões são de responsabilidade dos autores.

Associação Guimarães de Estudos Jurídicos

Seattle – U.S.
Email: contato.agej@hotmail.com
Website: agej.com.br
Instagram: @agej.oficial

"A ofensa ao meu direito é a ofensa e a negação do direito como tal, sua defesa é a defesa e o restabelecimento do direito em sua totalidade".

– Rudolf Von Ihering
A luta pelo Direito (1987)

AGRADECIMENTOS

Prezados Leitores e Colaboradores,

Neste *opus* que ora temos a honra de introduzir os agradecimentos, é com humildade e gratidão que abrimos nossos corações para expressar os nossos sinceros agradecimentos a todos aqueles que contribuíram para tornar esta obra uma realidade, resultando na confluência de conhecimento e sabedoria que agora compartilhamos com a comunidade jurídica do Brasil.

Primeiramente, dirigimos nossos pensamentos e sentimentos à divindade, o princípio supremo da sabedoria, cuja orientação e inspiração divina sempre nos acompanharam ao longo desta jornada intelectual. Em deferência a Deus, fonte de todas as coisas, reconhecemos sua providência e graça que nos sustentaram durante o processo de criação deste livro, concedendo-nos discernimento e força para enfrentar os desafios que surgiram.

Aos ilustres autores que, provenientes dos mais diversos recantos do nosso vasto Brasil, enriqueceram este compêndio com suas perspectivas e conhecimentos únicos, rendemos nossa profunda admiração e gratidão. Cada um de vós trouxe uma valiosa contribuição para a compreensão e a análise do Direito, demonstrando profunda riqueza e diversidade de pensamento.

Por fim, mas de forma alguma menos importante, nossa gratidão se estende aos prezados leitores, que com vossa dedicação à busca do conhecimento e ao estudo do Direito, dão sentido a esta obra. É para vós que este livro foi concebido, com a esperança de que ele seja uma fonte de orientação, inspiração e reflexão em vossas jornadas acadêmicas e profissionais.

Que esta compilação de ideias e análises jurídicas possa servir como uma ferramenta enriquecedora para todos os estudiosos do Direito, para aqueles que se dedicam à administração da justiça e àqueles que buscam conhecer seus próprios direitos.

Que nossos agradecimentos, aqui expressos, ecoem como um tributo à divindade, ao conhecimento dos autores e ao zelo dos leitores que compartilham conosco o compromisso com a busca do entendimento e aprimoramento do Direito.

Com profunda gratidão e estima,

Conselho Editorial do Magis - Portal Jurídico

NOTA DE APRESENTAÇÃO

A obra que ora se apresenta, intitulada "Magis de Direito: debates jurídicos contemporâneos", nesta ocasião desenvolvida em volume dois, mergulha nas complexidades e nas sutilezas da ciência jurídica, demonstrando de forma eloquente a sua imensa importância no tecido social contemporâneo. Este livro destina-se não apenas a juristas e estudantes de Direito, mas a todos aqueles que buscam compreender como o direito permeia e influencia todas as esferas de nossa vida cotidiana.

A sociedade contemporânea é intrinsecamente ligada ao ordenamento jurídico que a sustenta, molda e protege. O direito não é uma disciplina distante e inacessível, mas uma força dinâmica que afeta todos os aspectos de nossas vidas, desde as transações comerciais mais simples até os casos jurídicos mais complexos. Ele é um sistema de regras e princípios que regem nosso comportamento, nossos relacionamentos, nossas obrigações e nossos direitos.

A presente obra, dedicada ao campo do Direito Contemporâneo, busca aprofundar a compreensão das intrincadas relações entre o Direito e a vida cotidiana das pessoas na sociedade. O Direito, como sistema normativo que regulamenta as interações humanas, manifesta-se de maneira ubíqua, exercendo um impacto substancial em todas as esferas da vida social.

No contexto atual, a complexidade das relações interpessoais e a crescente interconexão global colocam desafios singulares diante do Direito. Este livro examina como o Direito é um elemento central na organização da sociedade contemporânea, influenciando desde as transações comerciais e relações contratuais até questões fundamentais de justiça social, direitos humanos e governança.

O estudo do Direito Contemporâneo exige uma abordagem multidisciplinar, incorporando não apenas os aspectos tradicionais do Direito, mas também considerando a interação com campos como a sociologia, a economia, a política e a ética. A obra procura, portanto, transcender as fronteiras disciplinares para oferecer uma visão abrangente e atualizada do papel do Direito na vida das pessoas.

Ao examinar a interface entre o Direito e a vida cotidiana, este livro se propõe a explorar não apenas a dimensão normativa, mas também as implicações práticas e sociais das leis e regulamentos. Isso inclui a análise das questões contemporâneas que moldam o Direito, como as tecnologias emergentes, os desafios ambientais, as dinâmicas econômicas globais e as transformações culturais.

Além disso, a obra reconhece que o Direito contemporâneo não se limita ao âmbito nacional, mas se estende para além das fronteiras geográficas. A globalização e a interdependência entre nações exigem uma análise cuidadosa das relações jurídicas internacionais e da influência do Direito internacional na vida das pessoas.

Nesse sentido, esta obra de Direito Contemporâneo pretende oferecer uma análise aprofundada e interdisciplinar sobre como o Direito se insere na vida das pessoas em uma sociedade cada vez mais complexa e globalizada. Por meio de uma abordagem acadêmica rigorosa e atual, busca-se proporcionar aos leitores uma compreensão mais profunda e abrangente do papel do Direito na vida cotidiana e nas dinâmicas sociais do século XXI.

Os capítulos desta obra são de autoria dos colunistas do Portal Jurídico Magis, especialistas em diversas áreas do Direito, que contribuíram com seus conhecimentos e experiências ao longo do ano de 2024. Os textos aqui apresentados representam uma compilação cuidadosamente selecionada das contribuições desses colunistas, que abordam temas relevantes e atuais do Direito contemporâneo. Cada capítulo reflete o compromisso desses autores em analisar e discutir questões jurídicas fundamentais que moldam a nossa sociedade, fornecendo perspectivas valiosas e insights críticos para os leitores interessados em compreender a interseção entre o Direito e a vida das pessoas neste contexto específico.

Esperamos que a leitura desta obra seja altamente benéfica a todos nossos leitores, proporcionando-lhes uma oportunidade única de absorver conhecimento, (re)pensar a sociedade em que vivemos e cultivar uma visão crítica e analítica do Direito contemporâneo. Acreditamos que as reflexões, análises e insights contidos nestas páginas não apenas enriquecerão o entendimento do Direito, mas também estimularão discussões construtivas sobre como a evolução jurídica pode contribuir para um mundo mais justo, equitativo e harmonioso. Nossos sinceros desejos são que os leitores se sintam inspirados a se engajar ativamente no debate sobre os desafios e possibilidades do Direito na sociedade contemporânea, contribuindo assim para um futuro mais promissor.

Conselho Editorial do Magis - Portal Jurídico

SUMÁRIO

AGRADECIMENTOS VII
NOTA DE APRESENTAÇÃO IX
SUMÁRIO XIII

1. INTRODUÇÃO AO TRIBUNAL MULTIPORTAS
Guilherme Christen Möller 1–10

2. INTERPRETAÇÕES DOUTRINÁRIAS E JURISPRUDENCIAIS DO JUSTO TÍTULO NO DIREITO CIVIL
Júlio Moraes Oliveira .... 11 – 24

3. O LABOR NA ERA DA TECNOLOGIA DA INFORMAÇÃO: ENTRE O (DEVER DE?) COLABORAR E O LIMITAR DO COORDENAR POTESTATIVO
Andressa Munaro Alves e Diego Sena Bello .... 25 – 40

4. VIOLÊNCIA OBSTÉTRICA E DIREITOS DA MULHER: DESAFIOS E PERSPECTIVAS JURÍDICAS
Sarah Batista Santos Pereira e Marina Ribeiro Fonseca .... 41 – 60

5. DA EFICÁCIA HORIZONTAL DOS DIREITOS FUNDAMENTAIS: UMA ABORDAGEM MODERNA À LUZ DA APLICABILIDADE DAS NORMAS CONSTITUCIONAIS

Bruno Marini e Pedro Almeida .... 61 – 67

6. IMIGRANTES BOLIVIANOS DA PLANÍCIE E DO ALTIPLANO EM REGIÃO DE FRONTEIRA: DISTINÇÕES PREGRESSAS EM SOLIDARIEDADE SELETIVA

Joyce Ferreira de Melo Marini, Joanna Amorim de Melo S. Loio e Marco Aurélio Machado de Oliveira .... 69 – 88

7. JUDICIALIZAÇÃO DO DIREITO À SAÚDE: LIMITES E POSSIBILIDADES NO FORNECIMENTO DE MEDICAMENTOS NÃO REGISTRADOS PELA ANVISA

Jordano Paiva Rogério .... 89 – 103

8. AGRAVO DE INSTRUMENTO E PRESCRIÇÃO: LIMITES E POSSIBILIDADES

Afonso Vinício Kirschner Fröhlich e Éverton Luís Marcolan Zandoná
.... 105 – 112

9. EVOLUÇÃO CONSTITUCIONAL DA PROTEÇÃO AO MEIO AMBIENTE E A PREOCUPAÇÃO COM O DESENVOLVIMENTO DAS ENERGIAS SUSTENTÁVEIS

Gabriel Loureiro Melo Ijano .... 113 – 120

10. INITIAL PUBLIC OFFERING – IPO
Lucas Ambrosio de Almeida .... 121 – 129

11. A ERA DAS PLATAFORMAS: O PODER GERENCIAL E A DESCONSTRUÇÃO DOS DIREITOS TRABALHISTAS NA INDÚSTRIA 4.0
John Juan Silva .... 131 – 142

12. A TECNOLOGIA E O NOVO TRABALHO: O IMPACTO DA REDUÇÃO DA JORNADA DE TRABALHO
Andressa Munaro Alves e Lucas Witkoski Brolezi .... 143 – 162

13. VIOLÊNCIA PSICOLÓGICA E FÍSICA CONTRA A MULHER: A BANALIZAÇÃO NA SOCIEDADE CONTEMPORÂNEA
Luciana Simon de Paula Leite .... 163 – 171

14. A LAVRATURA DO TERMO CIRCUNSTANCIADO DE OCORRÊNCIA (TCO) PARA ALÉM DA POLÍCIA JUDICIÁRIA
Bruno Coelho Da Paz Mendes .... 173 – 177

15. A TUTELA DAS CRIANÇAS TRANSEXUAIS
Ingrid Pereira Bassetto e Luciana Simon de Paula Leite .... 179 – 211

16. O DIREITO AO SOSSEGO NA ERA DIGITAL: UMA ANÁLISE DA RESPONSABILIDADE CIVIL FRENTE AO ASSÉDIO DE CONSUMO ATRAVÉS DE LIGAÇÕES E MENSAGENS INCESSANTES

Caio César do Nascimento Barbosa .... 213 – 221

17. ESTADO DE COISAS INCONSTITUCIONAL NO SISTEMA PRISIONAL: A DECLARAÇÃO DE INCOMPETÊNCIA DO PODER PÚBLICO

Bruno Coelho Da Paz Mendes .... 223 – 225

18. SEGURANÇA DE DADOS NO SETOR PÚBLICO: UMA DIFICULDADE INSUPERÁVEL?

Clayton Douglas Pereira Guimarães e Glayder Daywerth Pereira Guimarães .... 227 – 240

O PROCESSO CIVIL NOSSO DE CADA DIA

INTRODUÇÃO AO TRIBUNAL MULTIPORTAS

1

Guilherme Christen Möller[1]

1 INTRODUÇÃO

O tribunal multiportas é um assunto crescente no direito brasileiro, sobretudo na sua relação com o Processo Civil, embora também seja explorado para outras áreas, como a penal[2], por exemplo. Trata-se de um instituto estrangeiro que foi bem-recepcionado pelo Brasil. O tema não é novo, afinal, teve ampla difusão ao período do anteprojeto do CPC e, agora, está ganhando destaque sob enfoque sistemático. A proposta deste breve ensaio consiste em apresentar algumas notas sobre a sua origem, o seu desenvolvimento internacional, a sua recepção pelo Brasil e as novas

---

[1] Dottore di Ricerca in Scienze Giuridiche pela Università degli Studi di Firenze (UniFi) e Doutor e Mestre em Direito Público pelo Programa de Pós-Graduação em Direito da Universidade do Vale do Rio dos Sinos (Unisinos). Membro do Instituto Brasileiro de Direito Processual (IBDP), do Instituto Iberoamericano de Derecho Procesal (IIDP) e da Associação Brasileira de Direito Processual (ABDPro). Advogado (OAB/SC n. 51.682 e OAB/RJ n. 259.139) no Coelho, Murgel e Atherino Advogados, com sede na Avenida Rio Branco, n. 138, 10° andar, sala 1002, Centro, Rio de Janeiro, RJ. Lattes: http://lattes.cnpq.br/0168074867678392. E-mail: contato@guilhermechristenmoller.com.br. ORCID: https://orcid.org/0000-0002-6237-3166.

[2] DIDIER JR., Fredie; FERNANDEZ, Leandro. Introdução ao sistema brasileiro de justiça penal multiportas (parte 1). **Revista de Processo**, v. 350, p. 423-448, 2024. DIDIER JR., Fredie; FERNANDEZ, Leandro. Introdução ao sistema brasileiro de justiça penal multiportas (parte 2). **Revista de Processo**, v. 351, p. 505-533, 2024. COSCAS-WILLIAMS, Béatrice; ALBERSTEIN, Michal. ««Um palais de justice aux multiplex porte». La diversité des réponses pénales (Israël, Italie, France)», **Les Cahiers de la Justice**, v. 1, n. 1, p. 85-97, 2020. BIERSCHBACH, Richard A. Equality in Multi-Door Criminal Justice. **New Criminal Law review**, v. 23, n. 1, p. 60-73, 2020.

articulações projetadas para ele, servindo, este material, como uma espécie de (breve) introdução ao assunto.

2 IDEIA E ORIGEM DO *MULTI-DOOR COURTHOUSE SYSTEM*

No Brasil, embora a essência seja convergente, o tribunal multiportas adquiriu conotação diversa. Originalmente, essa teoria foi apresentada por Frank Sander, falecido professor da Universidade de Harvard, na década de 70, com o objetivo de sinalizar que determinadas categorias de conflitos poderiam ser resolvidas por formas resolutivas específicas, distintas em relação ao processo judicial – importante sinalizar que se fala, aqui, do sistema jurídico dos Estados Unidos da América, no período compreendido entre as décadas de 60 e 80, o qual registrava elevadíssimo índice de ajuizamentos de processos judiciais.[3]

Suas conclusões foram pauta em emblemática edição da *Pound Conference*, de 1976, que pretendia revisitar algumas estruturas do sistema jurídico e oferecer contornos prospectivos atualizados.

Inicialmente, a tese foi concebida pela designação de "centro abrangente de justiça", a partir do estudo *"Varieties of dispute processing"*[4], isso é, Variedades de processamento de conflitos. O nome "Tribunal Multiportas", *Multi-Door Courthouse System*, surgiu, e apenas, após a conferência, a partir de uma ilustração da revista da *American Bar Association*[5], que apresentava um tribunal composto por uma quantidade significativa de portas.

Nas palavras do seu idealizador, a proposta do tribunal multiportas consiste em analisar diferentes formas de resolução de conflitos, como a mediação, a arbitragem, a negociação, entre outras, de modo a observar

---

[3] CRESPO, Mariana Hernandez. Diálogo entre os professores Frank Sander e Mariana Hernandez Crespo. *In*: ALMEIDA, Rafael Alves de; ALMEIDA, Tania; _____. **Tribunal Multiportas**: investindo no capital social para maximizar o sistema de solução de conflitos no Brasil. Rio de Janeiro, FGV, 2012. p. 32.
[4] SANDER, Frank. Varieties of dispute processing. *In*: Levin, L. A.; Russel, W. R. (Orgs.). **The pound conference**: perspectives on justice in the future. Saint Paul: Leo Levin & Russel R. Wheeler, 1979.
[5] Equivalente, para nós, a Ordem dos Advogados do Brasil (OAB).

em cada uma delas alguma característica que a torne aderente à uma categoria de conflitos, permitindo criar um sistema de indicar a forma mais adequada de resolução a partir dos conflitos apresentados ao Poder Judiciário.⁶

A proposta teórica do tribunal multiportas não é difícil; trata-se de uma ideia pontual e simples, cuja dificuldade está na sua execução, especialmente porque é no mínimo complexo apontar quais são os casos que correspondem à uma forma de resolução de conflito específica.

3 CONTRACORRENTES AO MODELO DO TRIBUNAL MULTIPORTAS

A ideia projetada por Frank Sander foi eleita como uma espécie de novo modelo a ser implementado no sistema jurídico dos EUA, encorajando demais países a adotarem a lógica do tribunal multiportas. A proposta gerou uma corrente significativamente expressiva de defensores, entretanto, foi objeto de duras críticas, dos quais podemos sinalizar dois pontos de vista ao modelo do *Multi-Door Courthouse System*.

O primeiro é sobre a compensação da resolução de conflitos, isso é, sobre o argumento de que essa proposta, na verdade, camuflaria a necessidade real de encontrar soluções para as deficiências estruturais do Poder Judiciário e aprimoramento das técnicas do processo, responsáveis por ocasionar, por exemplo a lotação e a excessiva duração dos processos judiciais. Para esses críticos, a proposta não teria uma preocupação genuína em atender aos anseios do processo, mas de promover uma mera política-judiciária, assentada na necessidade de redução, quase a todo o custo, do número de processos em tramitação.⁷

---

⁶ SANDER, Frank. **The Multi-Door Courthouse**: Settling Disputes in the Year 2000. HeinOnline: 3 Barrister 18, 1976.
⁷ Essa crítica é ampla e não foi desenvolvida apenas ao tribunal multiportas. A doutrina, não de hoje, expressa preocupação na posição daqueles que incentivam, especialmente, formas autocompositivas como resposta à deficiência do processo judicial, enquanto instrumento de exercício jurisdicional, ou do Poder Judiciário, por questões estruturais. Nesse sentido: FISS, Owen. Against Settlement. **The Yale Law Journal**, v. 93, n. 6, p. 1073-

Intermediando essa primeira posição com a segunda: um ponto convergente estava nos bastidores dessa reformulação do sistema jurídico norte-americano após a *Pound Conference* de 1976, visto que, por um lado, existia um genuíno interesse empresarial relacionado à utilização desse sistema por uma redução nos custos judiciais de grandes empresas, e por outro, ideológica-cristã, afinal, o modelo conflitual do processo judicial ia contra os valores da igreja de tratamento amistoso entre as pessoas.[8]

O segundo é a contracorrente formada a partir da resistência à exportação do, entre aspas, "modelo ideal americano" para outros países do globo. Essa posição é capitaneada por Laura Nader[9], antropóloga norte-americana, que se preocupa com a adesão dessa estrutura projetada pelo tribunal multiportas em outros sistemas jurídicos, visto que, a partir da sua ideia, deveriam cada um desses sistemas observar até que grau essa tese seria benéfica para o seu respectivo sistema jurídico, não meramente pela publicidade do, entre aspas, "correto modelo de ensino norte-americano".[10]

1090, 1984. TARUFFO, Michele. Uma alternativa às alternativas: modelos de resolução de conflitos. Tradução de Marco Félix Jobim. *In*: _____. **Ensaios sobre o Processo Civil**: escritos sobre processo e justiça civil. Organização e revisão de tradução de Darci Guimarães Ribeiro. Porto Alegre: Livraria do Advogado, 2017. p. 28-43. CAPPELLETTI, Mauro. Os métodos alternativos de solução de conflitos no quadro do movimento universal de acesso à justiça. **Revista de Processo**, v. 19, n. 74, p. 82-97, 1994. FACCHINI NETO, Eugênio. Ensaio crítico sobre os meios alternativos de resolução de conflitos. **Boletín Mexicano de Derecho Comparado**, n. 155, v. 1, p. 1157-1187, 2020. p. 1175-1182. ALVIM, Arruda. **Manual de Direito Processual Civil**. 20. ed. rev., atual. e ampl. São Paulo: Editora Revista dos Tribunais, 2021. p. 255.
[8] NADER, Laura. Disputing without the force of Law. **The Yale Law Journal**, v. 88, p. 998-1022, 1979.
[9] NADER, Laura; GRANDE, Elisabetta. Current Ilusions and Delusions about Conflict Management: In Africa and Elsewhere. **Law & Social Inquiry**, n. 27, p. 573-594, 2022. p. 574-578.
[10] Para aprofundamento no tema, recomendo enfaticamente: Cf. NUNES, Dierle; BAHIA, Alexandre; PEDRON. **Teoria Geral do Processo**. Salvador: JusPodivm, 2020. p. 363-406.

4 RECEPÇÃO INTERNACIONAL

Embora as críticas ao modelo, a proposta é louvável, afinal, estuda a possibilidade de otimizar a resolução de conflitos a partir de uma grande variedade de formas resolutivas.

Inicialmente, no entanto, resgatando o pensamento de Frank Sander, esse sistema foi projetado sem inclusão do processo judicial, isso é, apenas se considerou incluir o processo quando essa organização foi projetada para ocorrer nos fóruns e em fase de pré-processamento.

A revisão proposta por Frank Sander ganhou um número significativo de adeptos, espalhando-se em outros sistemas jurídicos do globo. A título de exemplo, em direito comparado, além dos Estados Unidos da América, o tribunal multiportas foi levado para alguns países da Europa[11], da África e da América Latina[12].

Atualmente, no entanto, a sua maior expressão está nos sistemas jurídicos da Nigéria[13] e do Brasil – aliás, até mesmo nos Estados Unidos da América a tese caiu em desuso, após o falecimento do Prof. Sander, em 2018, de modo que os seus discípulos não conseguem criar consenso acerca da estrutura da adequação dos conflitos.[14]

5 O TRIBUNAL MULTIPORTAS NO BRASIL

Respondendo ao que se afirmou logo no início desta exposição, mesmo que o Brasil seja um dos principais representantes do tribunal

---

[11] MALACKA, Michal. Multi-Door Courthouse established through the European mediation directive? **International and Comparative Law review**, v. 16, n. 1, p. 127-142, 2016.

[12] HERNANDEZ-CRESPO, Mariana. From noise to music: the potential of the Multi-Door Courthouse (Casa de Justicia) model to advance systemic inclusion and participation as a foundation for sustainable rule of law in Latin America. **Journal of Dispute Resolution**, n. 2, p. 335-423, 2012.

[13] AMADI, Felix C.; OTUTURU, Gogo G. Alternative dispute resolution processes and the structure of Multi-Door Courthouse in Nigeria. **British jornal of advanced academic research**, v. 8, n. 1, p. 16-26, 2019. EGBUNIKE-UMEGBOLU, Chinwe. Speedy dispensation of Justice: Lagos Multi-Door Court House (LMDC). **Athens journal of Law**, v. 8, p. 279-308, 2022.

[14] Informações obtidas de forma particular, em conversas informais, com colegas que moram, atuam e pesquisam na área jurídica dos EUA.

multiportas, a forma como ele é difundido atualmente, no direito brasileiro, é diferente daquela original proposta pelo *Multi-Door Courthouse System*. Precisamente, foi a expressão "tribunal multiportas", com a sua ideia, que teve ampla recepção no direito brasileiro – adiante será visto que o nome, igualmente, sofreu revisão.

O desenvolvimento de formas de resolução de conflitos, além do processo judicial, no Brasil, embora presente em diversos momentos da história jurídica, apenas começou a ser fortificado com a Resolução n. 125, de 2010, do Conselho Nacional de Justiça, a "Política Judiciária Nacional de tratamento adequado dos conflitos de interesses no âmbito do Poder Judiciário".[15]

Entre os anos de 2010 e 2015, houve um intenso movimento de fortificação pelo protagonismo de outras formas de resolução de conflito dentro do sistema jurídico, especialmente as autocompositivas, como a conciliação e a mediação. Como exemplos, além da Resolução n. 125, de 2010, do CNJ, podemos destacar o Código de Processo Civil de 2015, o estabelecimento da ideia sobre a primazia pela resolução consensual dos conflitos, assim como a Lei da Mediação, Lei n. 13.140, de 2015.

O tribunal multiportas não cuida apenas das formas autocompositivas; elas ganham destaque, todavia, ele representa esse conjunto de diversos mecanismos resolutivos de conflitos (alguns mais conhecidos do que outros), disponíveis para satisfazer os interesses das partes, sendo essa, quiçá, uma forma da delimitação dessa unidade.

Aliás, o fenômeno não é exclusivo do direito brasileiro. Na verdade, a emergência pelo prestígio dessa organização ocorre de maneira tardia no Brasil, afinal, em alguns sistemas jurídicos do mundo, essa unidade de formas resolutivas de conflito é objeto de estudo e debate há décadas, sendo o nome mais comum para a sua designação o "*alternative dispute resolution*" (resolução alternativa de conflitos).

Antes do emprego da expressão "tribunal multiportas", havia grande prestígio pelas nomenclaturas "meios adequados de solução de conflitos" ou "meios alternativos de resolução de conflitos" – embora ambos, em essência, são fundados a partir de linhas divergentes, isso é,

---

[15] CABRAL, Trícia Navarro Xavier; SANTIAGO, Hiasmine. Resolução n. 125/2010 do Conselho Nacional de Justiça: avanços e perspectivas. **Revista CNJ**, v. 4, n. 2, p. 199-211, 2020. p. 201.

são refletidos a partir de interesses particulares, a utilização de um nome no lugar de outro não é, imediatamente, danoso.

Recentemente, há a consolidação do que se tem chamado por "princípio da adequação"[16], cujo cerne é similar à proposta original do *Multi-Door Courthouse System*, isso é, pensar no direcionamento de determinadas categorias de conflitos ao tipo que a elas mais seja aderente, obtendo melhores resultados práticos.

6 O SISTEMA BRASILEIRO DE JUSTIÇA MULTIPORTAS

A exposição do tópico anterior representa uma feição inicial do tribunal multiportas no Brasil; se pode falar que se está, agora, em um segundo estágio, ainda sem definição consolidada.

Após a Resolução n. 125/2010 do CNJ até os primeiros anos de vigência do Código de Processo Civil de 2015, consideramos que o tema teve o seu primeiro enfoque, centrado na ideia de multiplicação de formas de resolução de conflitos, dentro e fora do Poder Judiciário, realçando figuras preexistentes como a arbitragem, a conciliação e a mediação, ampliando-as no repertório institucional jurídico das academias e tribunais, reequilibrando os seus valores em relação ao processo judicial.

Mais recentemente, estamos presenciando um curioso e instigante segundo estágio do tema que, até então, era o tribunal multiportas, focado em uma concepção estrita, inclinado apenas às formas de resolução de conflito, para uma genuína justiça multiportas, isso é, uma abertura completa do sistema de justiça à novos centros de atuação, desafiando a nossa concepção tradicional de Poder Judiciário estritamente correlacionado com o processo judicial na consecução da jurisdição, protagonizando sobretudo atores extrajudiciais (na etimologia tradicional do termo), qualificando diretamente as instituições jurídicas.[17]

---

[16] ALMEIDA, Diogo Rezende de. Novamente o princípio da adequação e os métodos de solução de conflitos. *In*: ZANETI JR., Hermes; CABRAL, Trícia Navarro Xavier. (Coords.). **Justiça Multiportas**: mediação, conciliação, arbitragem e outros meios adequados de solução de conflitos. 3. ed. Salvador: JusPodivm, 2022. p. 327-350.

[17] NAVARRO, Trícia. **Justiça Multiportas**. Indaiatuba: Editora Foco, 2024. DIDIER JR., Fredie; FERNANDEZ, Leandro. **Introdução à justiça**

O tema é promissor e certamente apresentará ressignificações e novos contornos nas próximas décadas, inclusive da forma como compreendemos o próprio Direito Processual Civil.

REFERÊNCIAS

ALMEIDA, Diogo Rezende de. Novamente o princípio da adequação e os métodos de solução de conflitos. *In*: ZANETI JR., Hermes; CABRAL, Trícia Navarro Xavier. (Coords.). **Justiça Multiportas**: mediação, conciliação, arbitragem e outros meios adequados de solução de conflitos. 3. ed. Salvador: JusPodivm, 2022. p. 327-350.

ALVIM, Arruda. **Manual de Direito Processual Civil**. 20. ed. rev., atual. e ampl. São Paulo: Editora Revista dos Tribunais, 2021. p. 255.

AMADI, Felix C.; OTUTURU, Gogo G. Alternative dispute resolution processes and the structure of Multi-Door Courthouse in Nigeria. **British jornal of advanced academic research**, v. 8, n. 1, p. 16-26, 2019.

BIERSCHBACH, Richard A. Equality in Multi-Door Criminal Justice. **New Criminal Law review**, v. 23, n. 1, p. 60-73, 2020.

CABRAL, Trícia Navarro Xavier; SANTIAGO, Hiasmine. Resolução n. 125/2010 do Conselho Nacional de Justiça: avanços e perspectivas. **Revista CNJ**, v. 4, n. 2, p. 199-211, 2020. p. 201.

CAPPELLETTI, Mauro. Os métodos alternativos de solução de conflitos no quadro do movimento universal de acesso à justiça. **Revista de Processo**, v. 19, n. 74, p. 82-97, 1994.

COSCAS-WILLIAMS, Béatrice; ALBERSTEIN, Michal. «««Um palais de justice aux multiplex porte». La diversité des réponses pénales (Israël, Italie, France)», **Les Cahiers de la Justice**, v. 1, n. 1, p. 85-97, 2020.

CRESPO, Mariana Hernandez. Diálogo entre os professores Frank Sander e Mariana Hernandez Crespo. *In*: ALMEIDA, Rafael Alves de; ALMEIDA, Tania; _____. **Tribunal Multiportas**: investindo no

---

multiportas: sistema de solução de problemas jurídicos e o perfil do acesso à justiça no Brasil. Salvador: JusPodivm, 2024.

capital social para maximizar o sistema de solução de conflitos no Brasil. Rio de Janeiro, FGV, 2012. p. 32.

DIDIER JR., Fredie; FERNANDEZ, Leandro. Introdução ao sistema brasileiro de justiça penal multiportas (parte 1). **Revista de Processo**, v. 350, p. 423-448, 2024.

DIDIER JR., Fredie; FERNANDEZ, Leandro. Introdução ao sistema brasileiro de justiça penal multiportas (parte 2). **Revista de Processo**, v. 351, p. 505-533, 2024.

EGBUNIKE-UMEGBOLU, Chinwe. Speedy dispensation of Justice: Lagos Multi-Door Court House (LMDC). **Athens journal of Law**, v. 8, p. 279-308, 2022.

FACCHINI NETO, Eugênio. Ensaio crítico sobre os meios alternativos de resolução de conflitos. **Boletín Mexicano de Derecho Comparado**, n. 155, v. 1, p. 1157-1187, 2020. p. 1175-1182.

FISS, Owen. Against Settlement. **The Yale Law Journal**, v. 93, n. 6, p. 1073-1090, 1984.

HERNANDEZ-CRESPO, Mariana. From noise to music: the potential of the Multi-Door Courthouse (Casa de Justicia) model to advance systemic inclusion and participation as a foundation for sustainable rule of law in Latin America. **Journal of Dispute Resolution**, n. 2, p. 335-423, 2012.

MALACKA, Michal. Multi-Door Courthouse established through the European mediation directive? **International and Comparative Law review**, v. 16, n. 1, p. 127-142, 2016.

NADER, Laura. Disputing without the force of Law. **The Yale Law Journal**, v. 88, p. 998-1022, 1979.

NADER, Laura; GRANDE, Elisabetta. Current Ilusions and Delusions about Conflict Management: In Africa and Elsewhere. **Law & Social Inquiry**, n. 27, p. 573-594, 2022. p. 574-578.

NAVARRO, Trícia. **Justiça Multiportas**. Indaiatuba: Editora Foco, 2024. DIDIER JR., Fredie; FERNANDEZ, Leandro. **Introdução à justiça multiportas**: sistema de solução de problemas jurídicos e o perfil do acesso à justiça no Brasil. Salvador: JusPodivm, 2024.

NUNES, Dierle; BAHIA, Alexandre; PEDRON. **Teoria Geral do Processo**. Salvador: JusPodivm, 2020. p. 363-406.

SANDER, Frank. **The Multi-Door Courthouse**: Settling Disputes in the Year 2000. HeinOnline: 3 Barrister 18, 1976.

SANDER, Frank. Varieties of dispute processing. *In*: Levin, L. A.; Russel, W. R. (Orgs.). **The pound conference**: perspectives on justice in the future. Saint Paul: Leo Levin & Russel R. Wheeler, 1979.

TARUFFO, Michele. Uma alternativa às alternativas: modelos de resolução de conflitos. Tradução de Marco Félix Jobim. *In*: _____. **Ensaios sobre o Processo Civil**: escritos sobre processo e justiça civil. Organização e revisão de tradução de Darci Guimarães Ribeiro. Porto Alegre: Livraria do Advogado, 2017. p. 28-43.

DESCOMPLICANDO O DIREITO CIVIL E DO CONSUMIDOR

INTERPRETAÇÕES DOUTRINÁRIAS E JURISPRUDENCIAIS DO JUSTO TÍTULO NO DIREITO CIVIL[1]

2

Júlio Moraes Oliveira[2]

---

[1] Este artigo foi originalmente publicado com o Título "Usucapião: a ampliação do conceito de Justo Título. Na Revista Ciência Jurídica v. 159 p. 435-445, 2011, e na Revista Asa Palavra com o título "A Ampliação do Conceito de Justo Título." Asa-Palavra (Brumadinho), v. 11, p. 105-116, 2009.

[2] Mestre em Instituições Sociais, Direito e Democracia pela Universidade FUMEC (2011), Especialista em Advocacia Civil pela Escola de Pós-Graduação em Economia e Escola Brasileira de Administração Pública e de Empresas da Fundação Getúlio Vargas EPGE/FGV e EBAPE/FGV. (2007), Bacharel em Direito pela Faculdade de Direito Milton Campos - FDMC (2005). Membro da Comissão de Defesa do Consumidor - Seção Minas Gerais - OAB/MG, desde 2013. Membro do Instituto Brasileiro de Política e Direito do Consumidor (BRASILCON). Membro Suplente do Conselho Municipal de Proteção e Defesa do Consumidor - Comdecon-BH. Membro do Instituto Defesa Coletiva. Membro do Instituto Brasileiro de Estudos de Responsabilidade Civil - IBERC. Colunista do Magis Portal Jurídico. É Professor da FAPAM - Faculdade de Pará de Minas. Professor da Faculdade Asa de Brumadinho. Professor do Curso preparatório para a OAB Premium Educacional. Professor de Cursos on-line no CEI Acadêmico. Professor de Pós-Graduação na Escola Mineira de Direito - EMD. Foi Professor do Centro Universitário Newton Paiva. Professor orientador e Advogado do Centro Universitário Newton Paiva no CEJU - Centro de Exercício Jurídico. Parecerista da Revista da Faculdade de Direito do Sul de Minas (FDSM) Qualis B1, Parecerista da Revista Quaestio Iuris da Universidade do Estado Rio de Janeiro (UERJ) Qualis A2. Parecerista da Revista de Direito da Cidade (UERJ) Qualis A1. Parecerista da Revista de Direito da Universidade Federal do Rio Grande do Sul (UFRGS) Qualis B1. Pesquisador com diversos artigos publicados em periódicos. Ganhador do prêmio Ada Pellegrini Grinover -Categoria obra coletiva no XVI Congresso de Direito do Consumidor Brasilcon. Autor dos Livros: CURSO DE DIREITO DO CONSUMIDOR COMPLETO, 8ª edição 2022 - Editora D´Plácido, Direito do Consumidor Contemporâneo

1   CONCEITO DE JUSTO TÍTULO

Toda conceituação em direito é delicada e, por vezes incompleta, isso faz com que divergências sejam comuns, tanto na doutrina quanto na jurisprudência. A tarefa de conceituar é árdua e, muita vez, está atrelada a conceitos extrajurídicos e, até mesmo, a situações históricas, econômicas ou sociais. Na opinião do mestre Orlando Gomes a expressão justo título é condenada, por ensejar confusão.[3]

Diante dessa pequena, mas já desanimadora afirmação, inicia-se a conceituação do que vem a ser justo título para o direito das coisas.[4]

Para uma parte da doutrina, justo título seria o instrumento hábil a transferir o domínio, em tese, a alguém. Nesse sentido é o que lecionam Cristiano Chaves de Farias e Nelson Rosenvald:

> Justo título é o instrumento que conduz um possuidor a iludir-se, por acreditar que lhe outorga a condição de proprietário. Trata-se de um título que, em tese, apresenta-se como instrumento formalmente idôneo a transferir a propriedade, malgrado apresente algum defeito que impeça a sua aquisição. Em outras palavras, é o ato translativo inapto a transferir a propriedade.[5]

Percebe-se que os referidos autores utilizam duas vezes a expressão instrumento, em sua definição, e concluem que o justo título é um ato.

(Organizador e autor) 2019 - Editora D´Plácido - CONSUMIDOR-EMPRESÁRIO: a defesa do finalismo mitigado 2ª edição - Editora D´Plácido. Coautor do livro COMENTARIOS AL CÓDIGO DE PROTTECIÓN Y DEFENSA DEL CONSUMIDOR, do Peru, organizado por César Carranza Àlvarez e Olga Alejandra Alcântara Francia. Coorganizador e autor do livro O DIREITO DO CONSUMIDOR NA VISÃO DO TRIBUNAL DE JUSTIÇA DE MINAS GERAIS - Editora Lumen Juris. Advogado, com experiência em contencioso e consultivo, em direito civil, consumidor, empresarial e trabalhista.

[3] GOMES, Orlando. Direitos Reais. Atualizador Humberto Theodoro Jr. 18 ed. Rio de Janeiro: Forense. 2002. p. 169.

[4] RIBEIRO, Benedito Silvério. Tratado de Usucapião. 4 ed. São Paulo: Saraiva, 2006. v. 2. p. 812.

[5] FARIAS, Cristiano Chaves de, ROSENVALD, Nelson. Direito Civil. Direitos Reais. 4 ed. Rio de Janeiro: Lúmen Juris, 2007.p. 277.

Já o mestre Baiano diferencia os termos "instrumento" e "ato", explicando que a não discriminação de um e outro pode dar ensejo à confusão. Assim dispõe:

> O vocábulo título pode dar a impressão de que se trata de instrumento, isto é, de escrito. Mas não tem esse sentido. Título se emprega, no caso, como sinônimo de ato jurídico. Ainda assim, teria compreensão muito ampla, porque nem todo ato jurídico serve de causa à posse. O título, a que se referem os Códigos, corresponde aos atos jurídicos cuja função econômica consiste em justificar a transferência do domínio. Numa palavra os atos translativos.[6]

Para o mencionado autor, a expressão "justo título" designa qualquer ato jurídico cujo fim é habilitar alguém a adquirir a propriedade de uma coisa, ou seja, é todo ato translativo apto a transferir o domínio a alguém.[7]

> Esse também é o entendimento esposado por Lenine Nequete que, em sua clássica obra, conceitua o justo título da seguinte forma: Justo título (justa causa *possessionis*) é todo ato formalmente adequado a transferir o domínio ou direito real de que trata, mas que deixa de produzir tal efeito (e aqui a enumeração é meramente exemplificativa) em virtude de não ser o transmitente senhor da coisa ou do direito, ou de faltar-lhe o poder de alienar.[8]

Percebe-se que o mencionado autor usa o termo "ato", assim como Orlando Gomes, mas também não menciona ou diferencia ato e instrumento na conceituação de título. Todavia, na opinião de Carlos Roberto Gonçalvez o termo título é tomado em sentido lato, isto é, é o elemento representativo da causa ou fundamento jurídico de um direito.[9]

Assim também entende Tito Fulgêncio, ao preceituar que título serve para designar:

---

[6] GOMES. op. cit. p. 169.
[7] GOMES. op. cit. p. 169.
[8] NEQUETE, Lenine. Da prescrição aquisitiva (usucapião). 3 ed. Porto Alegre: Ajuris, 1981. p. 207.
[9] GONÇALVEZ. Carlos Roberto. Direito Civil Brasileiro. Direito das Coisas. 4 ed. São Paulo: Saraiva, 2009. v. 5. p. 77.

a) a causa eficiente, o princípio gerador do direito;
b) o instrumento do contrato ou do ato jurídico, o ato exterior probatório;
c) qualidade, e assim se diz - a título de herdeiro, ou qualidade de herdeiro.[10]

Já nos dizeres de Maria Helena Diniz, para que haja justo título, a lei exige que o possuidor seja portador de documento capaz de transferir-lhe o domínio.[11]

A referida autora também não faz qualquer distinção entre instrumento e ato. Noutro norte, Silvio Venosa aceita como justo título, escrituras não registráveis por óbices de fato, formais de partilha, compromissos de compra e venda, cessão de direitos hereditários por instrumento particular, recibo de venda, procuração em causa própria e até mesmo uma simples autorização verbal para assumir a titularidade da coisa.[12]

Em sentido contrário, leciona o seguinte Luciano de Camargo Penteado, de quem tive a honra de assistir às aulas de pós-graduação Lato sensu na Fundação Getúlio Vargas, o seguinte:

> O justo título, por sua vez, consiste no documento apto a, em tese, produzir o efeito translativo do domínio. Trata-se da necessidade de negócio jurídico instrumento, isto é, de título com a formalidade mínima da redação escrita, não bastando mero acordo verbal.[13]

Percebe-se que o tema é por demais controverso, e não pretende-se, neste singelo estudo, esgotar anos e anos de debates entre os maiores juristas pátrios, todavia, entende-se que o conceito de justo título deve ser entendido mesmo como um ato translativo, que em tese teria a capacidade de transmitir a propriedade.

---

[10] FULGÊNCIO, Tito. Da posse e das ações possessórias. 5 ed. Rio de Janeiro: Forense, 1980. p. 42.
[11] DINIZ, Maria Helena. Curso de Direito Civil Brasileiro. Direito das coisas. 24 ed. Reformulada. São Paulo: Saraiva, 2009. v. 4. p. 164.
[12] VENOSA, Silvio de Salvo. Direito Civil. 7 ed. São Paulo: Atlas, 2007. v. 5. p. 197.
[13] PENTEADO. Luciano de Camargo. Direito das Coisas. São Paulo: Revista dos Tribunais. p. 273.

Deve ser feita uma interpretação ampliativa acerca do conceito de justo título e o vocábulo não deve restringir-se a um documento; não era esse o intento do legislador, nem seria coerente com uma interpretação sistemática do instituto. Melhor seria aceitar-se o justo título como um fundamento, a causa eficiente, ou seja, a faculdade abstrata de transferir a propriedade seja através de um documento, fato jurídico ou um ato jurídico.[14]

Nesse sentido é a opinião de Benedito Silvério Ribeiro, que aduz:

> Em suma, o título tanto pode ser um instrumento formal como a causa, isto é, o ato ou fato de onde se extrai o direito. O instrumento é o papel em que se encontra registrado o ato jurídico, e o título é o direito, daí por que não se exige justo instrumento.

Titulus, ou justa causa, é a razão pela qual alguém recebeu a coisa do precedente possuidor.[15]

Para que se chegue ao verdadeiro conceito da expressão "justo título" deve-se entender primeiramente o significado da expressão "justo" que, não menos do que a expressão "título", causa bastante polêmica.[16]

2 ACEPÇÕES DO TERMO "JUSTO"

Árdua é a tarefa de determinar o significado de "justo" no conceito de justo título, mas por uma questão de lógica, é necessário determinar primeiro o sentido do termo "título", para se chegar a conceito de justo que está diretamente a ele vinculado.

---

[14] RIBEIRO. op. cit p. 790. "O vocábulo, no entanto, não deve ser empregado no sentido material de documento, porque, segundo realça Tito Fulgêncio, o exercício de fato podendo ser provado por outros meios de prova, e até por testemunhas, nos casos em que não deixa vestígio, aí não é empregada a palavra no sentido de causa eficiente da posse, mas no de qualidade com que o indivíduo figura na relação de fato."
[15] RIBEIRO. op.cit. p. 790.
[16] "Compreendido o termo "título" como equivalente a ato jurídico que leva á transferência da propriedade, não é de boa terminologia a exigência legal de que seja justo."

Tem razão aqueles que defendem que o título não se restringe somente a um documento, mas sim a qualquer causa eficiente que, abstratamente, possa transferir o domínio a alguém.

Na opinião de Orlando Gomes, o título deve ser justo no sentido de idoneidade para transferir. Segundo o supracitado autor, mais correto seria a denominação de título hábil, para significar o negócio jurídico que habilita qualquer pessoa a tornar-se proprietária.[17]

Entende Luciano de Camargo Penteado que falhas intrínsecas do título implicam nulidade, o que afasta seu qualificativo de justo. Ainda em sua opinião:

> O título é justo quando válido, isto é, quando conforme com as regras de validade do negócio jurídico em geral.[18]

Maria Helena Diniz entende que o termo justo designa o registro do título:

> Deve ser esse título ou ato translativo justo, isto é, formalizado, devidamente registrado, hábil ou idôneo à aquisição da propriedade.[19]

Percebe-se, mais adiante que a conceituação do termo "justo" levou a doutrina e a jurisprudência a cometerem equívocos que vêm sendo superados nas ultimas decisões dos tribunais brasileiros.

Dessa forma, salvo melhor juízo, a interpretação que deve prevalecer é que o termo "justo" poderia ser entendido como justificável que, em tese, seria hábil a produzir todos os efeitos daquele negócio jurídico, mas, por circunstâncias alheias às partes, não pode produzir os efeitos almejados. Cabe salientar que justo título provoca no seu possuidor uma crença de que aquele ato translativo será suficiente para transmitir o domínio, gerando uma falsa impressão.

Segundo a doutrina de Cristiano Chaves de Farias e Nelson Rosenvald, no sistema brasileiro, para que ocorra a transferência da propriedade, é necessário satisfazer os três planos do negócio jurídico, ou

---

[17] GOMES. op. cit. p. 169.
[18] PENTEADO. op. cit. p. 273.
[19] DINIZ. op. cit.p. 164.

seja, existência, validade e eficácia.[20] Desse modo, concorda-se aqui com a ideia de que basta a inexistência de um deles para que possamos falar em justo título hábil a transferir a propriedade. E, dessa forma, é plenamente possível a utilização de compromisso de compra e venda, não registrado, como justo título, tema que será abordado no tópico seguinte.

3 A EVOLUÇÃO DA DOUTRINA E JURISPRUDÊNCIA SOBRE O JUSTO TÍTULO NÃO REGISTRADO

Diante da grande controvérsia conceitual acerca do justo título na doutrina, os tribunais refletiram a confusão em seus julgados, o que levou a interpretações, a nosso ver, equivocadas do que possa ser considerado justo título para fins de usucapião ordinária.[21]

No magistério de Maria Helena Diniz, o justo título deve ser formalizado, devidamente registrado, hábil ou idôneo à aquisição da propriedade.

Nesse sentido, Carlos Roberto Gonçalves explica em sua obra que o entendimento dos tribunais sempre foi o de que, para ser considerado justo título, deve-se revestir de formalidades externas e estar registrado no cartório de registro de imóveis.

É sabido que o Código Civil, em seu artigo 108, determina para os negócios jurídicos que visem a constituição, transferência, modificação ou renúncia de direitos reais, no valor acima de trinta salários mínimos, que eles devem ser feitos mediante escritura pública.

Todavia, parte da doutrina já pregava a desnecessidade do registro do compromisso de compra e venda para caracterização desse instrumento como justo título. Esse sempre foi o entendimento de Caio Mário da Silva Pereira, que pregava não levar ao extremo a exigência de registro.[22] Assim também leciona Orlando Gomes, ao entender que, embora quem adquira por instrumento particular bem cuja transmissão

---

[20] FARIAS. op. cit. P. 277.
[21] RIBEIRO. op. cit. p 809. "Impende alertar, ab initio, que grassa ainda hoje divergência de entendimento quanto a ser ou não necessário o registro (no CC/16, transcrição) do título, para que seja considerado justo, para embasar usucapião ordinária."
[22] PEREIRA. Caio Mário da Silva. Instituições de Direito Civil. 19 ed. Rio de Janeiro; Forense, 2001, v. IV.p. 149.

requer escritura pública, mesmo que o ato seja nulo por defeito de forma, existe a possibilidade de sanar o defeito através da usucapião ordinária.[23]

Esse também tem sido o entendimento dos tribunais brasileiros, senão vejamos:

> EMENTA: APELAÇÃO CÍVEL - AÇÃO DE USUCAPIÃO ORDINÁRIA (ART. 1.242 CC)- CONTRATO DE COMPRA E VENDA - JUSTO TÍTULO - POSSE MANSA, PACÍFICA E COM ANIMUS DOMINI - DEMONSTRADA - SOMA DA POSSE DO ANTECESSOR - POSSIBILIDADE (ART. 1.243 CC)- LAPSO TEMPORAL DE 10 ANOS - COMPROVAÇÃO - REQUISITOS PREENCHIDOS - PRESCRIÇÃO AQUISITIVA RECONHECIDA. - A usucapião é um modo de aquisição originária da propriedade ou de outro direito real, possibilitando o reconhecimento da condição de proprietário ao possuidor, desde que preenchidos os requisitos legais para tanto - A usucapião ordinária está prevista no artigo 1.242 do CC, tendo como pressupostos a posse pelo prazo de 10 anos, exercida com ânimo de dono, de forma contínua, mansa e pacífica, além de justo título e boa-fé - O contrato de promessa de compra e venda constitui justo título apto a ensejar a aquisição da propriedade por usucapião, conforme entendimento do Superior Tribunal de Justiça - Nos termos do artigo 1243 do CC, é possível ao possuidor, com o fim de contar o tempo exigido, acrescentar à sua posse a dos seus antecessores, desde que todas sejam contínuas, pacíficas e com justo título - Demonstrados os requisitos para o reconhecimento da prescrição aquisitiva, deve ser julgado procedente o pedido inicial. (TJ-MG - AC: 10188140078687001 MG, Relator: Roberto Apolinário de Castro (JD Convocado), Data de Julgamento: 28/01/2020, Data de Publicação: 07/02/2020)

> APELAÇÃO CÍVEL. USUCAPIÃO. BENS IMÓVEIS. AÇÃO DE USUCAPIÃO ORDINÁRIO. REQUISITOS EXIGIDOS PELO ART. 1.242 DO CC DEVIDAMENTE PREENCHIDOS. EXISTÊNCIA DE JUSTO TÍTULO, BOA-FÉ E POSSE SUPERIOR A 10 ANOS. SENTENÇA MODIFICADA. Conforme preconizado pela legislação aplicada à espécie, para a declaração de domínio mediante o instituto da usucapião, exige-se a comprovação da posse mansa, pacífica e ininterrupta, durante determinado lapso temporal, além do chamado ânimo de dono. Igualmente é

---

[23] GOMES, op. Cit. P. 170.

possível usucapir também com base em posse adquirida em justo título, o que é chamado de usucapião ordinário, como dispõe o art. 1.242 do CC/2002. Neste ínterim, justo título é o documento com aparência de legítimo e válido, mesmo que o ato seja, na verdade, translativo, inapto a transferir a propriedade. No caso dos autos, os requisitos exigidos pela legislação foram demonstrados. Sendo assim, merece reforma a sentença que julgou improcedente o pedido formulado pelos autores. DERAM PROVIMENTO AO RECURSO DE APELAÇÃO. UNÂNIME. (Apelação Cível, Nº 70082703497, Décima Sétima Câmara Cível, Tribunal de Justiça do RS, Relator: Giovanni Conti, Julgado em: 20-02-2020) (TJ-RS - AC: 70082703497 RS, Relator: Giovanni Conti, Data de Julgamento: 20/02/2020, Décima Sétima Câmara Cível, Data de Publicação: 28/02/2020)

Arnaldo Rizzardo sustenta que qualquer documento que retrate uma transação efetiva e completa é considerado justo. Mesmo o compromisso de compra e venda sem registro, e até aquele assinado a rogo."[24]

Acompanhando o mesmo entendimento, Benedito Silvério Ribeiro afirma que, se para entender o título como justo, ele deva ainda ser válido, certo, real e registrado, chegaríamos à conclusão de que o domínio já estaria adquirido, afastada a possibilidade de promover a usucapião ordinária.[25]

Ademais interessante é salientar que o referido art. 1.242, em seu parágrafo único, já possui uma hipótese de título registrado. Ao se interpretar a exigência de registro no *caput*, esvaziar-se-ia o sentido do artigo.

José Carlos de Moraes Salles também se posiciona da mesma forma, alegando que, se houvesse a necessidade do registro, tal requisito acarretaria quase que uma impossibilidade de utilização prática da usucapião ordinária. Ainda na opinião do referido autor, o espírito da norma em comento é exatamente o de converter uma situação de direito

---

[24] RIZZARDO, Arnaldo. Direito das Coisas. Rio de Janeiro: Forense, 2004. p.278.
[25] RIBEIRO, Benedito Silvério. Tratado de Usucapião. 3 ed. São Paulo: Saraiva, 2003. v. 2. p. 779.

em uma situação de fato, no tocante à posse de longa data, já constituída.[26]

Em acórdão do Egrégio Tribunal de Justiça de Minas Gerais, o Desembargador Duarte de Paula teve oportunidade de enfrentar o tema:

> Ora, a toda evidencia que o conceito de justo título evoluiu, quer doutrinária quer jurisprudencialmente, inclusive no que pertine ao colendo Superior Tribunal de Justiça, constitucionalmente encarregado de oferecer interpretação ao direito infraconstitucional" (f. 90). Com efeito, o colendo Superior Tribunal de Justiça consolidou o entendimento que protege a posse advinda de compromisso de compra e venda, ainda que desprovido de registro, prestigiando a boa-fé dos negócios informais realizados, especialmente nas camadas mais pobres da população, interpretação evolutiva que se encontra em ressonância na realidade jurídica jurídico-social do nosso país (súmula 84). Embora desprovidos das formalidades essenciais para transferir o domínio de imóvel, os documentos apresentados, salvo prova em contrário no curso regular do processo, revelam a vontade das partes de produzir tal efeito, o que somente não pode ser alcançado pela via extrajudicial face ao desconhecimento do paradeiro dos primitivos proprietários do imóvel, que iniciaram a cadeia de transferências através do documento particular de f. 24, justificando, pois, o chamamento para figurarem no pólo passivo da relação processual, pedido expressamente formulado na peça vestibular do processo (f.4). Conforme destacado no erudito voto proferido pelo eminente Ministro ATHOS GUSMÃO CARNEIRO, no julgamento do REsp. 188-0/PR, instaurando a divergência com a antiga orientação consolidada na Súmula nº 621 do STF, o julgador não deve aplicar as normas jurídicas dentro de um tecnicismo exagerado, ficando alheio à realidade social que enfrentam, principalmente, as camadas mais pobres do sofrido povo brasileiro, acrescentando que: "Sabemos que no nosso país, principalmente nas camadas pobres da população, um grande número de negócios, e até direi, a maior parte dos negócios é efetuada de maneira menos formal, e até absolutamente informal. Compram-se e vendem-se pequenos terrenos e casas apenas mediante a emissão de recibos, sinais de arras e mesmo de promessa de compra e venda ou de 'transferências de posse' redigidas de forma a mais singela. É muitíssimo comum que

---

[26] SALLES. José Carlos de Moraes. Usucapião de bens imóveis e móveis. 5 ed. São Paulo: Revista dos Tribunais, 1999, p. 98.

esses documentos não venham a ser registrados no Registro de imóveis, inclusive porque os termos em que estão vazados não permitiriam o registro" (RSTJ 49/313). No julgamento do REsp. nº 32.972-SP, vencido o Relator MINISTRO CLÁUDIO SANTOS, prevaleceu o conceito contemporâneo do justotítulo adotado no erudito voto proferido pelo MINISTRO NILSON NAVES, reconhecendo o valor que o colendo SUPERIOR TRIBUNAL DE JUSTIÇA confere aos negócios informais realizados de boa fé (RSTJ vol. 88, p. 101/105)[27] (Ap. Cív. 2.0000.00.324.674-8/000 (1), Revisor e relator Des. Duarte de Paula, DJMG, 21.11.2001.)

Esse também é o entendimento de Cristiano Chaves de Farias e Nelson Rosenvald, que assim se posicionam:

> Presentemente, já se tem aceitado a promessa de compra e venda como justo título, quando o promissário comprador tiver quitado todas as prestações do negócio jurídico, sendo insuficiente o mero pagamento do sinal ou de algumas parcelas.

Dessa forma, o entendimento mais moderno[28] procura atenuar a exigência do registro até mesmo porque a lei nada diz acerca desse requisito. Confirmando tal entendimento, é o que está disposto no enunciado n. 86 da I Jornada de Direito Civil – "a expressão justo título, contida nos arts. 1242 e 1260 do CC, abrange todo e qualquer ato

---

[27] REIVINDICATÓRIA. USUCAPIÃO COMO DEFESA. ACOLHIMENTO. POSSE DECORRENTE DE COMPROMISSO DE VENDA E COMPRA. JUSTO TÍTULO. BEM DE FAMÍLIA.– A jurisprudência do STJ reconhece como justo título, hábil a demonstrar a posse, o instrumento particular de compromisso de venda e compra. (REsp 174108/SP. Quarta Turma. Rel. Min. Barros Monteiro. DJ de 15.09.2005).
[28] CIVIL E PROCESSUAL. AÇÃO REIVINDICATÓRIA. ALEGAÇÃO DE USUCAPIÃO. INSTRUMENTO PARTICULAR DE COMPROMISSO DE COMPRA E VENDA. JUSTO TÍTULO. SÚMULA N. 84-STJ. POSSE. SOMA. PERÍODO NECESSÁRIO À PRESCRIÇÃO AQUISITIVA ATINGIDO. I. Ainda que não passível de registro, a jurisprudência do STJ reconhece como justo título hábil a demonstrar a posse o instrumento particular de compromisso de compra e venda. Aplicação da orientação preconizada na Súmula n. 84. (REsp. 171204/GO. Quarta Turma, Rel. Min. Aldir Passarinho Junior. DJ de 26.06.2003).

jurídico hábil, em tese, a transferir a propriedade, independente de registro."[29]

4   CONCLUSÃO

Por tudo quanto foi exposto, pode-se concluir que o justo título é requisito indispensável para obtenção da usucapião na sua forma ordinária. Foi discutido também que a conceituação de justo título é controversa: parte da doutrina restringe o conceito de justo título ao instrumento escrito, documento capaz de transmitir em tese o domínio; já de outro lado, a doutrina entende que o conceito deve abranger todo ato translativo, seja ele disposto em documento ou não. A tendência atual dos tribunais é a de ampliar o que pode ser considerado justo título. Conclui-se também que o conceito de justo está intimamente ligado à possibilidade de o título produzir seus efeitos, ainda que em tese.

Diante dessa divergência doutrinária, demonstrou-se que tal fato teve repercussão fática, uma vez que os tribunais começaram a exigir o registro do título para que ele fosse considerado como justo título.

Mas, por tudo quanto foi apresentado, parece ser um posicionamento equivocado, uma vez que título não se restringe a documento, e justo em momento algum quer dizer título registrado.

Importante salientar o princípio da função social dos contratos (art. 421) como argumento para justificar a inclusão do compromisso de compra e venda como justo título, mesmo que não registrado. Assim também ocorre com os artigos 112 e 113, bem como aqueles referentes à boa-fé (art. 422, 427), todos do Código Civil.

Ademais, a lei em momento algum elenca como requisito do justo título a obrigatoriedade do registro. Já vimos que a interpretação equivocada dos termos levou a esta confusão que deve ser superada pela doutrina e jurisprudência.

E, por fim, esse entendimento vem perdendo força nas decisões mais recentes dos tribunais, pois tem sido considerado como justo título o simples compromisso de compra e venda, ainda que não registrado. Assim como disposto no voto anteriormente comentado, grande parte dos negócios em nosso país, principalmente por uma questão econômica,

---

[29] DINIZ. op. cit. p. 165.

estão à margem do registro, por completo desconhecimento e condições financeiras para tanto. Desse modo, a ampliação do conceito de justo visa a atender a essa grande parcela da população que se via desamparada pela hipótese da usucapião ordinária, quando exigido o registro. A função social da propriedade deve ser regra de interpretação de qualquer instituto relacionado à propriedade e a exigência do registro, sem qualquer texto de lei ou interpretação que a sustente, contraria de forma evidente o disposto no art. 5º, XXIII, da Constituição Federal.

REFERÊNCIAS

BOURGUIGNON, Álvaro Manuel Rosindo. Embargos de Retenção por Benfeitorias. 2 tiragem. São Paulo: Revista dos Tribunais, 1999. v. 40.

CÂMARA, Alexandre Freitas. Lições de Direito Processual Civil. 11 ed. Rio de Janeiro: Lúmen Júris, 2004. v. III.

DINIZ, Maria Helena. Curso de Direito Civil Brasileiro. Direito das coisas. 24 ed. Reformulada. São Paulo: Saraiva, 2009. v. 4.

FARIAS, Cristiano Chaves de, ROSENVALD, Nelson. Direito Civil. Direitos Reais. 4 ed. Rio de Janeiro: Lúmen Juris, 2007.

FULGÊNCIO, Tito. Da posse e das ações possessórias. 5 ed. Rio de Janeiro: Forense, 1980.

GOMES, Orlando. Direitos Reais. Atualizador Humberto Theodoro Jr. 18 ed. Rio de Janeiro: Forense. 2002.

GONÇALVES, Carlos Roberto. Direito Civil Brasileiro. Direito das Coisas. 4 ed. São Paulo: Saraiva, 2009. v. 5.

MAXIMILIANO, Carlos. Hermenêutica e Aplicação do Direito. 18 ed. Rio de Janeiro: Forense, 2000.

NEQUETE, Lenine. Da prescrição aquisitiva (usucapião). 3 ed. Porto Alegre: Ajuris, 1981.

PENTEADO. Luciano de Camargo. Direito das Coisas. São Paulo: Revista dos Tribunais.

PEREIRA. Caio Mário da Silva. Instituições de Direito Civil. 19 ed. Rio de Janeiro; Forense, 2001, v. IV.

PERLINGIERI, Pietro. Perfis do Direito Civil: Introdução ao Direito Civil Constitucional. Rio de Janeiro: Renovar, 1999.

RIBEIRO, Benedito Silvério. Tratado de Usucapião. 3 ed. São Paulo: Saraiva, 2003. v. 2.

RIBEIRO, Benedito Silvério. Tratado de Usucapião. 4 ed. São Paulo: Saraiva, 2006. v. 2.

RIZZARDO, Arnaldo. Direito das Coisas. Rio de Janeiro: Forense, 2004.
SALLES. José Carlos de Moraes. Usucapião de bens imóveis e móveis. 5 ed. São Paulo: Revista dos Tribunais, 1999.

TEPEDINO, Gustavo. Temas de Direito Civil. 3 ed. Revista, Atualizada e ampliada. Rio de Janeiro: Renovar, 2004.

TEPEDINO, Gustavo. Código Civil Interpretado. Rio de Janeiro: Renovar: 2004. v.I.

VENOSA, Silvio de Salvo. Direito Civil. 7 ed. São Paulo: Atlas, 2007. v. 5.

WIEACKER, Franz. História do Direito Privado Moderno. 3 ed. Lisboa. Calouste Gulbenkian, 1993.

| TRABALHABILIDADE O'CLOCK:
DILEMAS (SOCIAIS) URGENTES |

O LABOR NA ERA DA TECNOLOGIA DA INFORMAÇÃO: ENTRE O (DEVER DE?) COLABORAR E O LIMITAR DO COORDENAR POTESTATIVO

3

Andressa Munaro Alves [1]
Diego Sena Bello [2]

1 CONSIDERAÇÕES INICIAIS

As relações de trabalho são – e sempre foram severamente alteradas pelas disruptivas dinâmicas sociais, notoriamente no que pertine a forma de realização da lida, assim como também pela maneira como a mesma é conduzida. Não bastasse a atualização do mundo e das coisas, a inserção da tecnologia da informação propôs ainda mais desafios à estas relações, a julgar porque a consolidação que regulamenta

---

[1] Doutoranda e Mestre em Direito pela Pontifícia Universidade Católica do Rio Grande do Sul (PUCRS) - Bolsista CAPES. Especialista em Direito do Trabalho e Previdenciário pela Escola Superior Verbo Jurídico Educacional. Professora no Programa de Graduação em Direito nas Faculdades Integradas São Judas Tadeu. Pesquisadora e Líder de eixo do Grupo de Pesquisas "Novas Tecnologias, Processo e Relações de Trabalho" (PUCRS). Advogada. andressa.castroalvesadv@gmail.com. Lattes: http://lattes.cnpq.br/4221813695037911.

[2] Doutorando em Direito pela Pontifícia Universidade Católica do Rio Grande do Sul (PUCRS) - Bolsista CAPES. Mestre em Direito pela Pontifícia Universidade Católica do Rio Grande do Sul – PUCRS. Especialista em Direito do Trabalho no Centro Universitário Ritter dos Reis - Uniritter. Graduado em Direito pela Universidade do Vale do Rio dos Sinos – Unisinos. Professor no Programa de Graduação em Direito no IBGEN. Pesquisador do Núcleo de Pesquisas CNPQ/PUCRS Relações de Trabalho e Sindicalismo. Advogado. dsb.bello@gmail.com.

os pactos de trabalho, pouco traz acerca da utilização de equipamentos tecnológicos no desenvolvimento do labor.

Outrossim, mesmo não possuindo, por vezes, disposições específicas acerca de algum ponto, isso não impede que vínculos sejam convalidados e noveis ligações sejam formadas dentro deste (novo) contexto laboral. E, apesar das ainda não positivadas regulamentações, os pactos são criados de forma que cabe àqueles que analisam o caso concreto dizer o direito, naturalmente, porque sem disposições mínimas acerca dos entreveros que suscitam a participação do judiciário, impossível a continuidade da economia que circunda as atividades sociais.

Assente em tal realidade social, visa-se através desta reflexão responder aos seguintes questionamentos: Há limitação do poder potestativo apregoado pelo artigo 2º da CLT do empregador, em relação à interação dos empregados nas redes sociais da empresa? De que forma estabelecer prerrogativas sustentáveis (e que equilibrem relações entre empregado e empregador), considerando que o segundo suporta o ônus do negócio?

No fito de encontrar respostas adequadas, ou mesmo possibilidade para fomentar a continuidade destas relações quando diante de elemento concretos, utiliza-se o método[3] de abordagem dialético, eis que a partir do que se tem por premissas mínimas, visa-se angariar novas formulações para reinício de processos e disposições. Os métodos de procedimentos são o histórico-tipológico-estruturalista, pois a partir da história do fenômeno em apreciação, pretende-se conjecturar novas disposições dentro da realidade social contemporânea.

No que tange o método de interpretação, este estudo será calcado no sociológico, haja vista que quando da resolução dos problemas aos quais aqui se dispôs a responder, percorrer-se-á novas interpretações aos casos concretos. A pesquisa é de tipo qualitativo e predominantemente bibliográfica. Urgente é o estudo do futuro do trabalho, notoriamente através das novas relações forjadas (e existentes) no atual contexto social.

---

[3] FINCATO, Denise Pires; ALVES, Andressa Munaro. **Pesquisa Jurídica (é realmente!) sem Mistérios:** do Projeto de Pesquisa à Banca. 4. ed. Porto Alegre: Lex, 2023.

2   LABOR, TECNOLOGIA E SAÚDE NO TRABALHO

Sabe-se que a relação de emprego é caracteriza pela presença inafastável dos elementos da subordinação, habitualidade, onerosidade, pessoalidade e serviço prestado por pessoa física. Referidos elementos são decorrência lógica dos conceitos de empregador e empregado previstos, respectivamente, nos artigos 2º e 3º da CLT,[4] a partir dos quais se tem a compreensão de que é do empregador o poder de gerir a atividade laboral. Por outro lado, cabe ao empregado cumprir as ordens – desde que não manifestamente ilegais – daquele.

Apontada condição decorre do elemento subordinação, o qual, segundo ensina Luciano Martinez[5] a própria etimologia da palavra define, pois *"Subordinar"* advém da conexão de "sub" + *"ordinare"*, ou seja, significa "[...] ordenar, comandar, dirigir a partir de um ponto superior àquele onde se encontra outro sujeito". Ou seja, em sendo verificada a subordinação nas relações, há dever de respeitabilidade de ditames pré-apresentados por *outrem*. Há dever de agir de acordo com o que fora determinado por quem coordena a atividade.

Assim, de fato, decorre da ideia de subordinação, uma concepção relacionada a sujeição ao poder diretivo do empregador, uma concepção de dependência. De tal sorte que, em razão da subordinação, diz-se que o empregado se compromete a obedecer às ordens do empregador para a realização do trabalho, em outros termos: representa uma limitação contratual da sua autonomia da vontade.

---

[4] "Art. 2º - Considera-se empregador a empresa, individual ou coletiva, que, assumindo os riscos da atividade econômica, admite, assalaria e dirige a prestação pessoal de serviço." (BRASIL. **Decreto-Lei nº 5.452, de 1 de maio de 1943.** Aprova a Consolidação das Leis do Trabalho. Rio de Janeiro: Presidência da República, 1943. Disponível em: http://www.planalto.gov.br/ccivil_03/decreto-lei/Del5452.htm. Acesso em: 18 jul. 2024.)
"Art. 3º - Considera-se empregado toda pessoa física que prestar serviços de natureza não eventual a empregador, sob a dependência deste e mediante salário." (BRASIL. **Decreto-Lei nº 5.452, de 1 de maio de 1943.** Aprova a Consolidação das Leis do Trabalho. Rio de Janeiro: Presidência da República, 1943. Disponível em: http://www.planalto.gov.br/ccivil_03/decreto-lei/Del5452.htm. Acesso em: 18 jul. 2024.).
[5] MARTINEZ, Luciano. **Curso de direito do trabalho:** relações individuais, sindicais e coletivas do trabalho. 14. ed. São Paulo: SaraivaJur, 2023. p. 95.

Nessa esteira, tem-se o fundamento jurídico e fático dos poderes do empregador, o qual a doutrina majoritariamente subdivide nas seguintes dimensões: diretiva, regulamentar, fiscalizatória e disciplinar. Segundo Maurício Godinho Delgado[6], "esse poder concentra um conjunto de prerrogativas de grande relevo socioeconômico, que favorecem, regra geral, a figura do empregador, conferindo-lhe enorme influência no âmbito do contrato de trabalho e da própria sociedade".

Em razão do problema e por recorte metodológico, dedica-se exclusivamente a análise do tema à luz do poder de direção, o qual, segundo a lição de Alain Supiot[7], quando afirma que "o direito de direção permite ao empregador utilizar a força de trabalho do assalariado do modo que melhor lhe convenha aos interesses da empresa. O contrato de trabalho limita-se, com efeito, a colocar o trabalhador à disposição do empregador".

Esse é, inclusive, um elemento de clara distinção entre o contrato de emprego e o contrato civil, pois "no contrato civil, a vontade compromete-se; no contrato de trabalho, submete-se".[8] Outrossim, as formas de realizar a lida, assim como as ferramentas destinadas a realizá-la se encontram em constante evolução, e é por isso que Sarlet afirma que "desde que preservado o núcleo essencial do princípio ou direito fundamental em causa, não se vislumbra qualquer obstáculo à necessária adaptação às exigências de um mundo em constante transformação".[9]

Nesse gizar, modernos problemas ganham espaço nas relações laboriosas, fazendo com que os assuntos que por eles são enfrentados ultrapassem as relações de trabalho, pois se entrelaçam com ciências outras em frequência constante e sem precedentes. O complexo de assuntos transborda o que no passado distinguia-se com facilidade, haja

---

[6] DELGADO, Mauricio Godinho. **Curso de Direito do Trabalho**. 14. ed. São Paulo: LTr, 2015, p. 709.

[7] SUPIOT, Alan. **Crítica medo Direito do Trabalho**. Tradução: Antonio Monteiro Fernandes. Lisboa: Fundação Calouste Gulbenkian, 2016. p. 163.

[8] SUPIOT, Alan. **Crítica medo Direito do Trabalho**. Tradução: Antonio Monteiro Fernandes. Lisboa: Fundação Calouste Gulbenkian, 2016. p. 163.

[9] SARLET, Ingo Wolfgang. Os Direitos Fundamentais dos Trabalhadores e a Sua Proteção na Constituição Federal Brasileira de 1988. **Revista Fórum Justiça do Trabalho.** – ano 33, n. 392, (ago. 2016). – Belo Horizonte: Fórum, 2016. 19.

vista que embora o diploma celetista traga de forma cristalina os elementos que caracterizam os vínculos, são as relações que não são mais as mesmas. Não é à toa, que Sales Sarlet e Ruaro[10] afirmam que:

> O sistema civil de tutela da pessoa humana, por sua vez, passa necessariamente pelo inadiável enfrentamento das transformações do conceito de identidade que, a princípio, era entendido em uma perspectiva individual e não como um bem ou um valor, ou seja, como uma síntese biográfica produzida em uma nova dimensão relacional que produz inclusive um patrimônio de natureza imaterial, seja ele intelectual, ideológico, ético, religioso, sexual e profissional.

Insta observar, entretanto, que a ingerência do empregador se vincula necessariamente ao aspecto laboral, dissociando, por óbvio, da vida privada do indivíduo. E nesse lugar, impossível não lembrar que conforme preceituam os princípios da Constituição da República Federativa do Brasil de 1988[11], o valor social do trabalho e a livre iniciativa encontram-se lado a lado. De tal sorte que, em toda e qualquer análise relacional, precisa-se considerar o impacto que um tem na esfera do outro, evidentemente não os contrapontos, mas, prospectando, linhas que possibilitem a sustentabilidade dos ciclos, assim como a sua continuidade.

Ademais, como dito, apesar da Consolidação das Leis do Trabalho[12] ser o texto que regulamenta as relações de trabalho até os dias atuais, esta, tem origem nos idos de 1943. Isto é, embora tenha passado

---

[10] SARLET, Gabrielle; RUARO, Regina. A proteção de dados sensíveis no sistema normativo brasileiro sob o enfoque da lei geral de proteção de dados (LGPD). **Revista Direitos Fundamentais &Amp; Democracia**, 26(2), 81–106, 2021. p. 89.

[11] BRASIL. [Constituição (1988)]. **Constituição da República Federativa do Brasil de 1988.** Disponível em: http://www.planalto.gov.br/ccivil_03/constituicao/constituicaocompilado.htm. Acesso em: 29 jul. 2024.

[12] BRASIL. **Decreto-Lei nº 5.452, de 1 de maio de 1943.** Aprova a Consolidação das Leis do Trabalho. Rio de Janeiro: Presidência da República, 1943. Disponível em: http://www.planalto.gov.br/ccivil_03/decreto-lei/Del5452.htm. Acesso em: 19 jul. 2024.

por diversas – e significativas alterações[13] –, ainda possui linhas que são frutos de seu passado remoto, herança de uma época absolutamente diversa da que hodiernamente se vivencia, tanto no que toca as formas de realização do labor, quanto no que atinge o trabalhador como sujeito praticante da lida, bem como os direitos e deveres em todos os ângulos que se pode nesta atividade observar.

Por isso, atinge-se a compreensão de que será inevitável o enfrentamento de questões que envolvem as relações de trabalho e as novas formas de exercício desta prática na sociedade tecnológica, sobretudo porque além da modernização do exercício laborativo, existe manancial de possibilidades – positivas e negativas – que este novo momento proporciona.

Nesse lugar de mudanças disruptivas e constantes, caberá ao Estado estabelecer novas disposições para melhor atender as relações, sob pena de além do diploma dos trabalhadores não atender de forma plena todos os pactos firmados – por defasagem de suas linhas –, destinar proteção dessintonizada com a sustentabilidade contratual que se espera. Isto significa: por ciência da reconhecida desigualdade das partes, acabe, no afã de proteger, descuidando daquela que dá substrato financeiro ao pacto, aviltando-a, quando discutidas no Poder Judiciário. Naturalmente,[14]

> Nesse aspecto, inconteste que a mudança de paradigma não dispensa a inafastável participação do Estado, seja através de políticas públicas fomentadoras de requalificação para o trabalho, seja através da conscientização profissional para

---

[13] Haja vista a famigerada Reforma Trabalhista ocorrida no ano de 2017. (BRASIL. **Lei nº 13.467, de 13 de julho de 2017.** Altera a Consolidação das Leis do Trabalho (CLT), aprovada pelo Decreto-Lei nº 5.452, de 1º de maio de 1943, e as Leis n º 6.019, de 3 de janeiro de 1974, 8.036, de 11 de maio de 1990, e 8.212, de 24 de julho de 1991, a fim de adequar a legislação às novas relações de trabalho. Brasília, DF: Presidência da República, 2017. Disponível em: http://www.planalto.gov.br/ccivil_03/_ato2015-2018/2017/lei/l13467.htm. Acesso em: 19 jul. 2024.).

[14] Há tempos estes autores enfrentam essa temática conjuntamente. (ALVES, Andressa Munaro; BELLO, Diego Sena. Índices, números ou realidade? O futuro do trabalho encontra-se xeque. **Conjur.** 15/11/2023. Disponível em: https://www.conjur.com.br/2023-nov-15/alves-bello-trabalho-encontra-se-xeque/. Acesso em: 19 jul. 2024.).

manter-se na lida, pois pensar em qualidade do trabalho é, sem dúvidas, pensar em resultado econômico. Logo, a máquina gira na tríade trabalho — economia — Estado, e não se pode dissociar o trabalho do econômico, pois preciso é superar a dicotomia antes defendida por alguns entre capital e labor.

A nova era exige limites recíprocos entre as partes. Do contrário, o empregado estará investido pelo invólucro que lhe protege e deste se revestirá livremente, podendo, por vezes, infringir direitos que também possui o dono do negócio – o que não se admite dentro do contexto do novo (e tecnológico) trabalho. Tornar essas relações sustentáveis – mesmo quando se reconhece a dissimetria entre as partes –, é observar o caso concreto, assim como os eventuais abusos de direitos por parte de um, em detrimento do outro. Por certo que o empregador coordena o negócio, mas certo também é, que o empregado deve cultivar respeitabilidade mínima para com aquele que garante sua fonte de subsistência.

A harmonização das relações na era da tecnologia da informação exige condutas prudentes por ambas as partes. Cabe ao empregador garantir condições adequadas de trabalho, naturalmente por possuir o condão de conduzir o negócio dentro de suas atribuições. Mas do empregado, de igual forma, também se exigirão deveres colaborativos, tais como: conduta ética nos canais de comunicação da empresa, engajamento em atividades entre pares, não desvirtuamento em assuntos pessoais através dos meios telemáticos destinados a troca de informação dentro do ambiente de trabalho, etc.

Em síntese, o trabalho na era da tecnologia da informação é sinônimo de colaboração. Enquanto cabe ao empregador reestruturar a forma como seus empregados podem trabalhar, garantindo-lhes condições mínimas e saudáveis para um ambiente de trabalho salubre, espera-se via de mão dupla por parte do laborador. A contrapartida aqui, diz respeito ao cumprimento de suas funções – nem sempre dentro das redomas empresariais –, mas sempre respeitando aquilo que é seu dever, por força da subordinação existente e aqui já mencionada.

No que tange à interação dos empregados nas redes sociais da empresa, novamente, deve-se observar a sustentabilidade das relações. Isto, porque, se o empregado calcado no escudo protecionista não observar condutas mínimas nas redes sociais da empresa, não poderá passar despercebida tal violação da confiança entre as partes contratuais. O empregador, a seu turno, em sintonia com a liberalidade potestativa que por ele é possuída, deve orientar os seus subordinados, dentro do que disciplina a legislação correspondente e os códigos de condutas, de forma a parametrizar ações minimamente retilíneas para continuidade dos pactos. As limitações devem, evidentemente, visar o desenvolvimento das relações, sabendo que, o ciclo só continuará, em caso de fidúcia entre ambos.

Ademais, considerando o *continuum* das relações, somado aos *gaps* existentes na legislação que é própria aos trabalhadores, também se torna possível que o empregador, através de regulamentos internos e/ou códigos de conduta, estabeleça disposições especiais frente as novas situações que se apresentam na especificidade da atividade econômica. No mesmo caminho, estabelecendo (novas) regras para bem-preservar a saúde destes que, agora, dentro do moderno cenário de trabalho, ainda carecem de sua supervisão, mas não devem se afastar da linha constitucionalmente assegurada: um contexto de trabalho com dignidade.

Portanto, entende-se que a partir das reflexões que envolvem a base já existente acerca do poder diretivo do empregador, e arrimado pela evolução dos vínculos – agora, em (possíveis?) parâmetros que visem a sustentabilidade dos mesmos, desenvolver-se-á pactos em medidas equilibradas se ambas as partes cumprirem seus papéis. Aqui, impossível não recordar que o valor social do trabalho está na mesma linha da livre iniciativa, coroada pelo texto constitucional brasileiro em mesma igualdade de importância.

3 LIMITES DO PODER POTESTATIVO DO EMPREGADOR E OS DIREITOS FUNDAMENTAIS DO TRABALHADOR COMO PRERROGATIVAS PARA SUSTENTABILIDADE

O poder diretivo do empregador, conforme mencionado de forma breve nas linhas antecedentes, é uma consequência da subordinação que marca a relação entre empregado e empregador. Nessa linha, Stürmer e Bello[15] sinalizam:

> Assim, de fato, decorre da ideia de subordinação uma concepção relacionada a sujeição ao poder diretivo e disciplinar do empregador, uma concepção de dependência, de tal sorte que, em razão da subordinação, diz-se que o empregado se compromete a obedecer às ordens do empregador para a realização do trabalho, ou seja, representa uma limitação contratual da sua autonomia da vontade.

Ademais, a doutrina majoritariamente divide-o em dimensões, quais sejam: disciplinar, fiscalizatória, regulamentar e diretiva (organização).[16] É evidente, em decorrência do problema da presente pesquisa, que a dimensão de maior relevância para análise do tema é a diretiva, na medida em que, conforme ensina Alain Supiot,[17] "o direito de direção permite ao empregador utilizar a força de trabalho do assalariado do modo que melhor lhe convenha aos interesses da empresa. O contrato de trabalho limita-se, com efeito, a colocar o trabalhador à disposição do empregador". Dessarte, o referido autor diferencia o contrato de trabalho do contrato civil pelo viés da vontade, afirmando que: "No contrato civil, a vontade compromete-se; no contrato de trabalho, submete-se.".

A dimensão diretiva, também identificada por alguns doutrinadores como de organização, reflete o poder do empregador de dirigir a atividade, conduzir a forma como o trabalho deve ser prestado de modo a alcançar os objetivos do empreendimento econômico.[18] Tais

---

[15] STURMER, Gilberto; BELLO, Diego Sena. Poder disciplinar do empregador doméstico. **Revista de Direito do Trabalho**. São Paulo, v. 205, p. 67-92, 2019.
[16] Sobre o tema, interessante citar Maurício Godinho Delgado quando leciona: "esse poder concentra um conjunto de prerrogativas de grande relevo socioeconômico, que favorecem, regra geral, a figura do empregador, conferindo-lhe enorme influência no âmbito do contrato de trabalho e da própria sociedade." (DELGADO, Mauricio Godinho. **Curso de direito do trabalho**. 14. ed. São Paulo: LTr, 2015. p. 709.).
[17] SUPIOT, Alan. **Crítica do Direito do Trabalho (trad. Antonio Monteiro Fernandes)**. Lisboa: Fundação Calouste Gulbenkian, 2016. p. 163.
[18] DELGADO, Mauricio Godinho. **Curso de direito do trabalho**. 14. ed. São Paulo: LTr, 2015. p. 710.

comandos podem ser positivos ou negativos, gerais ou específicos, diretos ou delegados, verbais ou escritos, mas independente da forma, devem ser observados pelos empregados sob pena de serem devidamente penalizados.[19]

A grande problemática atualmente reside no aspecto dos limites do dever de cooperação do empregado, haja vista que, por óbvio, o exercício do poder por parte do empregador não é ilimitado. Tem-se que o direito do trabalho nasce efetivamente com o intuito precípuo tutelar a relação entre empregado e empregador, a partir da concepção do trabalhador como sujeito de direitos, bem como da criação de um quadro jurídico capaz de civilizar o poder patronal.[20]

No âmbito normativo brasileiro, os limites encontram-se em *ultima ratio* no texto constitucional, mais especificamente nos direitos fundamentais do indivíduo e do trabalhador. Não há divergência na doutrina constitucional quanto à aplicabilidade dos direitos fundamentais nas relações entre particulares, bem como no tocante à vinculação direta e imediata dos particulares aos direitos fundamentais. Sobre o tema, Sarlet de forma muito clara afirma:[21]

> [...] constata-se a existência de relativo consenso a respeito da possibilidade de se transportarem diretamente os princípios relativos à eficácia vinculante dos direitos fundamentais para a esfera privada, já que se cuida induvidosamente de relações desiguais de poder, similares as que se estabelecem entre particulares e os poderes públicos.

Acerca dos direitos fundamentais, para a discussão ora proposta, é importante observar que a doutrina define direitos fundamentais como garantias jurídicas inerentes às pessoas (físicas ou jurídicas), que estão expressa ou implicitamente consagradas na Constituição, sendo, portanto, inalienáveis e indisponíveis aos poderes constituídos.[22] Insta

---

[19] MARTINEZ, Luciano. **Curso de direito do trabalho:** relações individuais, sindicais e coletivas do trabalho. 14. ed. São Paulo: SaraivaJur, 2023. p. 157.
[20] SUPIOT, Alan. **Crítica do Direito do Trabalho (trad. Antonio Monteiro Fernandes)**. Lisboa: Fundação Calouste Gulbenkian, 2016. p. 164.
[21] SARLET, Ingo Wolfgang. **A eficácia dos direitos fundamentais**. 5. ed. Livraria do Advogado: Porto Alegre, 2005. p. 386.
[22] SARLET, Ingo Wolfgang; MARINONI, Luiz Guilherme; MITIDIERO, Daniel. **Curso de direito constitucional**. 5. ed. São Paulo: Saraiva, 2016. p. 473.

observar, ainda a título de compreensão geral no que tange aos direitos fundamentais, que a base estruturante dos direitos fundamentais, segundo uma parcela da doutrina, reside justamente na sua correlação com a dignidade da pessoa humana, de tal modo que os direitos são, nessa compreensão, instrumentos de concretização da dignidade humana.[23] Gize-se que esse é um critério estruturante, mas não exclusivo, para a construção de um conceito material de direitos fundamentais.

O exercício do poder diretivo do empregador entra em rota de colisão com alguns direitos fundamentais dos trabalhadores, em especial com os direitos de personalidade, os quais, em decorrência da sua inafastável correlação com a dignidade humana e a vida, são reconhecidos como direitos de titularidade universal.[24] Nesse aspecto, para a análise do problema da presente pesquisa, verifica-se que a interconexão – em virtude da possível colisão – se dá justamente com o direito fundamental previsto no inciso X do art. 5º da Carta Magna[25], o qual expressamente define que a intimidade, a vida privada, a honra e a imagem são invioláveis.

Há, portanto, um dever do empregador de respeitar e, mais do que isso, proteger tais direitos dos seus empregados, sob pena de, como a própria Constituição antecipa, ter de indenizar pelo dano material ou moral decorrente de eventual violação. É preciso repisar, no entanto, que os direitos fundamentais não são absolutos, uma vez que a doutrina constitucional de forma muito clara cita a existência do que denomina como limites dos direitos fundamentais.

Nessa linha, Sarlet defende que os limites aos direitos fundamentais são ações ou omissões, por parte dos poderes públicos ou de particulares, que dificultem, reduzam ou eliminem o gozo desses direitos. No entanto, ressalta que as eventuais limitações impostas aos direitos fundamentais devem estar em conformidade, tanto formal quanto

---

[23] CASTRO, Carlos Roberto Siqueira. **A Constituição aberta e os direitos fundamentais**. 2. ed. Rio de Janeiro: Forense, 2010. p. 21.
[24] SARLET, Ingo Wolfgang; MARINONI, Luiz Guilherme; MITIDIERO, Daniel. **Curso de direito constitucional**. 5. ed. São Paulo: Saraiva, 2016. p. 643.
[25] BRASIL. [Constituição (1988)]. **Constituição da República Federativa do Brasil de 1988**. Disponível em: http://www.planalto.gov.br/ccivil_03/constituicao/constituicaocompilado.htm. Acesso em: 11 ago. 2024.

materialmente, com a Constituição. Nessa esteira lecionam, outrossim, Gilmar Ferreira Mendes e Paulo Gustavo Gonet Branco[26], *in verbis*:

> Os direitos fundamentais enquanto direitos de hierarquia constitucional somente podem ser limitados por expressa disposição constitucional (restrição imediata) ou mediante lei ordinária promulgada com fundamento imediato na própria Constituição (restrição mediata)

A validade da limitação, no entanto, impõe a observância de três elementos base, quais sejam: **a)** a observância do núcleo essencial dos direitos fundamentais; **b)** a observância do princípio da proporcionalidade e da razoabilidade; e **c)** a proibição do retrocesso.

Merece atenção o aspecto relativo à observância do núcleo essencial do direito fundamental, o qual consiste na "parcela do conteúdo de um direito sem a qual ele perde a sua mínima eficácia, deixando com isso de ser reconhecível como um direito fundamental.".[27] Dessarte, tem-se que o núcleo essencial consiste no conteúdo inviolável do direito fundamental em análise, sobre o qual não se pode avançar, sob pena de descaracterizar por completo a essência da proteção garantida em tal direito fundamental.

Diante desse cenário que se deve analisar a problemática central do presente artigo, ora, o empregado contribuir com as redes sociais da empresa afronta – ou não – o seu direito fundamental a intimidade, privacidade, honra e imagem?

Primeiramente, é preciso repisar que a sociedade atualmente é marcada pela grande representatividade das redes sociais na vida dos indivíduos, o que, portanto, torna as redes sociais uma grande ferramenta de *marketing* para as empresas. A reputação nas redes, um perfil

---

[26] MENDES, Gilmar Ferreira; BRANCO, Paulo Gustavo Gonet. **Curso de direito constitucional**. 7. ed. São Paulo: Saraiva, 2012. p. 296.
[27] SARLET, Ingo Wolfgang; MARINONI, Luiz Guilherme; MITIDIERO, Daniel. **Curso de direito constitucional**. 5. ed. São Paulo: Saraiva, 2016. p. 576.

consolidado e bem "chancelado" é elementar para o sucesso dos negócios.[28]

Ciente disso, faz-se necessário relembrar, também, que a relação de emprego deve ser pautada pela cooperação entre os agentes envolvidos, empregado e empregador, pois a harmonia e entrega eficaz de cada um é essencial para o sucesso do negócio e, por conseguinte, para viabilizar e custear melhores condições de trabalho e remuneração aos trabalhadores. Gilberto Stürmer[29], de forma muito acertada defende há longa data que o social e o econômico devem transitar de maneira harmônica, bem como que, à luz do próprio texto Constitucional, são a base do Estado Democrático de Direito, inclusive constando literalmente no mesmo inciso.

Portanto, superado o antagonismo incutido por muitos anos na compreensão dos indivíduos, é preciso avançar enquanto trabalhador na assunção de sua parcela de responsabilidade para o sucesso do negócio e, por conseguinte, para a manutenção do posto de trabalho. A mera interação nas redes sociais em uma primeira análise – claro que a avaliação do caso concreto será essencial para efetiva conclusão –, não pode ser motivo suficiente para inferir que o direito fundamental do trabalhador restou lesado. É, sem dúvidas, cooperação, como dito anteriormente.

Desse modo, tem-se que a base estruturante da análise do tema reside na compreensão inafastável de que o desenvolvimento econômico do empregador tem impacto direto na efetivação dos direitos fundamentais sociais dos trabalhadores. É inegável que não há trabalho sem a existência de postos de trabalho, assim como não há direitos garantidos aos trabalhadores sem que o empregador esteja economicamente saudável.

---

[28] SEBRAE. 23/11/2021. *[S.n]*. Importância do uso das redes sociais para impulsionar a venda de produtos e serviços. Disponível em: https://www.sebrae-sc.com.br/blog/importancia-do-uso-das-redes-sociais-para-impulsionar-a-venda-de-produtos-e-servicos#:~:text=O%20WhatsApp%2C%20Instagram%20e%20Facebook%20s%C3%A3o%20as%20redes%20mais%20usadas,a%20aproxima%C3%A7%C3%A3o%20com%20o%20cliente. Acesso em: 11 ago. 2024.

[29] STÜRMER, Gilberto. **Direito constitucional do trabalho no Brasil.** Porto Alegre: Atlas, 2014. p. 23.

4 CONCLUSÃO

A reflexão aqui proposta tangenciou diversos pontos delicados do ramo especializado em apreço. A relação laboral é uma das mais afetadas pelas revoluções tecnológicas, o que é inevitável, haja vista o impacto das novas tecnologias na produção e na própria economia. Desse modo, tem-se que as partes devem se adaptar a esse novo modelo, superando as amarras de uma estrutura legal destinada ao trabalho no âmbito essencialmente fabril e não globalizado.

O empregador tem o dever primordial de dar trabalho e pagar salário, o empregado tem o dever principal de prestar o trabalho, contudo, o sucesso do negócio é consequência da colaboração de ambos. Cabe, portanto, ao trabalhador contribuir para o desenvolvimento do negócio, o que, por certo, na geração das redes sociais, compreende a interação e incentivo nas redes – o que não se confunde com desvirtuamentos de condutas albergados pela proteção que comumente lhe é destinada.

Não há falar em lesão à direitos fundamentais (privacidade, dados e saúde), pelo contrário. O desenvolvimento econômico do empregador repercute diretamente no alcance dos direitos fundamentais sociais aos trabalhadores, é inquestionável que não há trabalho sem postos de trabalho, assim como também não há direitos adimplidos aos trabalhadores sem um empregador economicamente saudável. Trabalho e livre iniciativa estão, como mencionado nessa pesquisa, lado a lado como fundamentos do Estado democrático e assim devem ser analisados.

Por fim, cabe ressalvar apenas que a presente pesquisa parte da premissa de cooperação com campanhas lícitas, que por óbvio não geram prejuízos diretos ou indiretos ao trabalhador e a coletividade, ao revés. Partindo da linha de evolução e cooperação de ambas as partes, entendem, estes autores, que o ciclo será fomentado e reestruturado sempre – e cada vez de forma mais sustentável.

REFERÊNCIAS

ALVES, Andressa Munaro; BELLO, Diego Sena. Índices, números ou realidade? O futuro do trabalho encontra-se xeque. **Conjur.** 15/11/2023. Disponível em: https://www.conjur.com.br/2023-nov-15/alves-bello-trabalho-encontra-se-xeque/.

BRASIL. [Constituição (1988)]. **Constituição da República Federativa do Brasil de 1988.** Disponível em: http://www.planalto.gov.br/ccivil_03/constituicao/constituicaocompilado.htm.

BRASIL. **Decreto-Lei nº 5.452, de 1 de maio de 1943.** Aprova a Consolidação das Leis do Trabalho. Rio de Janeiro: Presidência da República, 1943. Disponível em: http://www.planalto.gov.br/ccivil_03/decreto-lei/Del5452.htm.

BRASIL. **Lei nº 13.467, de 13 de julho de 2017.** Altera a Consolidação das Leis do Trabalho (CLT), aprovada pelo Decreto-Lei nº 5.452, de 1º de maio de 1943, e as Leis n º 6.019, de 3 de janeiro de 1974, 8.036, de 11 de maio de 1990, e 8.212, de 24 de julho de 1991, a fim de adequar a legislação às novas relações de trabalho. Brasília, DF: Presidência da República, 2017. Disponível em: http://www.planalto.gov.br/ccivil_03/_ato2015-2018/2017/lei/l13467.htm.

CASTRO, Carlos Roberto Siqueira. **A Constituição aberta e os direitos fundamentais.** 2. ed. Rio de Janeiro: Forense, 2010.

DELGADO, Mauricio Godinho. **Curso de direito do trabalho.** 14. ed. São Paulo: LTr, 2015.
DELGADO, Mauricio Godinho. **Curso de Direito do Trabalho.** 14. ed. São Paulo: LTr, 2015.

FINCATO, Denise Pires; ALVES, Andressa Munaro. **Pesquisa Jurídica (é realmente!) sem Mistérios:** do Projeto de Pesquisa à Banca. 4. ed. Porto Alegre: Lex, 2023.

MARTINEZ, Luciano. **Curso de direito do trabalho:** relações individuais, sindicais e coletivas do trabalho. 14. ed. São Paulo: SaraivaJur, 2023.

MENDES, Gilmar Ferreira; BRANCO, Paulo Gustavo Gonet. **Curso de direito constitucional.** 7. ed. São Paulo: Saraiva, 2012.

SARLET, Gabrielle; RUARO, Regina. A proteção de dados sensíveis no sistema normativo brasileiro sob o enfoque da lei geral de proteção de dados (LGPD). **Revista Direitos Fundamentais &Amp; Democracia,** 26(2), 81–106, 2021.

SARLET, Gabrielle; RUARO, Regina. A proteção de dados sensíveis no sistema normativo brasileiro sob o enfoque da lei geral de proteção de dados (LGPD). **Revista Direitos Fundamentais &Amp; Democracia,** 26(2), 81–106, 2021.

SARLET, Ingo Wolfgang. **A eficácia dos direitos fundamentais.** 5. ed. Livraria do Advogado: Porto Alegre, 2005.

SARLET, Ingo Wolfgang. **Os Direitos Fundamentais dos Trabalhadores e a Sua Proteção na Constituição Federal Brasileira de 1988.** Revista Fórum Justiça do Trabalho. – ano 33, n. 392, (ago. 2016). – Belo Horizonte: Fórum, 2016.

SARLET, Ingo Wolfgang. Os Direitos Fundamentais dos Trabalhadores e a Sua Proteção na Constituição Federal Brasileira de 1988. **Revista Fórum Justiça do Trabalho.** – ano 33, n. 392, (ago. 2016). – Belo Horizonte: Fórum, 2016.

SARLET, Ingo Wolfgang; MARINONI, Luiz Guilherme; MITIDIERO, Daniel. **Curso de direito constitucional.** 5. ed. São Paulo: Saraiva, 2016.

SEBRAE. 23/11/2021. *[S.n].* Importância do uso das redes sociais para impulsionar a venda de produtos e serviços. Disponível em: https://www.sebrae-sc.com.br/blog/importancia-do-uso-das-redes-sociais-para-impulsionar-a-venda-de-produtos-e-servicos#:~:text=O%20WhatsApp%2C%20Instagram%20e%20Facebook%20s%C3%A3o%20as%20redes%20mais%20usadas,a%20aproxima%C3%A7%C3%A3o%20com%20o%20cliente.

STÜRMER, Gilberto. **Direito constitucional do trabalho no Brasil.** Porto Alegre: Atlas, 2014.

STURMER, Gilberto; BELLO, Diego Sena. Poder disciplinar do empregador doméstico. **Revista de Direito do Trabalho.** São Paulo, v. 205, p. 67-92, 2019.

SUPIOT, Alan. **Crítica do Direito do Trabalho (trad. Antonio Monteiro Fernandes).** Lisboa: Fundação Calouste Gulbenkian, 2016.

DIÁLOGOS SOBRE IGUALDADE DE GÊNERO E DIREITOS DA MULHER

VIOLÊNCIA OBSTÉTRICA E DIREITOS DA MULHER: DESAFIOS E PERSPECTIVAS JURÍDICAS

4

Sarah Batista Santos Pereira[1]
Marina Ribeiro Fonseca[2]

1 INTRODUÇÃO

A temática da violência obstétrica, apesar de ter tomado força nos últimos anos, principalmente nos círculos acadêmicos e entre defensores dos direitos humanos, ainda há inúmeros desafios no que diz respeito à sua definição, reconhecimento e enfrentamento. A evolução do conceito é morosa e ainda imprecisa, sendo um tema controverso e, muitas vezes, negligenciado no âmbito das políticas públicas e do direito.

O reconhecimento da violência obstétrica como uma forma de violência de gênero é essencial para compreender sua amplitude e impacto na vida das mulheres. Tratando-se de uma forma de violência que se manifesta através de práticas que desrespeitam a autonomia da

---

[1] Pós-graduada em Ciências Criminais pelo Centro Universitário UniAmérica. Pós-graduada em Direitos Humanos pelo Centro Universitário UniAmérica. Bacharela em Direito - modalidade Integral - pela Dom Helder Escola de Direito. Pesquisadora no âmbito do Direitos das Mulheres. Vice-presidente da Associação Guimarães de Estudos Jurídicos - AGEJ. Advogada.
[2] Pós-graduada em Advocacia no Direito de Família e Sucessões pela Faculdade Legale. Pós-Graduada em Criminologia pela Faculdade Prominas e Pós Graduada em Direito Penal e Processo Penal pela Faculdade CERS. Bacharela em Direito - modalidade Integral - pela Dom Helder Escola de Direito. Pesquisadora no âmbito do Direitos das Mulheres. Assessora Jurídica do Ministério Público do Estado de Minas Gerais – 1ª Promotoria de Justiça de Contagem/MG.

mulher durante o parto e após o parto, caracterizando grave violação dos direitos humanos e reprodutivos. O debate sobre a violência obstétrica é, portanto, crucial para que ocorra um avanço significativo na proteção dos direitos das mulheres.

Nesse viés, o presente artigo busca explorar os desafios jurídicos e as perspectivas de enfrentamento da violência obstétrica no Brasil, propondo uma reflexão crítica sobre a necessidade de reformas legislativas que garantam a proteção efetiva dos direitos das mulheres. Serão analisados os aspectos conceituais da violência obstétrica, suas manifestações mais comuns, relação com o direito internacional e a lacuna existente na legislação brasileira que peca na proteção e dificulta a responsabilização dos agressores.

A metodologia adotada será predominantemente dedutiva, com uma análise crítica das fontes doutrinárias e jurisprudenciais relacionadas ao tema. Ao aprofundar o debate sobre a violência obstétrica, espera-se contribuir para a evolução do tema e para a construção de um cenário jurídico que assegure o respeito à dignidade e à autonomia das mulheres.

2 VIOLÊNCIA OBSTÉTRICA: CONCEITUAÇÃO E ASPECTOS CORRELATOS

A partir das décadas de 1980 e 1990, profissionais da saúde e ativistas pelos direitos humanos e reprodutivos das mulheres, impulsionados por setores do movimento feminista e pelo movimento em prol da humanização do parto no Brasil, começaram a se unir para trazer à tona e enfrentar a questão da violência durante o parto. Contudo, foi somente entre 2007 e 2010 que o termo "violência obstétrica" passou a ser utilizado no país, consolidando a temática como um campo legítimo de pesquisa.[3] Com origem nos preconceitos e discriminações relacionados à sexualidade, a violência obstétrica é uma das inúmeras

---

[3] SENA, Ligia Moreiras; TESSER, Charles Dalcanale. **Violência obstétrica no Brasil e o ciberativismo de mulheres mães**: relato de duas experiências. Interface - Comunicação, Saúde, Educação, Botucatu-SP, v. 21, n. 60, p. 209-220, jan./mar. 2017. Disponível em: https://doi.org/10.1590/1807-57622015.0896. Acesso em: 14 ago. 2024.

violências de gênero que as mulheres enfrentam pelo simples fato de serem mulheres.

De forma simplificada, pode-se conceituar "violência obstétrica" como sendo o desrespeito à mulher, à sua autonomia, ao seu corpo e seus processos reprodutivos, que se manifesta por meio de violência verbal, física ou sexual, bem como pela adoção de intervenções e procedimentos desnecessários, sem o devido embasamento científico. Segundo explica Hemmerson Magioni, médico obstetra fundador do Instituto Nascer: "Violência obstétrica ainda é um conceito em construção. Transita entre o desrespeito humano durante o cuidado ao nascimento até a prática de condutas médicas sem respaldo científico."[4]

A Organização Mundial da Saúde (OMS), define o termo como sendo a:

> Apropriação do corpo da mulher e dos processos reprodutivos por profissionais de saúde, na forma de um tratamento desumanizado, medicação abusiva ou patologização dos processos naturais, reduzindo a autonomia da paciente e a capacidade de tomar suas próprias decisões livremente sobre seu corpo e sua sexualidade, o que tem consequências negativas em sua qualidade de vida.[5]

Dada a ausência de definição pelo ordenamento jurídico brasileiro, o termo é entendido como uma representação do sofrimento infligido à parturiente, servindo como uma denominação abrangente e genérica para as variadas formas de desrespeito e violações que ocorrem durante a assistência à gravidez, ao parto e ao pós-parto.[6] É essencial ressaltar que o processo do parto envolve não apenas a parturiente, mas também o feto,

---

[4] DEUS, Lara. Violência obstétrica: o que é, tipos e leis. **MinhaVida**. 2019. Disponível em: https://www.minhavida.com.br/materias/materia-18807. Acesso em: 14 ago. 2024.
[5] JUSBRASIL. **Violência Obstétrica**. 2021. Disponível em: https://www.jusbrasil.com.br/artigos/violencia-obstetrica/1234666749. Acesso em: 14 ago. 2024.
[6] SENA, Ligia Moreiras; TESSER, Charles Dalcanale. Violência obstétrica no Brasil e o ciberativismo de mulheres mães: relato de duas experiências. Interface - Comunicação, Saúde, Educação, Botucatu-SP, v. 21, n. 60, p. 209-220, jan./mar. 2017. Disponível em: https://doi.org/10.1590/1807-57622015.0896. Acesso em: 14 ago. 2024.

que merece proteção devido ao reconhecimento de sua expectativa de direitos, pelo Código Civil brasileiro.

A utilização do termo é alvo de inúmeras críticas por determinados setores da sociedade, em meio as iniciativas para se definir o termo o Ministério da Saúde[7], em maio de 2019, proibiu a sua utilização o considerando "impróprio" por dar a entender que todas as agressões causadas por profissionais da saúde eram propositais. Entretanto, após posicionamento contrário de órgãos como a Ordem dos Advogados do Brasil (OAB), o Ministério Público Federal e o Conselho Nacional de Saúde (CNS), o Ministério da Saúde reconheceu o direito de se usar a expressão "violência obstétrica" para retratar maus tratos, desrespeito e abusos no momento do parto, mas manteve a decisão de não usar esse termo em suas normas e políticas públicas.[8]

Cabe ressaltar que à época o Conselho Federal de Medicina reiterou o entendimento do ministério e, em nota, declarou que: *"o CFM entende que o termo 'violência obstétrica' é inapropriado, devendo ser abolido, pois estigmatiza a prática médica, interferindo de forma deletéria na relação entre médicos e pacientes"*[9]. Há certa resistência por parte dos profissionais de saúde em aceitar o uso do termo, argumentando que há uma falta de fundamentação técnica e clareza na definição do conceito, além de uma preocupação de que essa terminologia possa ser usada para criminalizar os trabalhadores da área com base em uma agenda ideológica que estaria em voga.

A violência obstétrica se manifesta de várias maneiras, se estendendo para além das agressões físicas, ocorrendo desde a negligência no cuidado e a discriminação social, abusos verbais, como tratamento rude, ameaças, reprimendas, gritos e humilhações deliberadas, incluindo a omissão de medicamentos. Inclui também o

---

[7] DEBATEDORAS cobram uso do termo violência obstétrica pelo Ministério da Saúde. **Agência Câmara de Notícias.** 2019. Disponível em: https://bit.ly/3aYp0pU. Acesso em 23 jul. 2022.
[8] ENTENDA o que é violência obstétrica e como denunciá-la de acordo com as leis brasileiras. **O Globo.** 2021. Disponível em: http://glo.bo/3zqw1cq. Acesso em: 23 jul. 2022.
[9] VIOLÊNCIA obstétrica: o que é, como identificar e como denunciar. **G1.** 2021. Disponível em: http://glo.bo/3cBapBo. Acesso em: 23 jul. 2022.

emprego inadequado de tecnologias, a realização de intervenções desnecessárias e procedimentos que ignoram as evidências científicas, desencadeando uma sequência de ações com riscos e possíveis sequelas, também podem ser considerados formas de violência. Ademais, não se restringe apenas ao trabalho de profissionais de saúde, mas, também, a falhas estruturais de hospitais, clínicas, e do sistema de saúde como um todo.

Nessa linha de intelecção, a violência obstétrica estaria presente nas seguintes práticas:

> Proibir a mulher de ser acompanhada por seu parceiro ou outra pessoa de sua família ou círculo social; Realizar qualquer procedimento sem prévia explicação do que é ou do motivo de estar sendo realizado; Realizar qualquer procedimento sem anuência prévia da mulher; Realizar procedimentos dolorosos ou constrangedores sem real necessidade, tais como: enema, tricotomia, permanência na posição litotômica, impedimento de movimentação, ausência de privacidade; Tratar a mulher em trabalho de parto de maneira agressiva, rude, sem empatia, ou como alvo de piadas; Separar o bebê saudável de sua mãe após o nascimento sem qualquer necessidade clínica justificável.[10]

Não existe uma regra para definir quais atos podem, ou não, caracterizar violência obstétrica, devendo ser levado em consideração o sentimento, o desconforto e o desrespeito sofrido. Existem inúmeras práticas que configuram a violência obstétrica que foram naturalizadas ao longo dos anos e, que ainda hoje, passam despercebidas pelas parturientes, como realizar cesárea sem indicação médica, a manobra de Kristeller (quando a barriga da mulher é empurrada para facilitar o nascimento do bebê), bem como a episiotomia sem indicação (trata-se de um corte realizado nas partes íntimas da parturiente para ampliar o canal

---

[10] DINIZ, S. G.; D'OLIVEIRA, A. F. Gender violence and reproductive health. International Journal of Gynaecology and Obstetrics, v. 63, Suppl. 1, p. S33-42, 1998. Apud SENA, Ligia Moreiras; TESSER, Charles Dalcanale. **Violência obstétrica no Brasil e o ciberativismo de mulheres mães**: relato de duas experiências. Interface - Comunicação, Saúde, Educação, Botucatu-SP, v. 21, n. 60, p. 209-220, jan./mar. 2017. Disponível em: https://doi.org/10.1590/1807-57622015.0896. Acesso em: 14 ago. 2024.

de parto), a qual é uma prática corriqueira no Brasil, onde 53,5% dos partos normais são feitos com episiotomia).[11]

Uma prática machista e que também se tornou usual é o chamado "ponto do marido", que também é uma forma de violência obstétrica através da mutilação vaginal, e que na maioria das vezes é feita sem que a própria mulher tenha conhecimento. A prática consiste em dar pontos, além do necessário, depois da episiotomia, no intuito de "apertar a vagina" e, supostamente, dar mais prazer ao parceiro, transformando a mulher em mero objeto de prazer e satisfação masculina.[12] A prática desconsidera a autonomia da parturiente e sua capacidade de decidir livremente sobre seu corpo e sexualidade, podendo resultar em consequências negativas e desastrosas para a qualidade de vida das mulheres.

Sobre essa prática de violência, Ibone Olza, psiquiatra perinatal e autora do livro *Parir: El Poder del Parto* ("Parir: o Poder do Parto"), afirma que:

> As sequelas das episiotomias e do 'ponto para o marido' podem afetar a vida sexual e repercutir muito negativamente na relação do casal. Além dos sintomas de ansiedade, há sequelas físicas, como dor na penetração, incontinência urinária ou fecal, ou dor vulvar recorrente.[13]

A violência obstétrica não apenas fere o corpo e a mente da parturiente, mas também perpetua uma cultura de controle e opressão sobre as mulheres, reforçando estereótipos e desigualdades de gênero que deveriam ser combatidos dentro das instituições de saúde. A prática reflete um real desrespeito à autonomia, à dignidade e aos direitos reprodutivos das mulheres, que muitas vezes são submetidas a tratamentos cruéis, humilhantes e degradantes em um dos momentos mais especiais de suas vidas.

---

[11] DE LARA, Bruna. Ponto do Marido. **The Intercept Brasil**. 2018. Disponível em: https://bit.ly/2PXIoDx. Acesso em: 14 ago. 2024

[12] ENTENDA o que é violência obstétrica e como denunciá-la de acordo com as leis brasileiras. **O Globo**. 2021. Disponível em: http://glo.bo/3zqw1cq. Acesso em: 23 jul. 2022.

[13] CARPALLO, Silvia C. O 'ponto para o marido' não é só um mito do parto. **El País**. 2018. Disponível em: https://bit.ly/3zteFf4. Acesso em: 14 ago. 2024.

3   A VIOLÊNCIA OBSTÉTRICA COMO UMA FORMA DE VIOLAÇÃO AOS DIREITOS HUMANOS

Os Direitos Humanos Internacionais (DIDH) exercem uma função essencial como um conjunto de direitos protetivos, com o propósito central de garantir e preservar o valor intrínseco à dignidade da pessoa humana. No contexto da violência obstétrica, a violação desses direitos torna-se ainda mais evidente, uma vez que práticas desrespeitosas e invasivas durante o parto não apenas ferem a dignidade e autonomia das mulheres, mas também contrariam os princípios fundamentais dos direitos humanos, que visam proteger a integridade física e emocional de cada indivíduo, especialmente em momentos tão delicados como o nascimento.

Após a adoção da CEDAW em 1979, conhecida como a "Carta Internacional dos Direitos da Mulher", e com sua entrada em vigor em 1981, os Estados, incluindo o Brasil, que ratificou a convenção em 1984, passaram a ter a obrigação de eliminar a discriminação contra as mulheres e garantir sua igualdade em relação aos homens. A convenção também destacou a necessidade de erradicar a discriminação de gênero em questões de casamento e relações familiares, reconhecendo que a proteção dos direitos sexuais e reprodutivos é fundamental para combater a histórica subjugação e desigualdade enfrentadas pelas mulheres.[14]

A violência obstétrica é reconhecida pela OMS como uma "violação dos direitos humanos fundamentais".[15] viola a integridade física da mulher e é óbice à concretização do princípio da dignidade da pessoa humana, além de violar os direitos sexuais e reprodutivos da

---

[14] MARTINS, Luísa Fernanda Sitta; PAVÃO, Juliana Carvalho. **Violência obstétrica, direitos humanos e a violência de gênero**. Migalhas, 29 de abril de 2024. Disponível em: https://www.migalhas.com.br/coluna/migalhas-de-direito-medico-e-bioetica/406226/violencia-obstetrica-direitos-humanos-e-a-violencia-de-genero. Acesso em: 14 ago. 2024.

[15] CÂMARA DOS DEPUTADOS. **Violência obstétrica é violação dos direitos humanos, diz OMS**. Comissão de Direitos Humanos e Minorias, 2021. Disponível em: https://www2.camara.leg.br/atividade-legislativa/comissoes/co missoes-permanentes/cdhm/noticias/violencia-obstetrica-e-violacao-dos-direito s-humanos-diz-oms#:~:text=A%20viol%C3%AAncia%20contra%20a%20mul her,Mundial%20da%20Sa%C3%BAde%20(OMS). Acesso em: 14 ago. 2024.

mulher, seu direito de livre escolha e o direito de decidir sobre o próprio corpo.[16] Como durante o parto a mulher encontra-se em uma situação de vulnerabilidade, acentuada pela relação hierárquica médico-paciente, frequentemente se vê obrigada a aceitar procedimentos invasivos e desrespeitosos.

Os direitos reprodutivos passaram a ser reconhecidos como direitos humanos entre as décadas de 1960 e 1970. Entretanto, o direito à autonomia reprodutiva só foi formalmente reconhecido em 1975, durante a I Conferência Internacional da Mulher, realizada no México e, apenas em 1993, na II Conferência Mundial sobre os Direitos Humanos, que houve o reconhecimento oficial dos direitos sexuais das mulheres.[17]

A Declaração da ONU sobre a Eliminação da Violência Contra a Mulher, de 1993, reconhece que a violência contra a mulher constitui grave violação aos direitos humanos e limita total ou parcialmente o exercício dos demais direitos fundamentais.[18] Na mesma linha de intelecção, a Convenção Interamericana para Prevenir, Punir e Erradicar a Violência contra a Mulher, aprovada pela Organização dos Estados Americanos em 1994, entende como violência contra a mulher qualquer "ato ou conduta baseada no gênero, que cause morte, dano ou sofrimento físico, sexual ou psicológico à mulher, tanto na esfera pública como na esfera privada."[19]

---

[16] DA CRUZ, Karen Dayse Vieira; DA SILVA, André Ricardo Fonseca. **Violência Obstétrica:** violação aos direitos fundamentais da mulher. Monografia (Graduação em Direito) – Centro Universitário de João Pessoa – UNIPÊ. João Pessoa. 2018. Disponível em: https://bit.ly/3RWDXt7. Acesso em: 14 ago. 2024

[17] DE OLIVEIRA, Amanda Lima. **Violência obstétrica: aspectos históricos, jurídicos e sociais.** 2016. Trabalho de Conclusão de Curso (Bacharelado em Direito) – Universidade de Brasília, Brasília, 2016. Disponível em: https://bdm.unb.br/bitstream/10483/15883/1/2016_AmandaLimadeOliveira_tcc.pdf. Acesso em: 13 ago. 2024.

[18] DA CRUZ, Karen Dayse Vieira; DA SILVA, André Ricardo Fonseca. **Violência Obstétrica:** violação aos direitos fundamentais da mulher. Monografia (Graduação em Direito) – Centro Universitário de João Pessoa – UNIPÊ. João Pessoa. 2018. Disponível em: https://bit.ly/3RWDXt7. Acesso em: 23 jul. 2022.

[19] CIDH. **Convenção Interamericana para Prevenir, Punir e Erradicar a Violência Contra a Mulher**, "Convenção De Belém Do Pará". 1994.

Verifica-se que a violência obstétrica é uma forma de violência de gênero, que, sobremaneira, viola direitos fundamentais da mulher em um momento de extrema fragilidade. A gestação e o parto podem ser um dos momentos mais especiais e transformadores na vida de uma mulher, ou ser lembrado como um momento de violência e dor, sendo experiência profundamente traumática para a mulher que se sentiu agredida, psicologicamente ou fisicamente.

4 AS OMISSÕES DA LEGISLAÇÃO BRASILEIRA

A violência obstétrica não é prevista como crime no Código Penal brasileiro, mas os fatores que a constituem sim. Os atos compreendidos como violação aos direitos e garantias das gestantes e parturientes podem ser enquadrados em crimes já previstos na legislação brasileira, como nos crimes de lesão corporal, importunação sexual e, até mesmo, injúria.

Conforme a Constituição Federal em vigor, os brasileiros são protegidos por direitos fundamentais, como a dignidade humana (art. 1º, III), a igualdade (art. 5º, I), a legalidade (art. 5º, II), e a proibição da tortura (art. 5º, III), além dos princípios relacionados à vida, saúde, maternidade e infância, em harmonia com o Princípio da Beneficência[20]. Nesse sentido, é crucial examinar a legislação brasileira no que diz respeito à violência obstétrica e suas repercussões na defesa dos direitos reprodutivos e humanos das mulheres.

De acordo com uma pesquisa realizada no ano 2000 sobre o Quinto Objetivo do Milênio, as mulheres latino-americanas estão entre as mais afetadas pela violência obstétrica no mundo. Entre 1990 e 2013, a região

---

Disponível em: https://www.oas.org/juridico/portuguese/treaties/a-61.htm. Acesso em: 14 ago. 2024.

[20] VELOSO, Roberto Carvalho; SERRA, Maiane Cibele de Mesquita. Reflexos da Responsabilidade Civil e Penal nos Casos de Violência Obstétrica. Revista Brasileira de Direitos e Garantias Fundamentais, 2016. Disponível em: https://www.indexlaw.org/index.php/garantiasfundamentais/article/view/911. Acesso em: 15 ago. 2024

apresentou uma redução de apenas 40% na mortalidade materna, enquanto a média global foi de 45%[21].

Em 2005, com a promulgação da Lei nº 11.108, conhecida como a Lei do Acompanhante, foi legalmente assegurado às mulheres o direito de ter um acompanhante de sua escolha durante o pré-parto, o parto e o pós-parto imediato. Sob essa perspectiva, é importante destacar a relevância da participação da mulher no processo decisório ao longo desses três momentos[22].

Em 2022 começou a tramitar no Senado Federal o Projeto de Lei nº 2.082, que busca reconhecer a violência obstétrica como uma violação dos direitos humanos das mulheres e estabelecer medidas para sua prevenção. O projeto visa definir claramente o que caracteriza a violência obstétrica, abrangendo práticas como a realização de procedimentos invasivos sem consentimento, tratamento desrespeitoso, negligência, discriminação e qualquer forma de violência física, psicológica ou verbal[23].

Além disso, a proposta sugere a criação de mecanismos para prevenir a violência obstétrica, incluindo a capacitação adequada dos profissionais de saúde, a promoção de diretrizes e protocolos de atendimento humanizado, o incentivo à participação da mulher nas

---

[21] DE OLIVEIRA, Amanda Lima. Violência obstétrica: uma análise de suas dimensões nas normativas brasileiras. Trabalho de Conclusão de Curso apresentado ao Curso de Graduação em Direito da Universidade de Brasília, p. 1-69, 2016. Disponível em: https://bdm.unb.br/bitstream/10483/15883/1/2016_AmandaLimadeOliveira_tcc.pdf. Acesso em: 15 ago. 2024

[22] BRASIL, Lei Nº 11.108. Lei nº 11.108, de 7 de abril de 2005.Altera a Lei nº 8.080, de 19 de setembro de 1990, para garantir às parturientes o direito à presença de acompanhante durante o trabalho de parto, parto e pós-parto imediato, no âmbito do Sistema Único de Saúde -SUS. Publicação Original Diário Oficial da União de 08/04/2005, 2005. Disponível em: https://legis.senado.leg.br/norma/570557#:~:text=Altera%20a%20Lei%20n%C2%BA%208.080, Sistema%20%C3%9Anico%20de%20Sa%C3%BAde%20%2D%20SUS. Acesso em: 15 ago. 2024

[23] BRASIL. Senadora Leila Barros (PDT/DF). PL 2082/2022. Projeto de Lei. Altera o Decreto-Lei nº 2.848, de 7 de dezembro de 1940, e a Lei nº 8.080, de 19 de setembro de 1990, para tipificar a violência obstétrica como crime e estabelecer procedimentos para sua prevenção. 2022. Disponível em: https://www25.senado.leg.br/web/atividade/materias/-/materia/154237. Acesso em: 15 ago. 2024

decisões relacionadas ao seu corpo e ao parto, e a garantia do direito à informação e ao consentimento informado[24]. Se aprovado, a violência obstétrica será considerada crime, com penalidades previstas na legislação. Ademais, a implementação de medidas preventivas poderá fomentar a conscientização e promover uma mudança cultural em relação ao parto e aos cuidados obstétricos, incentivando uma abordagem mais respeitosa e humanizada.[25]

Com a finalidade de abordar e propor estratégias para combater a violência obstétrica e diminuir a taxa de mortalidade materna no Brasil, foi estabelecida recentemente a Comissão Especial de Violência Obstétrica e Morte Materna na Câmara dos Deputados. Esta comissão visa implementar medidas de apoio e proteção para as parturientes[26]. A criação dessa comissão é um passo significativo, pois ressalta a necessidade urgente de enfrentar a violência obstétrica e a mortalidade materna, que são questões graves e preocupantes no país. O objetivo é encontrar soluções eficazes para prevenir e combater a violência obstétrica, assegurar o respeito aos direitos das mulheres durante a gestação e o parto, e reduzir a mortalidade materna.[27]

---

[24] BRASIL. Senadora Leila Barros (PDT/DF). PL 2082/2022. Projeto de Lei. Altera o Decreto-Lei nº 2.848, de 7 de dezembro de 1940, e a Lei nº 8.080, de 19 de setembro de 1990, para tipificar a violência obstétrica como crime e estabelecer procedimentos para sua prevenção. 2022. Disponível em: https://www25.senado.leg.br/web/atividade/materias/-/materia/154237. Acesso em: 15 ago. 2024

[25] BRASIL. Senadora Leila Barros (PDT/DF). PL 2082/2022. Projeto de Lei. Altera o Decreto-Lei nº 2.848, de 7 de dezembro de 1940, e a Lei nº 8.080, de 19 de setembro de 1990, para tipificar a violência obstétrica como crime e estabelecer procedimentos para sua prevenção. 2022. Disponível em: https://www25.senado.leg.br/web/atividade/materias/-/materia/154237. Acesso em: 15 ago. 2024

[26] BRASIL. Comissão Especial Para Estudo das Razões do Aumento de Denúncias de Violência Obstétrica e a Alta Taxa de Morte Materna No Brasil.2023. Disponível em: https://www2.camara.leg.br/atividade-legislativa/comissoes/comissoes-temporarias/especiais/57a-legislatura/violencia-obstetrica-e-morte-materna.Acesso em: 15 ago. 2024.

[27] BRASIL. Comissão Especial Para Estudo das Razões do Aumento de Denúncias de Violência Obstétrica e a Alta Taxa de Morte Materna No Brasil.2023. Disponível em: https://www2.camara.leg.br/atividade-legislativa/comissoes/comissoes-temporarias/especiais/57a-legislatura/violencia-obstetrica-e-morte-materna.Acesso em: 15 ago. 2024.

Em primeiro lugar, é importante destacar que a violência obstétrica ocorre devido à alteração do processo de parto por meio de intervenções médicas desnecessárias. O parto, que é um fenômeno natural, antigamente tinha as mulheres como protagonistas dessa experiência. No entanto, com os avanços na área da medicina, a obstetrícia se consolidou como uma especialidade, e logo o parto foi transformado em um evento em que o médico assumiu o papel principal, enquanto a mulher passou a se submeter às práticas médicas.[28]

No estudo de Teixeira,[29] constatou-se que 83% das mulheres não tiveram a oportunidade de escolher a posição mais adequada para o parto, e 14% das parturientes tiveram seu direito a um acompanhante violado, um direito garantido pela Lei Federal 11.108 de 2005. Atualmente, há também uma proteção legal em relação ao plano de parto, um documento onde a gestante expressa suas preferências para o parto, incluindo o momento do nascimento. Esse direito é assegurado pela Lei 15.759 de 25 de março de 2015, sendo obrigatório que o plano seja anexado ao prontuário e respeitado, exceto em situações que representem risco para a mãe ou o bebê.

Devido à falta de uma norma específica que regule diretamente essa questão, a violência obstétrica enfrenta um desafio em relação à responsabilização penal do agente que a comete. Udelsmann[30] afirma que, na ausência de uma lei que defina a responsabilidade criminal do profissional, aplica-se o art. 129 do Código Penal, que trata da lesão corporal, com a previsão no § 7º de um aumento de pena de 1/3 quando o crime resulta de infração técnica da profissão. Um exemplo disso são as lesões corporais graves causadas por cortes perineais indevidos

---

[28] CARVALHO, Bianca Amorim. A violência obstétrica sob a ótica jurídica no tocante à omissão legislativa: necessidade de tutela pelo direito penal. 2023. Disponível em: https://dspace.uniceplac.edu.br/handle/123456789/2657. Acesso em: 16 ago. 2024.

[29] TEIXEIRA. A Percepção das parturientes sobre a violência obstétrica: a dor que querem calar. Revista Nursing, São Paulo, v. 23, n. 261, p. 3.601-3.615, 2020. Disponível em: https://pesquisa.bvsalud.org/portal/resource/pt/biblio-1095669. Acesso em: 16 ago. 2024.

[30] UDELSMANN. Responsabilidade civil, penal e ética dos médicos. Revista da Associação Médica Brasileira, São Paulo, v. 48, n. 2, p. 172-182, 2002. Disponível em: https://www.scielo.br/scielo.php?script=sci_arttext&pid=S0104-42302002000200039. Acesso em: 16 ago. 2024.

durante a episiotomia, que podem resultar em sérios danos para a parturiente e afetar sua qualidade de vida. Diante de tal conduta, a mulher tem o direito de acionar judicialmente o profissional em um processo criminal.

Mencionado no § 1º do art. 129 do Código Penal, a lesão corporal é definida como aquela que resulta em incapacidade para as atividades habituais por mais de trinta dias, coloca a vida em risco, causa debilidade permanente de membro, sentido ou função, ou acelera o parto. A pena prevista para esses casos é de reclusão, variando de um a cinco anos. Veloso e Serra[31] abordam em sua obra a importância do direito de escolha da parturiente, destacando que o descumprimento desse direito pode configurar o crime previsto no art. 146 do Código Penal. Os autores ressaltam que a perda de autonomia é um aspecto recorrente na violência obstétrica, onde a paciente é submetida a práticas ou posições que não deseja. Exemplos disso incluem o uso de fórceps, a realização da episiotomia, e o tratamento ríspido em um momento de extrema vulnerabilidade.

De acordo com Cunha[32], em um processo criminal contra um médico por crime de lesão corporal, a ação penal será incondicionada à representação, ou seja, o Ministério Público será o responsável por promover a ação. No entanto, em casos de lesão corporal leve ou culposa, a ação penal só poderá ser iniciada mediante a representação da vítima ou de seu representante legal.

Udelsmann[33] afirma que "Ninguém se escusa de cumprir a lei, alegando que não a conhece", destacando que médicos e outros

---

[31] VELOSO et al. Reflexos da responsabilidade civil e penal nos casos de violência obstétrica. Revista de Gênero, Sexualidade e Direito, Florianópolis, v.2, n.1, 2016. Disponível em: https://www.indexlaw.org/index.php/revistagsd/article/view/1048. Acesso em: 16 ago. 2024.

[32] CUNHA. STJ revisa tese sobre ação penal no crime de lesão corporal contra a mulher. Meu Site Jurídico, Juspodvm, Bahia, 17 mai. 2017. Disponível em: https://meusitejuridico.editorajuspodivm.com.br/2017/05/19/stj-revisa-tese-sobre-acao-penalno-crime-de-lesao-corporal-contra-mulher/. Acesso em: 16 ago. 2024.

[33] UDELSMANN. Responsabilidade civil, penal e ética dos médicos. Revista da Associação Médica Brasileira, São Paulo, v. 48, n. 2, p. 172-182, 2002. Disponível em: https://www.scielo.br/scielo.php?script=sci_arttext&pid=S0104-42302002000200039. Acesso em: 16 ago. 2024.

profissionais de saúde não podem alegar desconhecimento da lei como justificativa. Nesse contexto, o art. 21 do Código Penal estabelece que o desconhecimento da lei não é desculpa. O erro sobre a licitude do fato, se inevitável, isenta de pena; se evitável, pode reduzi-la de um sexto a um terço. Assim, um profissional que causar lesões à parturiente durante procedimentos, como uma episiotomia, não pode alegar desconhecimento dos riscos envolvidos como defesa.

Segundo Bonetti e Fungii[34], embora existam alternativas para responsabilizar agressores nas esferas cível e administrativa, ainda não há no Brasil uma tipificação específica que determine as punições para quem pratica a violência obstétrica. Atualmente, o Código Penal prevê algumas condutas que podem se encaixar nas situações em que essa violência ocorre, como os crimes de lesão corporal (art. 129), maus-tratos (art. 136), constrangimento ilegal (art. 146), entre outros. Apesar da existência de uma Lei Distrital, tramita o Projeto de Lei 422/2023, que busca incluir a violência obstétrica na Lei Maria da Penha. No entanto, a falta de uma legislação específica dificulta a coleta de dados devido à insegurança das vítimas e reforça a sensação de impunidade dos agressores, comprometendo os direitos das parturientes garantidos pela Constituição Federal de 1988.

Faria[35] argumenta que, no Brasil, existe uma disparidade: enquanto a vítima pode solicitar indenizações por danos morais e materiais, garantidas pelo Código Civil e pelo Código de Defesa do Consumidor, quando se trata de responsabilidade civil, não há artigos que tipifiquem a violência obstétrica de maneira específica no âmbito penal. Marques[36] acrescenta que, além da falta de uma legislação específica para

---

[34] BONETTI et al. A violência obstétrica em suas diferentes formas. Revista Eletrônica Migalhas, Belo Horizonte, 22 jan. 2021. Disponível em: https://www.migalhas.com.br/depeso/339310/a-violencia-obstetrica-em-suasdiferentesformas. Acesso em: 16 ago 2024.

[35] FARIA. Da ausência de responsabilidade criminal na violência obstétrica. Jus Navegandi. 5 jun. 2020. Disponível em: https://jus.com.br/artigos/82870/da-ausencia-de-responsabilidadecriminal-na-violencia-obstetrica. Acesso em 16 ago. 2024.

[36] MARQUES. A violência obstétrica no brasil intervenções médicas que violam o direito da mulher. Trabalho de Conclusão de Curso (Bacharelado em Direito) – Pontifícia Universidade Católica de Goiás, Goiânia, 2021. Disponível em:

a violência obstétrica, também não existe uma lei que criminalize explicitamente essa conduta. Dessa forma, os profissionais envolvidos só são responsabilizados por atos de natureza culposa, conforme previsto no art. 18, inciso II, do Código Penal, que trata de imperícia, negligência e imprudência.

Conforme a doutrina, a responsabilidade penal relacionada a esse tipo de violência ocorre quando há a prática de um delito, que pode se manifestar de forma omissiva ou comissiva. Crimes omissivos são aqueles em que o agente deixa de agir quando deveria. Por outro lado, crimes comissivos resultam de uma ação direta do agente. Nesse contexto, ao contrário da responsabilidade civil, na responsabilidade penal não há lugar para reparação, mas sim para a imposição de uma penalidade ao autor do crime. Essa responsabilidade adota a teoria subjetivista da culpa, em que o agente não tem a intenção de causar o resultado nem assume o risco de provocá-lo, embora o dano seja previsível.[37]

A Lei 13.846/2019 define a violência obstétrica como a "violência cometida por profissionais de saúde durante o parto ou no pós-parto imediato". Contudo, embora existam legislações destinadas a proteger as parturientes e prevenir a violência obstétrica, sua aplicação, fiscalização e punição ainda enfrentam desafios consideráveis. Isso ressalta a necessidade de uma lei específica que possa facilitar a responsabilização dos profissionais de saúde envolvidos e estabelecer penalidades claras para quem infringir essas normas. Tal legislação também teria o potencial de aumentar a conscientização sobre o problema, encorajando uma mudança nos cuidados de saúde materna e melhorando a qualidade do atendimento prestado às parturientes, assegurando-lhes um tratamento digno e desencorajando a prática da violência obstétrica.[38]

---

https://repositorio.pucgoias.edu.br/jspui/handle/123456789/1402. Acesso em: 16 ago. 2024.
[37] CARVALHO, Bianca Amorim. A violência obstétrica sob a ótica jurídica no tocante à omissão legislativa: necessidade de tutela pelo direito penal. 2023. Disponível em: https://dspace.uniceplac.edu.br/handle/123456789/2657.Acesso em: 16 ago. 2024.
38 CARVALHO, Bianca Amorim. A violência obstétrica sob a ótica jurídica no tocante à omissão legislativa: necessidade de tutela pelo direito penal. 2023.

5 CONSIDERAÇÕES FINAIS

A gravidez, o parto e o período pós-parto são momentos únicos na vida da mulher, marcados por emoções intensas e transformações profundas. Nesse contexto, é crucial que os profissionais da saúde ofereçam suporte e proteção às gestantes. Contudo, essa expectativa muitas vezes não é atendida.

A violência obstétrica é uma questão complexa e multifacetada, que afeta profundamente a experiência das mulheres durante o parto e o atendimento obstétrico. Em vez de vivenciarem um momento especial e significativo, muitas mulheres enfrentam agressões e têm sua autonomia desrespeitada, o que pode levar a traumas psicológicos.

Embora a institucionalização da obstetrícia tenha trazido melhorias significativas na saúde materna, também abriu espaço para práticas desumanas e desrespeitosas, abalando a confiança no sistema de saúde e comprometendo os direitos das mulheres.

Internacionalmente, têm sido feitos esforços para reconhecer a importância dos direitos reprodutivos e combater a violência obstétrica. No entanto, no Brasil, persistem lacunas na legislação que demandam ações mais eficazes. A criação da Comissão Especial de Violência Obstétrica e Morte Materna é um avanço relevante, mas ainda há muito a ser feito.

A implementação de uma legislação federal específica que defina claramente a violência obstétrica e estabeleça medidas preventivas e punitivas é essencial para garantir a proteção dos direitos humanos, da autonomia e da dignidade das mulheres. Isso não só responsabilizaria os profissionais de saúde envolvidos em tais casos, como também promoveria uma cultura de respeito e humanização na assistência obstétrica.

Além disso, é vital conscientizar a sociedade sobre a violência obstétrica e promover diretrizes para um atendimento humanizado. As mulheres devem ter voz ativa e participar das decisões relacionadas ao seu corpo e ao processo de parto.

Disponível em: https://dspace.uniceplac.edu.br/handle/123456789/2657.Acesso em: 16 ago. 2024.

Superar os desafios ligados à violência obstétrica é um passo crucial para construir uma assistência à saúde materna mais respeitosa e humanizada, que valorize a dignidade e os direitos das mulheres. Espera-se que as ações atuais e futuras contribuam para a criação desse cenário mais positivo.

A ausência de uma legislação federal específica sobre violência obstétrica no Brasil é uma falha preocupante, que compromete a proteção dos direitos humanos, da autonomia e da dignidade das mulheres durante o parto e o nascimento. Isso favorece a impunidade e dificulta a responsabilização dos profissionais de saúde envolvidos nesses casos.

Ademais, a falta de regulamentação adequada contribui para a perpetuação de práticas desrespeitosas e desumanas, enfraquecendo a confiança no sistema de saúde e desmotivando as mulheres a buscar cuidados apropriados durante a gravidez e o parto. Medidas que promovam a capacitação dos profissionais de saúde, a conscientização da sociedade, a implementação de políticas públicas e a ampliação do acesso aos serviços de saúde materna são fundamentais.

REFERÊNCIAS

BONETTI et al. A violência obstétrica em suas diferentes formas. **Revista Eletrônica Migalhas,** Belo Horizonte, 22 jan. 2021. Disponível em: https://www.migalhas.com.br/depeso/339310/a-violencia-obstetrica-em-suasdiferentesformas. Acesso em: 16 ago 2024.

BRASIL. **Comissão Especial Para Estudo das Razões do Aumento de Denúncias de Violência Obstétrica e a Alta Taxa de Morte Materna No Brasil.** 2023. Disponível em: https://www2.camara.leg.br/atividade-legislativa/comissoes/comissoes-temporarias/especiais/57a-legislatura/violencia-obstetrica-e-morte-materna. Acesso em: 15 ago. 2024.

BRASIL, **Lei nº 11.108,** de 7 de abril de 2005. Altera a Lei nº 8.080, de 19 de setembro de 1990, para garantir às parturientes o direito à presença de acompanhante durante o trabalho de parto, parto e pós-parto imediato, no âmbito do Sistema Único de Saúde -SUS. Publicação Original Diário Oficial da União de 08/04/2005, 2005. Disponível em: https://legis.senado.leg.br/norma/570557#:~:text=Altera%20a%20Lei%20n%C2%BA%208.080,Sistema%20%C3%9Anico%20de%20Sa%C3%BAde%20%2D%20SUS. Acesso em: 15 ago. 2024.

BRASIL. Senadora Leila Barros (PDT/DF). **PL 2082/2022.** Projeto de Lei. Altera o Decreto-Lei nº 2.848, de 7 de dezembro de 1940, e a Lei nº 8.080, de 19 de setembro de 1990, para tipificar a violência obstétrica como crime e estabelecer procedimentos para sua prevenção. 2022. Disponível em: https://www25.senado.leg.br/web/atividade/materias/-/materia/154237. Acesso em: 15 ago. 2024.

CÂMARA DOS DEPUTADOS. **Violência obstétrica é violação dos direitos humanos, diz OMS**. Comissão de Direitos Humanos e Minorias, 2021. Disponível em: https://www2.camara.leg.br/atividade-legislativa/comissoes/comissoes-permanentes/cdhm/noticias/violencia-obstetrica-e-violacao-dos-direitos-humanos-diz-oms#:~:text=A%20viol%C3%AAncia%20contra%20a%20mulher,Mundial%20da%20Sa%C3%BAde%20(OMS). Acesso em: 14 ago. 2024.

CARPALLO, Silvia C. O 'ponto para o marido' não é só um mito do parto. **El País.** 2018. Disponível em: https://bit.ly/3zteFf4. Acesso em: 14 ago. 2024.

CARVALHO, Bianca Amorim. **A violência obstétrica sob a ótica jurídica no tocante à omissão legislativa:** necessidade de tutela pelo direito penal. 2023. Disponível em: https://dspace.uniceplac.edu.br/handle/123456789/2657.Acesso em: 16 ago. 2024.

CIDH. **Convenção Interamericana para Prevenir, Punir e Erradicar a Violência Contra a Mulher**, "Convenção De Belém Do Pará". 1994. Disponível em: https://www.oas.org/juridico/portuguese/treaties/a-61.htm. Acesso em: 14 ago. 2024.

CUNHA. STJ revisa tese sobre ação penal no crime de lesão corporal contra a mulher. Meu Site Jurídico, **Juspodvm,** Bahia, 17 mai. 2017. Disponível em: https://meusitejuridico.editorajuspodivm.com.br/2017/05/19/stj-revisa-tese-sobre-acao-penalno-crime-de-lesao-corporal-contra-mulher/. Acesso em: 16 ago. 2024.

DA CRUZ, Karen Dayse Vieira; DA SILVA, André Ricardo Fonseca. **Violência Obstétrica:** violação aos direitos fundamentais da mulher. Monografia (Graduação em Direito) – Centro Universitário de João Pessoa – UNIPÊ. João Pessoa. 2018. Disponível em: https://bit.ly/3RWDXt7. Acesso em: 14 ago. 2024.

DE LARA, Bruna. Ponto do Marido. **The Intercept Brasil.** 2018. Disponível em: https://bit.ly/2PXIoDx. Acesso em: 14 ago. 2024.

DE OLIVEIRA, Amanda Lima. **Violência obstétrica:** uma análise de suas dimensões nas normativas brasileiras. Trabalho de Conclusão de Curso apresentado ao Curso de Graduação em Direito da Universidade de Brasília, p. 1-69, 2016. Disponível em: https://bdm.unb.br/bitstream/1 0483/15883/1/2016_AmandaLimadeOliveira_tcc.pdf. Acesso em: 15 ago. 2024.

DEBATEDORAS cobram uso do termo violência obstétrica pelo Ministério da Saúde. **Agência Câmara de Notícias.** 2019. Disponível em: https://bit.ly/3aYp0pU. Acesso em 23 jul. 2022.

DEUS, Lara. Violência obstétrica: o que é, tipos e leis. **MinhaVida.** 2019. Disponível em: https://www.minhavida.com.br/ materias/materia-18807. Acesso em: 14 ago. 2024.

DINIZ, S. G.; D'OLIVEIRA, A. F. Gender violence and reproductive health. International Journal of Gynaecology and Obstetrics, v. 63, Suppl. 1, p. S33-42, 1998. Apud SENA, Ligia Moreiras; TESSER, Charles Dalcanale. **Violência obstétrica no Brasil e o ciberativismo de mulheres mães**: relato de duas experiências. Interface - Comunicação, Saúde, Educação, Botucatu-SP, v. 21, n. 60, p. 209-220, jan./mar. 2017. Disponível em: https://doi.org/10.1590/1807-57622015.0896. Acesso em: 14 ago. 2024.

ENTENDA o que é violência obstétrica e como denunciá-la de acordo com as leis brasileiras. **O Globo.** 2021. Disponível em: http://glo.bo/3zqw1cq. Acesso em: 23 jul. 2022.

FARIA. Da ausência de responsabilidade criminal na violência obstétrica. **Jus Navegandi**. 5 jun. 2020. Disponível em: https://jus.com.b r/artigos/82870/da-ausencia-de-responsabilidadecriminal-na-violencia-o bstetrica. Acesso em 16 ago. 2024.

JUSBRASIL. **Violência Obstétrica**. 2021. Disponível em: https://www. jusbrasil.com.br/artigos/violencia-obstetrica/1234666749. Acesso em: 14 ago. 2024.

MARQUES. **A violência obstétrica no brasil intervenções médicas que violam o direito da mulher.** Trabalho de Conclusão de Curso

(Bacharelado em Direito) – Pontifícia Universidade Católica de Goiás, Goiânia, 2021. Disponível em: https://repositorio.pucgoias.edu.br/jspui/handle/123456789/1402. Acesso em: 16 ago. 2024.

MARTINS, Luísa Fernanda Sitta; PAVÃO, Juliana Carvalho. **Violência obstétrica, direitos humanos e a violência de gênero**. Migalhas, 29 de abril de 2024. Disponível em: https://www.migalhas.com.br/coluna/migalhas-de-direito-medico-e-bioetica/406226/violencia-obstetrica-direitos-humanos-e-a-violencia-de-genero. Acesso em: 14 ago. 2024.

SENA, Ligia Moreiras; TESSER, Charles Dalcanale. **Violência obstétrica no Brasil e o ciberativismo de mulheres mães**: relato de duas experiências. Interface - Comunicação, Saúde, Educação, Botucatu-SP, v. 21, n. 60, p. 209-220, jan./mar. 2017. Disponível em: https://doi.org/10.1590/1807-57622015.0896. Acesso em: 14 ago. 2024.

TEIXEIRA. A Percepção das parturientes sobre a violência obstétrica: a dor que querem calar. **Revista Nursing,** São Paulo, v. 23, n. 261, p. 3.601-3.615, 2020. Disponível em: https://pesquisa.bvsalud.org/portal/resource/pt/biblio-1095669. Acesso em: 16 ago. 2024.

UDELSMANN. Responsabilidade civil, penal e ética dos médicos. **Revista da Associação Médica Brasileira,** São Paulo, v. 48, n. 2, p. 172-182, 2002. Disponível em: https://www.scielo.br/scielo.php?script=sci_arttext&pid=S0104- 42302002000200039. Acesso em: 16 ago. 2024.

VELOSO, Roberto Carvalho; SERRA, Maiane Cibele de Mesquita. Reflexos da Responsabilidade Civil e Penal nos Casos de Violência Obstétrica. **Revista Brasileira de Direitos e Garantias Fundamentais,** 2016. Disponível em: https://www.indexlaw.org/index.php/garantiasfundamentais/article/view/911Acesso em: 15 ago. 2024.

VELOSO et al. Reflexos da responsabilidade civil e penal nos casos de violência obstétrica. **Revista de Gênero, Sexualidade e Direito, Florianópolis,** v.2, n.1, 2016. Disponível em: https://www.indexlaw.org/index.php/revistagsd/article/view/1048. Acesso em: 16 ago. 2024.

VIOLÊNCIA obstétrica: o que é, como identificar e como denunciar. **G1.** 2021. Disponível em: http://glo.bo/3cBapBo. Acesso em: 23 jul. 2022.

BIODIREITO EM FOCO

DA EFICÁCIA HORIZONTAL DOS DIREITOS FUNDAMENTAIS: UMA ABORDAGEM MODERNA À LUZ DA APLICABILIDADE DAS NORMAS CONSTITUCIONAIS

5

Bruno Marini[1]
Pedro Almeida[2]

1 INTRODUÇÃO

A doutrina liberal clássica limitou, por muito tempo, a aplicação dos direitos fundamentais à regência das relações públicas em que o Estado fazia parte de um dos polos da relação jurídica. Os direitos fundamentais possuem função de limite ao poder coercitivo estatal que, por sua vez, não se aplicava à esfera das relações privadas. Entretanto, a partir da virada axiológica pelo iluminismo, a doutrina liberal burguesa demonstrou que a visão apenas de direitos fundamentais em sua forma vertical Estado/particular é anacrônica, uma vez que existe violência e opressão na esfera privada, presentes, por exemplo, no mercado, na família, na sociedade civil e empresarial. Nesse sentido, a incidência dos direitos fundamentais nas relações entre particulares é incontornável e necessária para preservar a dignidade da pessoa humana (art. 1º, III, C.F.).

Não obstante, para continuar os estudos acerca da constitucionalização do Direito Privado, é demasiadamente importante

---

[1] Doutorando em Saúde e Desenvolvimento na Região Centro-Oeste pela UFMS. Mestre pela UCDB e Professor de Direito da UFMS. Lattes: http://lattes.cnpq.br/6574884465123441. E-mail: bruno.marini@ufms.com.br

[2] Acadêmico do 7º semestre em Direito da Universidade Federal de Mato Grosso do Sul. Lattes: http://lattes.cnpq.br/5722863224033878. E-mail: garcia.almeida@ufms.br

estudar conceitos como Direitos Humanos e a sua evolução a partir do pós Revolução Francesa (1789), bem como a terminologia dos Direitos Fundamentais, pois são importantes para a verificação que será analisada posteriormente das teorias e hipóteses de incidência dos direitos fundamentais. O debate acerca do tema iniciou a partir da Lei Fundamental de Bonn (Alemanha Ocidental, 1949) em que delimitou a teoria de eficácia horizontal direta e indireta e, do outro lado da ponte, surgiu a teoria do *state action* nos Estados Unidos em que não haveria incidência dos direitos fundamentais na esfera privada.

Nessa perspectiva, nota-se que o objetivo do presente trabalho é analisar as hipóteses de incidência da eficácia horizontal dos direitos fundamentais e sua efetiva aplicação nas relações privadas. O método adotado foi o dedutivo com a utilização de instrumentos procedimentais bibliográficos. Verifica-se, em especial, a utilização de teses sobre o tema no direito pátrio e comparado. Almeja-se, como resultado deste trabalho, contribuir para mitigar a relutância na aplicação dos direitos fundamentais nas relações privadas, em homenagem ao fundamento constitucional da dignidade da pessoa humana.

2 DO CONCEITO DE DIREITOS HUMANOS: UMA ABORDAGEM MODERNA E APLICADA

Os direitos humanos consistem em um conjunto de direitos os quais são considerados indispensáveis à uma vida humana digna, pautada pelos princípios da liberdade, igualdade e dignidade. Não há, nesse sentido, um rol determinado desses direitos essenciais a uma vida fraterna. As necessidades humanas, dia a dia, variam, e, de acordo com a virada histórica da humanidade, novas demandas sociais e jurídicas são traduzidas juridicamente e inseridas no âmbito dos direitos humanos, demonstrando esse sentido de volatilidade. Portanto, à medida que a sociedade civil evolui, novos direitos humanos surgem para que possamos assistir-lhes (RAMOS, p. 19, 2022).[3]

---

[3] RAMOS, André de C. **Curso de Direitos Humanos**. São Paulo: SRV Editora LTDA, 2022. *E-book*. ISBN 9786553622456. Disponível em: https://app.minhabiblioteca.com.br/#/books/9786553622456/. Acesso em: 18 jul. 2024.

No decorrer do tempo, uma das lutas mais importantes que aconteceram foi a busca pelos direitos humanos e sua proteção. Nesse sentido, é necessário entender que o direito representa uma faculdade de exigência, ora perante o Estado, ora perante o particular, de determinada obrigação. Existem várias denominações acerca de suas classificações, tendo em vista seu caráter unívoco, porém, é interessante destacar alguns conceitos de direitos humanos trazidos pelo professor André Carvalho Ramos a se classificar como direito-pretensão, direito-liberdade, direito-poder e, por fim, direito-imunidade (RAMOS, p. 19, 2022).[4]

O *direito-pretensão* significa a busca de algo e, por outro lado, gera o dever de outrem prestá-lo ou não violá-lo. O *direito-liberdade* consiste na discricionariedade de agir de determinada forma e, consequentemente, gera um dever negativo de atividade relacionada ao Estado ou a outrem. O *direito-poder* é a possibilidade de um sujeito exigir determinada prestação ou atividade do Estado ou de outra pessoa. Por fim, o *direito-imunidade* compreende na autorização dada por um texto normativo a determinado sujeito que o impeça de ser interferido de qualquer maneira (RAMOS, p. 20, 2022).[5]

3 DA CLASSIFICAÇÃO E TOPOGRAFIA DOS DIREITOS FUNDAMENTAIS: UMA MUDANÇA NECESSÁRIA

De modo inicial, destaca-se a importância da terminologia acerca dos direitos fundamentais na Constituição de 1988, haja vista que foi a primeira vez na história a ser incluída na Carta Magna brasileira. A expressão utilizada na constituição de 1824 era "Garantia dos Direitos Civis e Políticos". Em 1891, inspirada nas Declarações de Direitos dos séculos XVII e XVIII, na Inglaterra, Estados Unidos e França, utilizou-se a expressão "Declaração de Direitos" a qual se manteve na

---

[4] RAMOS, André de C. **Curso de Direitos Humanos**. São Paulo: SRV Editora LTDA, 2022. *E-book*. ISBN 9786553622456. Disponível em: https://app.minhabiblioteca.com.br/#/books/9786553622456/. Acesso em: 18 jul. 2024.

[5] RAMOS, André de C. **Curso de Direitos Humanos**. São Paulo: SRV Editora LTDA, 2022. *E-book*. ISBN 9786553622456. Disponível em: https://app.minhabiblioteca.com.br/#/books/9786553622456/. Acesso em: 18 jul. 2024.

Constituição de 1934, de 1937, 1946 e 1967. Nessa perspectiva, ao adotar a expressão Direitos e Garantias Fundamentais, o constituinte originário trouxe uma virada ontológica dos direitos a partir da tendência mundial que surgiu com as Constituições de Portugal de 1946, da Espanha de 1978 e da Lei Fundamental de Bonn, na Alemanha Ocidental, de 1949 (MARTINS, p. 307, 2023).[6]

A Constituição Federal de 1988 trouxe uma mudança secular da topografia do tema em destaque, tendo em vista que os direitos e garantias fundamentais iniciam os primeiros artigos da Constituição, ficando atrás, apenas do título I (Dos princípios fundamentais), e, logo após, surge o título II (Dos Direitos e Garantias Fundamentais). Essa mudança se deu por inspiração da Lei Fundamental de Bonn de 1949, e, em vista disso, foi inspiração para a Constituição da Colômbia, 1991, e do Equador, 1998 (MARTINS, p. 307, 2023).[7]

A topográfica dos Direitos e Garantias Fundamentais demonstra a mudança de valores realizada pela Assembleia Constituinte em 1988, a qual buscou colocar a pessoa humana como preocupação primária e não mais a organização do Estado com seu aspecto formal puro. A preocupação do Estado passa a ser o bem-estar das pessoas, os direitos básicos, que busca dar valor à vida humana, garantindo moradia, lazer, segurança, liberdade, enfim, o mínimo existencial necessário, como preconiza o preâmbulo da Constituição (MARTINS, p. 307, 2023).[8]

---

[6] MARTINS, Flávio. **Curso de direito constitucional**. São Paulo: SRV Editora LTDA, 2023. E-book. ISBN 9786553626010. Disponível em: https://app.minhabiblioteca.com.br/#/books/9786553626010/. Acesso em: 18 jul. 2024.

[7] MARTINS, Flávio. **Curso de direito constitucional**. São Paulo: SRV Editora LTDA, 2023. E-book. ISBN 9786553626010. Disponível em: https://app.minhabiblioteca.com.br/#/books/9786553626010/. Acesso em: 18 jul. 2024.

[8] MARTINS, Flávio. **Curso de direito constitucional**. São Paulo: SRV Editora LTDA, 2023. E-book. ISBN 9786553626010. Disponível em: https://app.minhabiblioteca.com.br/#/books/9786553626010/. Acesso em: 18 jul. 2024.

4 DA EFICÁCIA HORIZONTAL DOS DIREITOS FUNDAMENTAIS

O assunto acerca da eficácia horizontal dos direitos fundamentais se desenvolveu principalmente na Alemanha Ocidental, com a Lei Fundamental de Bonn (1949), em que foram gestadas as teorias da eficácia horizontal direta (imediata) e indireta (mediata) na incidência das relações privadas. A partir disso, vale destacar as principais teorias acerca do tema. Nos Estados Unidos, criou-se a teoria do *state action*, que apregoa a não aplicabilidade dos direitos fundamentais nas relações interpessoais, ou seja, existe uma negação da eficácia horizontal dos direitos fundamentais. Essa teoria inicia a partir do pacto federativo americano, em que compete aos Estados legislar acerca do direito privado em detrimento da União (SARMENTO, 2010).[9]

Em sequência, cuida-se da teoria da eficácia horizontal indireta (mediata) a qual determina que a aplicação dos direitos fundamentais necessita da atividade do poder legislativo, ou seja, tem-se uma norma de eficácia limitada. Essa teoria foi desenvolvida por Gunter During na Alemanha Ocidental em 1956. A teoria da eficácia horizontal direta (imediata) dos direitos fundamentais foi desenvolvida por Hans Carl Nipperdey em 1950 e foi a teoria adotada pelo Brasil. Nessa teoria, não há necessidade do legislador como intermediário, pois se aplica diretamente às relações privadas. É um dever que decorre propriamente da Constituição,

Em relação às teorias, ainda que o tema não tenha sido debatido de maneira ampla e aprofundada em nossos tribunais superiores, e que nossa Constituição Federal silencie a respeito, observa-se que prevalece no Brasil a incidência da teoria da eficácia direta/imediata envolvendo Direitos Fundamentais e relações privadas (STEINMETZ, 2004).[10]

---

[9] SARMENTO, Daniel. **A vinculação dos particulares aos direitos fundamentais no direito comparado e no Brasil in: A nova interpretação constitucional**. Ponderação, direitos fundamentais e relações privadas. (Luís Roberto Barroso – Org.). Rio de Janeiro: Renovar, 2010. p. 193-284.
[10] STEINMETZ, Wilson. **A vinculação dos particulares a direitos fundamentais**. São Paulo: Malheiros, 2004.

5 CONSIDERAÇÕES FINAIS

A eficácia horizontal dos direitos fundamentais é um assunto de muita relevância para o direito constitucional brasileiro. A partir da constitucionalização do direito privado, as relações privadas passaram a ser limitadas no direito pátrio, uma vez que a relação de opressão e violência, como delimitada a doutrina liberal clássica, não está apenas na relação entre particular e o Estado.

Dessa maneira, pode-se concluir que a sociedade atual, em face da globalização econômica e das mudanças sociais, pode intervir nas relações sociais diretamente e acarretar graves danos nos direitos fundamentais como na liberdade, na autonomia, na privacidade e na dignidade. A teoria da eficácia horizontal direta é a que melhor se alinha à efetivação dos direitos fundamentais nas relações interpessoais.

Apesar de a Constituição Federal não tratar diretamente do tema, com cautela, logo no início ela reserva o título II para tratar dos Direitos e Garantias Fundamentais. Portanto, é mister que haja uma mudança de entendimento acerca das hipóteses de interferência dos direitos fundamentais, buscando-se um olhar moderno e crítico, pois as mudanças sociais demonstraram que a esfera interpessoal do direito privado pode acarretar grande desigualdade nas relações privadas. Dessa maneira, a eficácia horizontal dos direitos fundamentais ingressa no direito constitucional pátrio para trazer estruturas de ponderação e observância dos princípios fundamentais, florescendo-se, assim, um direito mais justo e digno.

REFERÊNCIAS

MARTINS, Flávio. **Curso de direito constitucional**. São Paulo: SRV Editora LTDA, 2023. E-book. ISBN 9786553626010. Disponível em: https://app.minhabiblioteca.com.br/#/books/9786553626010/. Acesso em: 18 jul. 2024.

RAMOS, André de C. **Curso de Direitos Humanos**. São Paulo: SRV Editora LTDA, 2022. *E-book.* ISBN 9786553622456. Disponível em: https://app.minhabiblioteca.com.br/#/books/9786553622456/. Acesso em: 18 jul. 2024.

SARMENTO, Daniel. **A vinculação dos particulares aos direitos fundamentais no direito comparado e no Brasil in: A nova interpretação constitucional**. Ponderação, direitos fundamentais e relações privadas. (Luís Roberto Barroso – Org.). Rio de Janeiro: Renovar, 2010. p. 193-284.

SILVA, Virgílio Afonso Da. **A constitucionalização do direito. Os direitos fundamentais nas relações entre particulares**. São Paulo: Malheiros, 2014.

STEINMETZ, Wilson. **A vinculação dos particulares a direitos fundamentais**. São Paulo: Malheiros, 2004.

DIREITO INTERNACIONAL: SOB À PERSPECTIVA DOS DIREITOS HUMANOS E MIGRAÇÕES

IMIGRANTES BOLIVIANOS DA PLANÍCIE E DO ALTIPLANO EM REGIÃO DE FRONTEIRA: DISTINÇÕES PREGRESSAS EM SOLIDARIEDADE SELETIVA

6

Joyce Ferreira de Melo Marini[1]
Joanna Amorim de Melo S. Loio[2]
Marco Aurélio Machado de Oliveira[3]

1 INTRODUÇÃO

Este artigo é fruto de pesquisas no âmbito do Mestrado em Estudos Fronteiriços/UFMS. Nosso principal objetivo é entender como grupos de imigrantes bolivianos se organizam para estabelecer suas sociabilidades e garantir suas sobrevivências. Partimos do pressuposto que os bolivianos possuem distinções profundas entre os que habitam o altiplano e aqueles das planícies, que poderia ser resumida na dicotomia *colla* e *camba*.

---

[1] Mestra em Estudos Fronteiriços (UFMS). Advogada. Colunista de Direito Internacional do Magis Portal Jurídico (MG), assina a Coluna: "Direito Internacional: Sob à Perspectiva dos Direitos Humanos e Migrações". Consultora Jurídica em Direito Migratório da Feldmann Advocacia (SP), e-mail: joyce.melo@gmail.com
[2] Mestra em Estudos Fronteiriços (UFMS). Psicóloga. Professora do Curso de Administração da Faculdade Salesiana de Santa Teresa (FSST), e-mail: joanna.ams@gmail.com
[3] Doutor em História Social (USP), Professor Titular da Universidade Federal de Mato Grosso do Sul. Coordenador do Observatório Fronteiriço das Migrações Internacionais (Migrafron). Professor Permanente do Mestrado em Estudos Fronteiriços (UFMS/CPAN), e-mail: marco.cpan@gmail.com

Essa pesquisa foi desenvolvida em Corumbá, Mato Grosso do Sul, Brasil. Localizada na fronteira com a Bolívia, essa cidade foi construída, também, pela presença de diversos grupos de imigrantes, sendo que a presença boliviana, possui peculiaridades e momentos variáveis na intensidade de seu fluxo.

A organização desses grupos variou entre a criação de um clube social, promovida pelos *cambas*, e os improvisos de redes informais, no caso dos *collas*. É importante que conheçamos traços da realidade, da cultura e da demografia boliviana, pois isso nos permitirá compreender conflitos pregressos quando das organizações que eles farão uso na condição imigrante.

Entendemos que realizar uma pesquisa a respeito da presença imigrante exige do investigador preparos e posicionamentos que permitam traçar os meios de obtenção de respostas para suas hipóteses (SAID, 1998). Desta forma, nossa metodologia consistiu em uma revisão bibliográfica que pudesse qualificar o espaço em que essas diferenças ocorrem, no caso desse estudo na fronteira. Realizamos pesquisa com fontes documentais primárias em acervos disponíveis na cidade, como o do Centro Boliviano-Brasileiro 30 de Marzo e do Núcleo de Documentação Histórica/CPAN/UFMS. Ainda, nos foi muito importante a realização de entrevistas com imigrantes de ambos os grupos daquela nacionalidade. Dessas selecionamos uma para este artigo visando demonstrar mais claramente as formas como esses grupos sociais manipulam as formas de sociabilidade, bem como os tratos com as autoridades locais, além de trajetórias de vida que pudessem evidenciar tais distanciamentos, assim buscando dar coesão ao texto.

2 QUALIFICAÇÕES DA PRESENÇA DE IMIGRANTES EM REGIÃO DE FRONTEIRA

Diversos estudos sobre os imigrantes situam esses personagens na região de fronteira. Com isso, buscam direcionar seus raciocínios no sentido de identificar esse espaço como muito diferenciado em comparação aos demais da nação, principalmente, por suas populações formarem sociedades mais novas e abertas que as demais

(BUSTAMANTE, 1992, p. 487).[4] Outros buscam articular a presença de imigrantes em fronteira como sendo uma oportunidade muito especial de construção de redes, tanto de solidariedade quanto de exploração do trabalho, no sentido de criação de espaços dos imigrantes a partir de relações transfronteiriças (SANDOVAL, 2013).[5]

De fato, a fronteira se apresenta como palco privilegiado para as relações estabelecidas pelos e para os imigrantes. Neste espaço, além das instâncias estatais de controle e vigilância, que podem dar ou não autorização para ingresso e permanência no território de uma nação, ocorrem vivências fortemente conduzidas a partir da presença de imigrantes. As atividades econômicas exercidas por eles podem ser importante elemento para análise qualitativa de suas presenças uma vez que estudos indicam a informalidade como uma saída para processos excludentes que a sociedade receptora impõe sobre eles (KLOOSTERMAN; DER LEUM; RATH, 1999).[6]

Desta forma, a fronteira é palco de um dos mais intensos fenômenos demográficos da humanidade: o movimento migratório internacional. Isso, por que é necessário que a fronteira, enquanto instância, possa ser superada para que se efetive a internacionalização desses personagens. Diversos estudos apontam para esse fenômeno como sendo dos mais amplos processos sociais, econômicos e políticos na

---

[4] BUSTAMANTE, J. **Demystifying the United States-Mexico Border**. In: The Journal of American History. Vol. 79, n. 02, 1992, pp. 485-490.
BOURDIEU, P. **A Ilusão Biográfica**. In: FERREIRA, M. M.; AMADO, J. (orgs.) Usos & Abusos da História Oral. 4ª Edição. Rio de Janeiro, Editora da FGV, 2001, pp. 183-192.
[5] SANDOVAL, G. F. **Shadow Transnationalism: Cross-Border Networks and Planning Challenges of Transnational Unauthorized Immigrant Communities**. In: Journal of Planning Education and Research, V. 33, n. 02, pp. 176-193. SANDOVAL, G. F. **Shadow Transnationalism: Cross-Border Networks and Planning Challenges of Transnational Unauthorized Immigrant Communities**. In: Journal of Planning Education and Research, V. 33, n. 02, pp. 176-193.
[6] KLOOSTERMAN, R.; DER LEUM, J. V.; RATH, J. **Mixed Embeddedness: (In)formal Economic Activities and Immigrant Businesses in the Netherlands**. In: international Journal OF Urban and Regional Research, 1999, v. 23, n. 02, pp. 252-266.

atualidade (QUIROZ, 2014).[7] Tal processo atinge o continente sul-americano e, da mesma maneira como ocorre com as fronteiras, impõe aos respectivos países e blocos (MERCOSUL e PACTO ANDINO) diferentes formas de regulamentá-lo (ARTOLA, 2014).[8] A busca por ter controle sobre o processo imigratório passou a ser pauta constante nas esferas mais elevadas das políticas das nações.

Compreendemos que estudar a presença de imigrantes em região de fronteira implica em construir análises a partir de uma metodologia de trabalho interdisciplinar e polissêmica. Este procedimento nos conduz a propor critérios explicativos no sentido de organizar os fatores que "(...) estruturam as múltiplas interações dos atores sociais relacionados com a imigração" (MENESES, 2005, p. 114).[9] A esse preparo metodológico deve ser acrescentado o entendimento de que a imigração é um fato social completo, e que a mesma só pode ser efetivada a partir de deslocamentos no espaço físico. Ainda, que tal deslocamento não ocorre apenas no ambiente físico sendo também em um espaço qualificado em diversos significados, como nas relações econômicas, sociais, políticas e culturais, neste aspecto, sobretudo através de duas "realizações culturais que são a língua e a religião" (SAYAD, 1998, p. 15).[10] Desta maneira, reconhecemos que os estudos sobre imigrações podem ser ampliados a partir da inserção da categoria fronteira como elemento muito relevante. Isso, porque podemos entender esse espaço como instância, na qual diversas deliberações, oficiais ou não, ocorrem no processo imigratório.

Desta forma, entendemos que uma das maneiras de qualificar o espaço que o imigrante constrói no seu local de destino seja reconhecer que limites e fronteiras não são, necessariamente, sinônimos. Ou seja,

---

[7] QUIROZ, Y. S. **Vulnerabilidad: un concepto para pensar las migraciones internacionales**. In: TELLES, M. E.; PIÑEIRO, R. C. Migraciones Internacionales: Crisis y Vulnerabilidades. Tijuana, México, El Colegio de La Frontera Norte, 2014, pp. 385-416.
[8] ARTOLA, J. **Migraciones y procesos de integración en América del Sur**. In: TELLES, M. E.; PIÑEIRO, R. C. Migraciones Internacionales: Crisis y Vulnerabilidades. Tijuana, México, El Colegio de La Frontera Norte, 2014, pp. 357-384.
[9] MENESES, G. A. **Violencias asociadas al Cruce Indocumentado de la Frontera México-Estados Unidos**. In: Nueva Antropología, 2005, pp. 113-129.
[10] SAYAD, A. **A Imigração ou os paradoxos da alteridade**. Trad. Cristina Murachco.Edusp, 1998.

limite é unidade territorial do espaço físico, da organização social, implicando a submissão imposta pelo Estado. É no âmbito do limite que se verifica a feição de regulador das relações estatais, das leis, do intercâmbio, da legalidade/ilegalidade, mas, destacamos que o Estado não dá conta de ser plenamente o legitimador delas. O limite é a linha imaginária que divide nações, portanto, é precursor nas ações dos integrantes do Estado (MACHADO, 2002).[11] Enquanto que, a fronteira é formada pelas relações sociais, de conflitos e trocas, atingindo o lugar que é além do poder do Estado, por mais controlador que este seja. Trata-se de suas vicissitudes e arranjos sociais que lhe dão muito destaque, e por ser borda está conjugada com as condições e contradições do imigrante naquela região (OLIVEIRA; CAMPOS, 2012, p. 17).[12]

Neste espaço ocorre uma articulação entre os imigrantes que merece muito destaque: a formação de redes de solidariedade. A existência de redes entre os imigrantes tem sido objeto de diversos estudos que apontam para uma espécie de encadeamento que vai desde relações familiares até as que envolvem ilicitudes e aliciamento (MACHADO, 2005).[13] Para Tilly (1990),[14] as redes imigratórias têm como efeito real unidades efetivas, que não são individuais nem domiciliares, mas, sim, conjuntos de ligações estabelecidas por vínculos de amizade, família e experiência de trabalho. Ainda, são esses conjuntos que tornam possível a incorporação do país de destino como alternativa de mobilidade. Desta forma, em se tratando de imigrantes, entendemos que o uso da expressão rede busca enfatizar as circunstâncias que levaram muitos a emigrar, muitas vezes através de informações quanto às

---

[11] MACHADO, L.O. **Sistemas, Fronteiras, e Território. Terra Limitanea: Atlas da Fronteira Continental do Brasil**. Rio de Janeiro: Grupo RETIS / CNPq / UFRJ, 2002.
[12] OLIVEIRA, M. A. M.; CAMPOS, D. L. **Migrantes e Fronteira: Lógicas Subvertidas Vidas Refeitas**. In: PEREIRA, J. H. V. & OLIVEIRA, M. A. M. (orgs.). Migração e Integração. Dourados, Editora da UFGD, 2012, pp. 15-26.
[13] MACHADO, L. O. **Estado, territorialidade e Redes. Cidades-Gêmeas na Zona de Fronteira Sul-Americana. In: Continentes em Chamas. Globalização e Território na América Latina**. Rio de Janeiro, Civilização Brasileira, 2005, pp. 246-284.
[14] TILLY, C. **Transplanted Networks**. In: YANS-Mc LAUGHLIN (ed.), Virginia, Immigration Reconsidered, NY, Oxford, Oxford University Press, 1990, pp.79-95.

perspectivas no país de destino (TRUZZI, 2008, p. 203).[15] É notável nos movimentos migratórios que o contato com o país de destino facilitaria seu deslocamento, e isso poderia ocorrer através de relações com parentes, amigos ou conhecidos que buscavam convencer o potencial emigrante a se deslocar (TRUZZI, 2008).[16]

Outro aspecto muito relevante neste estudo diz respeito à formação de redes que se materializam sob a forma de clubes sociais de imigrantes. Oliveira[17] (2010) assinala que a formação de clubes sociais por parte de imigrantes visava, essencialmente, a melhor conectividade entre seus pares, além de figurar como poderoso instrumento de sociabilidades. Ressalta a autora, ainda, que a existência de clubes sociais tinha, portanto, algo mais do que oferecer melhores articulações entre os membros de dada colônia, mas, sim, sobretudo, articulações externas à própria colônia, notadamente com o ambiente político. Neste sentido, é importante observar que a qualificação espacial da imigração implica em reconhecer a geografia, portanto, a fronteira, e a sociologia e antropologia, vide redes sociais, como importantes áreas do saber que complementam a metodologia a ser utilizada.

3   IMIGRANTES BOLIVIANOS EM CORUMBÁ, MS, BRASIL

Nossa pesquisa foi realizada na cidade de Corumbá, localizada na fronteira com a Bolívia, é palco de intensas correntes imigratórias desde o final da Guerra do Paraguai (1864-1870). Para lá migraram pessoas das mais distintas nacionalidades, como os europeus espanhóis, portugueses, italianos, franceses, macedônios, entre outros, ou, ainda, os árabes libaneses e sírios, os sul-americanos argentinos, paraguaios, uruguaios e

---

[15] TRUZZI, O. **Redes em Processos Migratórios**. In: Tempo Social, v. 20, n. 01, 2008, pp. 199-218.
[16] TRUZZI, O. **Redes em Processos Migratórios**. In: Tempo Social, v. 20, n. 01, 2008, pp. 199-218.
[17] OLIVEIRA, M. R. C. **Imigração Sírio-Libanesa em Campo Grande e o Clube Libanês**. Dissertação de Mestrado, PPG em História, Dourados, MS, UFGD, 2010.

bolivianos (OLIVEIRA, 2005).[18] Com relação a esses, há indícios de quem tenham chegado ainda no período colonial, dentro do processo de expansão das coroas portuguesa e espanhola (ESSELIN, 1998),[19] contudo, após a expulsão dos jesuítas foram estabelecidas novas correntes migratórias com a manipulação que ambas as coroas procuravam exercer sobre os chiquitanos, que se encontravam sob o domínio daqueles padres (OLIVEIRA, 2014).[20]

Visando maiores completudes, salientamos que as pesquisas sobre correntes imigratórias de bolivianos em direção à fronteira em estudo devem considerar a distinção entre os povos do altiplano e das planícies naquele país. No sentido histórico é importante observar que as designações *colla*, para os que são oriundos dos Andes, e *camba*, para os das planícies, são relevantes para entender a distribuição da população internamente, o que se reflete, também, nas distribuições sócio-espaciais quando ocorre a imigração (SOUCHAUD; BAENINGER, 2011).[21] Tal distinção produz dissensões sociais profundas, que terminam por assumir formatos territoriais (SOUCHAUD; BAENINGER, 2011).[22]

Destarte, no que diz respeito a este artigo, iremos marcar a chegada dos povos da Bolívia, no século XX, a partir de dois momentos. O primeiro quando da construção da ferrovia que liga Corumbá a Santa Cruz de la Sierra (1939-1954), o que motivou expressivo deslocamento, especialmente, dos que viviam nas cidades de San José de Chiquitos,

---

[18] OLIVEIRA, M. A. M. **Tempo, Fronteira e Imigrante: um lugar e suas "inexistências"**. In: OLIVEIRA, T. C. M. (org.) Território sem Limites: estudos sobre fronteiras. Campo Grande, Editora da UFMS, 2005, PP. 349-358.
[19] ESSELIN, P. **A Gênese de Corumbá**. Campo Grande, Editora da UFMS, 1998.
[20] OLIVEIRA, C. **Migrações e Práticas Comerciais na Fronteira Luso-Espanhola: o Caso do Povo Chiquitano após a Expulsão dos Jesuítas da Chiquitania (1767-1789)**. Dissertação de Mestrado, Mestrado em Estudos Fronteiriços, UFMS, 2014.
[21] SOUCHAUD, S.; BAENINGER, R. **Collas e cambas do outro lado da fronteira: aspectos da distribuição diferenciada da imigração boliviana em Corumbá, Mato Grosso do Sul**. In: Revista Brasileira de Estudos de População, v. 25, n. 02, 2008, pp. 271-286.
[22] SOUCHAUD, S.; BAENINGER, R. **Collas e cambas do outro lado da fronteira: aspectos da distribuição diferenciada da imigração boliviana em Corumbá, Mato Grosso do Sul**. In: Revista Brasileira de Estudos de População, v. 25, n. 02, 2008, pp. 271-286.

Roboré, Tapera e Santa Cruz de la Sierra, portanto da planície, em direção àquela fronteira (SILVA, 2011).[23] E, o segundo momento, por volta do princípio dos anos 1980, quando, de maneira mais intensa, começam a se direcionar para aquela fronteira os habitantes do altiplano. Este movimento tinha como principal elemento de fomento o comércio internacional de produtos, especialmente, vindos da Ásia. As origens são, predominantemente, de Cochabamba, La Paz, El Alto, Sucre e Cusco.

4 CENTRO BOLIVIANO-BRASILEIRO 30 DE MARZO: UMA EXPERIÊNCIA DE SOCIABILIDADES SELETIVAS

A presença de bolivianos na fronteira em estudo produziu alguns efeitos muito interessantes. E um dos que consideramos dos mais relevantes é o Centro Boliviano-Brasileiro 30 de Marzo (CBB), clube social fundado em 1962. Embora não haja registros sobre esse evento, segundo depoimentos que colhemos, a reunião que conduziu ao ato de fundação ocorreu no dia 30 de março daquele ano, razão pela qual a instituição leva em seu nome tal data. Posteriormente, Eugênia Oliva, uma senhora boliviana, fez a doação do terreno onde, hoje, é a sede do Clube, inaugurada em 1978. Naquela época, a principal idealização do Centro Boliviano-Brasileiro era de natureza social, assistencial, cultural e recreativa promovendo confraternização e interações entre nacionais de ambos os países.

Entendermos melhor a história do CBB bem como compreender o seu atual status junto aos bolivianos e brasileiros é fundamental para resgatar o sentido sócio-político e cultural da instituição. Conforme conseguimos averiguar, trata-se de um clube que foi construído por imigrantes da região de Santa Cruz de la Sierra, predominantemente composto por comerciantes de classe média, que ali construíram maneiras muito interessantes de serem inseridos nas camadas sociais mais abastadas de Corumbá. Na fase em que nos encontramos na pesquisa ainda não foi possível constatar as razões para que esse grupo

---

[23] SILVA, G. J. **A respeito de migrações e estigmas: indígenas Camba-Chiquitano na fronteira Brasil-Bolívia, segunda metade do século XX**. In: História Unisinos, v. 15, n. 02, pp. 159-171.

tivesse emigrado em direção a Corumbá. Ou seja, se tais motivos seriam econômicos ou políticos.

É importante observar que um dos elementos mais relevantes para a formação de redes sociais, incluindo os clubes, é o capital social. Este é elaborado através da existência de relações familiares e de amizade, comunidades com consolidados valores, normas e sanções, normas culturais de confiança, compromisso etc. (GAMARNIKOW; GREEN, 1999).[24] E, neste aspecto observamos que tal grupo de cruceños faz parte de uma das expressões mais vívidas das relações interétnicas existentes na Bolívia, tendo com contraponto os habitantes do altiplano daquele país. Tal dicotomia produz discursos na sociedade corumbaense que visam desqualificar esse grupo de imigrantes chamando-lhes por "colhas", "chocos" ou, mais diretamente, "índios" (COSTA, 2015, p. 42).[25]

Desta forma, o estabelecimento de clubes sociais, a exemplo de diversas outras atividades exercidas pelos imigrantes, pode reproduzir diferenças pregressas existentes no país de origem. Assim, no estágio em que se encontra esta pesquisa, foi possível constatar que aquele grupo de cruceños tinha em mente a existência de um espaço para construção de suas relações com a sociedade de acolhimento, o que não perpassava, necessariamente, pela incorporação de grupos que representasse as divergências na terra natal. Desta forma, fica mais claro entender o porquê não ter bolivianos originários do altiplano nos quadros de diretoria ao longo de sua história.

Há documentos no acervo histórico da associação que dão evidência clara que houve um período em que esse grupo alcançou prestígio junto à sociedade local, uma vez que o CBB gozou de intensas relações sociais, culturais e políticas. No que se refere ao aspecto social, há documentos que revelam intensa participação de bolivianos e brasileiros no clube. Exemplo disso era a realização de concursos de miss, tendo em 11 de setembro de 1999 a organização do primeiro deles. A candidata seria avaliada nos trajes: social, de banho e típico, além de

---

[24] GAMARNIKOW, E.; GREEN, A. **Social Capital and the Educated Citizen**. In: The School Field, 1999, vol. X, nº 3, pp.103-126.
[25] COSTA, G. V. L. **Os Bolivianos em Corumbá – MS: Conflitos e Relações de Poder na Fronteira**. In: Maná, v. 21, n. 01, 2015, pp. 35-63.

receber pontuação nos quesitos: cintura, quadril, busto, altura, cor dos olhos, cor do cabelo, tornozelos e coxa. Ademais, no correr da década de 1990, ocorrera o evento "Uma noite na fronteira". Em seu convite apontava que o traje para a ocasião seria passeio completo. No dia 05 de agosto de 1999, véspera da data da celebração da Independência da Bolívia (174 anos), ocorreu no CBB um evento que visava fazer homenagens à imprensa corumbaense e boliviana.

Conseguimos apurar que o registro de fichas de inscrição ("Filiación") ao clube social existiu entre 1969 e 2002. Todavia, havia pouquíssimas armazenadas, sendo que em relação às décadas de 1970 e 1980 não havia nenhuma documentação, hiato documental bastante significativo para a memória do clube. Um dos aspectos que a rede instituída a partir do CBB proporcionou foi o convênio que estabeleceu com uma clínica médica privada em Corumbá, que passaria a atender os associados e aos seus dependentes. Isso permite constatar a existência de uma função assistencial aos imigrantes que ao CBB tinham acesso.

Ficou evidente que o CBB tinha por missão uma espécie de desconstrução da imagem generalista que a sociedade receptora tinha sobre os bolivianos de origem do altiplano. Ou seja, buscava-se distanciar esse grupo composto de cruceños dos "colhas". Exemplo disso está nos cursos que visavam fomentar uma "terapia ocupacional" e o aprendizado de "uma atividade laboral", na década de 1990. Eram oferecidos os cursos de corte de cabelo unissex, arranjos florais, pintura de tecido, crochê e tricô, corte e costura, preparo de salgados, tortas, doces, curso de gesso, tapeçaria, bordado e vitral, e, o mais intrigante: etiqueta social. Este nos chama atenção pelo seu sentido simbólico, uma vez que traz consigo a ideia de designação estereotipada, ou seja, formas de "classificar os indivíduos em agrupamentos manipuláveis" (PAYNE, 1973).[26] Seus conteúdos são, essencialmente, apriorísticos e que induz a um comportamento condizente ao conteúdo acordado, construindo marcas simbolicamente aceitas e desejadas (CASTRO, 1983, p. 104).[27]

---

[26] PAYNE, W. **Etiquetas Negativas: Pasadizos y Prisiones.** In: Estigmatización y Conducta Desviada. Criminología. Centro de Investigaciones Criminológicas de la Universidad de Zulia, 1973.

[27] CASTRO, L. A. **Criminologia da Reação Social**. Trad. de Ester Kosovski. Rio de Janeiro, Editora Forense, 1983.

Os esforços neste sentido levaram a estabelecer um convênio com o Serviço Nacional de Aprendizagem Comercial (SENAC), em 1999, para o oferecimento de cursos de computação, auxiliar de escritório e almoxarifado, todos eles ligados às atividades meio na lida com o comércio. Além desses, também tiveram lugar os cursos de cidadania, alfabetização (não obtivemos informação quanto ao idioma), Espanhol Nível I, Português Nível I, Inglês e Oratória. No acervo do CBB não há registros quanto à ementa e conteúdo dos mesmos.

O resultado desse esforço das diretorias do CBB em adquirir em Corumbá visibilidades diferenciadas em relação aos "colhas" fica evidenciado em alguns momentos, como quando Miguel Tomilic, um de seus mais proeminentes membros, e ex-presidente do CBB, assume interinamente a presidência da Associação Comercial de Corumbá (ACIC) em 1995. Ainda no mesmo ano, e com o mesmo impacto, a Diretoria concede a Ricardo Chimirri Cândia, então Prefeito de Corumbá, o título de Sócio Honorário que em cuja gestão foi criada a Feira Brasbol em 1993.

Até o presente, esta pesquisa deixou evidente que os anos 1990 foram os que trouxeram maiores resultados quanto à intenção de criar um espaço diferenciado de bolivianos em Corumbá. Exemplo disso são as articulações que as diretorias construíram com a imprensa local e a de Santa Cruz de la Sierra, terra de origem desse grupo social. O jornal Diário da Manhã, de Corumbá, além dos El Deber e El Mundo, de Santa Cruz, traziam noticiários enfatizando o fortalecimento desse Clube, bem com as transmissões de cargo através da posse de novas diretorias. Embora nossos estudos ainda estejam avançando junto aos periódicos dessas cidades, é perceptível que o CBB usufruía de uma notoriedade na mídia corumbaense e cruceña.

Atualmente, CBB se depara com diversos problemas de ordem estrutural. O prédio onde funciona sua sede carece de pinturas, reparos hídricos e elétricos, além de não oferecer os serviços de outrora. O centro de suas atividades está nas festividades cívicas e religiosas, especialmente nas comemorações da independência da Bolívia, e das principais santas católicas daquele país: Nossa Senhora de Copacabana, Virgem de Cotoca e Virgem Urukupiña.

5 IMIGRANTES BOLIVIANOS ORIUNDOS DO ALTIPLANO: FORMAÇÃO DE REDES E ENTRAVES DOCUMENTAIS

Ainda é muito impreciso o período em que os bolivianos oriundos do altiplano começaram a chegar de maneira mais volumosa à fronteira em estudo. Nossa hipótese é de que esses movimentos estariam ligados à inserção daquele país, e também de maneira mais vigorosa no Paraguai, nas redes de comércio internacional de produtos oriundos da Ásia, especialmente da China e do Japão. De acordo com Albuquerque (2010, p. 67)[28] isso teria ocorrido no início dos anos 1980, quando as fronteiras, especialmente as com o Brasil, passaram a ser palco de intensas comercializações e, por consequência, correntes migratórias internas naqueles países. A instalação de uma modalidade nova de comércio impôs a Corumbá ao menos três elementos que redimensionaram suas dinâmicas sociais e econômicas: reconfiguração das moedas de troca, através da vigorosa incorporação do Dólar Americano nas transações locais; aumento da diversidade e do volume de mercadorias trazidas pelas vias do Pacífico; e, o significativo aumento populacional. Este último pode ser mais bem verificado nos dados no Instituto Nacional de Estadísticas (INE) da Bolívia, em que apresenta um aumento de mais de 200% dos moradores de Puerto Suarez e Puerto Quijarro entre o Censo de 1972 e o de 1991.

Nossa hipótese ganha mais corpo ao constatar o baixo volume de famílias de bolivianos daquela região residentes tanto em Corumbá quanto em suas circunvizinhas Puerto Quijarro e Puerto Suarez que tenham chegado ali antes dos anos 1980. Ao longo dos anos de 2014 a 2017 foram realizadas diversas abordagens e entrevistas nas quais constatamos que os poucos imigrantes oriundos de cidades ou povoados do altiplano que habitavam nessa região anteriormente àquele período estavam ligados às atividades comerciais nas feiras livres e à prestação de serviços, como domésticas, pedreiros e biscates.

Trabalharemos nesta parte do artigo com uma imigrante buscando ilustrar as formas como esse grupo social, em especial quando oriundo

---

[28] ALBUQUERQUE, L. J. **A Dinâmica das Fronteiras: os brasiguaios entre o Brasil e o Paraguai.** São Paulo: Annablume, 2010.

do altiplano boliviano, está alijado do processo de sociabilidades trazidas pelo CBB. Nossa intenção é de demonstrar os níveis de dificuldades enfrentadas no tocante à documentação e ao trato com as autoridades, decorrentes da ausência de redes mais efetivas, como o Clube que analisamos neste artigo, que pudessem dar apoio a eles.

Nossa metodologia aplicada no correr da entrevista assentou-se no cuidado com os riscos inerentes à história de vida, uma vez que o enredo narrado pode omitir partes significativas para a compreensão daquilo que queremos capturar. Mais, ainda, os acontecimentos biográficos são colocações e deslocamentos no espaço social, o que nos coloca na posição de buscar entender uma trajetória vida não apenas pelo sujeito em si, mas, sim, sobretudo, através da reconstrução de espaços e conjuntos de agentes em que esteve relacionado (BOURDIEU, 2001, p. 190).[29] Este cuidado nos permitiu enxergar nosso sujeito da pesquisa como pertencente à *superfície social*, ou a capacidade de existir em diversos campos (BOURDIEU, 2001).[30]

Nosso sujeito desta pesquisa, a quem chamaremos por E., é uma mulher, casada, tem 3 filhos (8, 10 e 12 anos) e trabalha por volta de 10 anos nas feiras livres do município de Corumbá, Mato Grosso do Sul. Nascida em um povoado localizado em Escalona que fica no Departamento de La Paz, reside em Puerto Quijarro. Esta imigrante viveu no campo até atingir idade para sair de casa e trabalhar como empregada doméstica em Cochabamba. Isso ocorreu quando E. havia acabado de iniciar a 5ª série do Ensino Primário, o que a levou a abandonar os estudos por conta do trabalho. De acordo com ela, sua família era muito pobre e antes dela outras irmãs já haviam trilhado o mesmo caminho. Algum tempo depois, mudou-se para Santa Cruz de La Sierra e continuou trabalhando como empregada doméstica. Aos 20 anos, E. se casou e quando seu primeiro filho estava com 2 anos, uma prima que morava na fronteira em estudo a convidou para trabalhar na região, já que em Santa

---

[29] BOURDIEU, P. **A Ilusão Biográfica**. In: FERREIRA, M. M.; AMADO, J. (orgs.) Usos & Abusos da História Oral. 4ª Edição. Rio de Janeiro, Editora da FGV, 2001.
[30] BOURDIEU, P. **A Ilusão Biográfica**. In: FERREIRA, M. M.; AMADO, J. (orgs.) Usos & Abusos da História Oral. 4ª Edição. Rio de Janeiro, Editora da FGV, 2001.

Cruz de La Sierra a família tinha a renda muito baixa e a fronteira se mostrava um terreno repleto de oportunidades. A proposta era para ser feirante em Corumbá.

Neste aspecto, Massey (1988)[31] conceitua a rede de imigrantes como sendo complexos laços interpessoais, vinculados por laços familiares, de parentesco, amizade e conterraneidade. A existência de tais redes permitiu que o ingresso de E. nas feiras livres em Corumbá se desse através dessa prima, que já trabalhava naquele espaço vendendo roupas e conseguiu que ela começasse com uma pequena banca. Outro aspecto importante trazido neste caso é a relação de hierarquia estabelecida entre os comerciantes da feira, incluindo os imigrantes, pois, segundo nossa entrevistada, quando iniciaram suas atividades comerciais, sua banca foi colocada no final da feira pelos demais feirantes, porque ela era novata. Foi através da existência desse tipo de rede que E., também, teve acesso à língua portuguesa, pela mesma prima.

Tratamos de uma imigrante pendular, ou seja, mora na Bolívia e desempenha suas atividades comerciais no Brasil. A existência da modalidade pendular, conjugada naquele espaço, demonstra os níveis de complexidades em que tanto o imigrante quanto a fronteira estão sujeitos. Isso porque a imersão e emersão do imigrante diariamente nos espaços nacionais e internacionais promovem uma série de consequências no que tange à documentação, à lida com as autoridades, ao preconceito e às estratégias de transporte, sociabilização e ganhos e perdas de direitos sociais em ambos os países.

Diferentemente da prima, que comercializava roupas novas, E. vende roupas usadas, e como no início de suas atividades na feira, dispunha de pouco capital, conta que começou com apenas 3 fardos de roupas, trazidas, inicialmente de Santa Cruz de La Sierra. Depois construiu uma relação de confiança com um fornecedor e agora este despacha as mercadorias e ela envia o pagamento para ele via depósito bancário semanalmente.

Com o passar de suas atividades o fato de viver na fronteira e na condição pendular ganhou novos contornos. Por estar documentalmente

---

[31] MASSEY, D. **Economic development and international migration in comparative perspective.** Population and Development Review, v. 14, 1988, 383-413.

em dia com o seu país, lhe foi oportunizada a realização de um empréstimo bancário na Bolívia visando comprar um pequeno caminhão, que ela e o marido usaram para trabalhar. Contudo, após problemas com autoridades brasileiras, segundo relato de E., o caminhão ficou "fichado" no Posto Esdras pela Receita Federal, após uma fiscalização na qual suas mercadorias foram apreendidas. A imigrante teve medo de que após este incidente, o veículo pudesse ser apreendido em abordagens futuras, já que sua placa havia sido anotada, então, optaram por vendê-lo.

No tocante aos contatos com as autoridades brasileiras é importante que observemos que elas merecem um campo mais aprofundado de estudos em futuras pesquisas. Isso porque ficou evidente o quanto se diferencia o trato que ela recebeu quando comparadas as autoridades municipais com as federais. Exemplo disso está nos primeiros momentos dela na feira em Corumbá, quando afirma que não houve conflito com os fiscais da Prefeitura daquele município. Ou seja, ela se instalou, começou a trabalhar e apenas depois regularizou sua situação cadastral. Ao passo que a imigrante demonstrou temor com relação às autoridades federais, o que ficou evidente quando relatou as apreensões de suas mercadorias por duas vezes pela Receita Federal em depósitos em Corumbá. Na primeira, contou que foram devolvidas 5 bolsas de roupas pelas autoridades e, na segunda nada foi devolvido. Como na segunda vez ela conta que possuía lençóis novos junto com as roupas usadas, acredita, portanto, que este foi o motivo de ter perdido a mercadoria toda. Contudo, E. não sabe ao certo o motivo de ter recebido mercadorias de volta em uma das operações e de não ter ocorrido o mesmo na segunda ocasião, já que não foram oferecidas maiores informações pelas autoridades.

Apesar de estar cadastrada junto à Prefeitura de Corumbá, onde paga regularmente o Documento de Arrecadação Municipal (DAM), a imigrante demonstra grande insegurança diante das figuras de autoridade porque está com seu Visto Temporário vencido há mais de um ano e não possui o CPF. Conforme conseguimos apurar, a Prefeitura de Corumbá está exigindo o CPF para renovar o cadastramento dos feirantes, incluindo os estrangeiros. No tocante a nossa entrevistada, este documento apenas pode ser emitido caso E. tenha um Visto válido. De acordo com E., enquanto seu Visto Temporário estava vigente, ela não sabia ao certo quais eram os procedimentos para a emissão do CPF e por esse motivo não solicitou o documento. Todavia, os problemas pregressos podem ter aumentado o distanciamento de E. do órgão que emite o documento, já que foram relatados conflitos anteriores com a Receita Federal. E. demonstrou maior apreensão nos trâmites documentais na Polícia Federal do que junto aos órgãos municipais.

A imigrante afirmou que está buscando regularizar sua situação documental, porque acredita que a posse de documento oferece ao imigrante uma situação de maior segurança quando há a abordagem de uma autoridade e afirma crer que estará mais resguardada. O maior entrave que E. enfrenta, no momento, é em relação ao tipo de documento que precede o CPF, já que por ser uma imigrante pendular, não reside no Brasil, o que é uma exigência para a obtenção do Visto.

Quando perguntada sobre a existência e funcionalidades do CBB afirmou saber onde se localiza, porém, seu uso está restrito a reuniões convocadas pela prefeitura ou pela Associação 2 de Maio, entidade que agrega os feirantes. Afirma desconhecer quaisquer outras atividades ou ter participado de festividades no local.

6 CONSIDERAÇÕES FINAIS

Pensamos que a imigração seja um dos fenômenos da humanidade mais intensos na atualidade, e a fronteira uma das mais importantes etapas que o imigrante tem que enfrentar. A junção dessas categorias potencializa os traços e marcas pregressos dos mais variados grupos étnicos ou nacionais. Isso ficou bastante evidenciado nesta pesquisa, quando pudemos verificar as formas de sociabilidades e de sobrevivência dos bolivianos do altiplano e da planície, ou os *collas* e *cambas*. Parcela da sociedade boliviana que emigrou em direção a Corumbá está eivada de sentimentos preconceituosos, fortemente entrincheirados, neste respeito entre esses dois grupos.

Através desta pesquisa constatamos que o CBB embora tenha sido fundado com objetivos de natureza social, assistencial, cultural e recreativa visando promover a confraternização e interações entre bolivianos e brasileiros, demonstrou ser na prática um clube social apenas para os imigrantes bolivianos da planície. Logo, os imigrantes oriundos do altiplano boliviano não tiveram nenhum alcance social junto a esta instituição.

A imigrante que utilizamos como exemplo neste artigo demonstra esta seletividade quando afirma que nunca participou de quaisquer festividades ou demais atividades promovidas pelo CBB. No tocante a documentação, um suporte assistencial do CBB minimizaria as lacunas e dificuldades referentes ao acesso documental no Brasil, condição fundamental para o desempenho laboral, também na atividade de feirante na cidade de Corumbá.

No correr desta pesquisa pudemos verificar o quanto a distância entre esses grupos de imigrantes bolivianos é real. Enquanto os oriundos da planície homenageavam prefeito, realizavam concursos de miss, o que vieram do altiplano tinham suas mercadorias apreendidas e documentos não renovados, sem que um soubesse ou se importasse com o que acontecia com o outro.

REFERÊNCIAS

ALBUQUERQUE, L. J. **A Dinâmica das Fronteiras: os brasiguaios entre o Brasil e o Paraguai.** São Paulo: Annablume, 2010.

ARTOLA, J. **Migraciones y procesos de integración en América del Sur.** In: TELLES, M. E.; PIÑEIRO, R. C. Migraciones Internacionales: Crisis y Vulnerabilidades. Tijuana, México, El Colegio de La Frontera Norte, 2014, pp. 357-384.

BUSTAMANTE, J. **Demystifying the United States-Mexico Border.** In: The Journal of American History. Vol. 79, n. 02, 1992, pp. 485-490.
BOURDIEU, P. **A Ilusão Biográfica.** In: FERREIRA, M. M.; AMADO, J. (orgs.) Usos & Abusos da História Oral. 4ª Edição. Rio de Janeiro, Editora da FGV, 2001, pp. 183-192.

CASTRO, L. A. **Criminologia da Reação Social.** Trad. de Ester Kosovski. Rio de Janeiro, Editora Forense, 1983.

CELEBRÓ 34 aniversario Centro Boliviano-Brasileño en Corumbá. **El Mundo**, Santa Cruz de la Sierra, Bolívia, 04 de mayo. 1996.

CENTRO Boliviano elege nova diretoria. **Diário da Manhã**, Corumbá, MS, 08 de mar. 1995.

CENTRO Boliviano-Brasileiro empossa nova diretoria. **Diário da Manhã**, Corumbá, MS, 06 de set. 2011.

CORUMBÁ sedia ato de lançamento do ano do cinquentenário do Centro Boliviano-Brasileiro (Corumbá es sede de acto de lanzamento del año del jubileo de oro del Centro Boliviano-Brasileño). **Correio de Corumbá**, Corumbá, MS, de 31 de mar. 2012 à 06 de abr. 2012.

COSTA, G. V. L. **Os Bolivianos em Corumbá – MS: Conflitos e Relações de Poder na Fronteira**. In: Maná, v. 21, n. 01, 2015, pp. 35-63.

ESSELIN, P. **A Gênese de Corumbá**. Campo Grande, Editora da UFMS, 1998.

GAMARNIKOW, E.; GREEN, A. **Social Capital and the Educated Citizen**. In: The School Field, 1999, vol. X, nº 3, pp.103-126.

KLOOSTERMAN, R.; DER LEUM, J. V.; RATH, J. **Mixed Embeddedness: (In)formal Economic Activities and Immigrant Businesses in the Netherlands**. In: international Journal OF Urban and Regional Research, 1999, v. 23, n. 02, pp. 252-266.

MACHADO, L.O. **Sistemas, Fronteiras, e Território. Terra Limitanea: Atlas da Fronteira Continental do Brasil**. Rio de Janeiro: Grupo RETIS / CNPq / UFRJ, 2002.

MACHADO, L. O. **Estado, territorialidade e Redes. Cidades-Gêmeas na Zona de Fronteira Sul-Americana. In: Continentes em Chamas. Globalização e Território na América Latina**. Rio de Janeiro, Civilização Brasileira, 2005, pp. 246-284.

MASSEY, D. **Economic development and international migration in comparative perspective.** Population and Development Review, v. 14, 1988, 383-413.

MENESES, G. A. **Violencias asociadas al Cruce Indocumentado de la Frontera México-Estados Unidos**. In: Nueva Antropología, 2005, pp. 113-129.

OLIVEIRA, C. **Migrações e Práticas Comerciais na Fronteira Luso-Espanhola: o Caso do Povo Chiquitano após a Expulsão dos Jesuítas da Chiquitania (1767-1789).** Dissertação de Mestrado, Mestrado em Estudos Fronteiriços, UFMS, 2014.

OLIVEIRA, M. A. M. **Tempo, Fronteira e Imigrante: um lugar e suas "inexistências".** In: OLIVEIRA, T. C. M. (org.) Território sem Limites: estudos sobre fronteiras. Campo Grande, Editora da UFMS, 2005, PP. 349-358.

OLIVEIRA, M. A. M.; CAMPOS, D. L. **Migrantes e Fronteira: Lógicas Subvertidas Vidas Refeitas.** In: PEREIRA, J. H. V. & OLIVEIRA, M. A. M. (orgs.). Migração e Integração. Dourados, Editora da UFGD, 2012, pp. 15-26.

OLIVEIRA, M. R. C. **Imigração Sírio-Libanesa em Campo Grande e o Clube Libanês.** Dissertação de Mestrado, PPG em História, Dourados, MS, UFGD, 2010.

PAYNE, W. **Etiquetas Negativas: Pasadizos y Prisiones.** In: Estigmatización y Conducta Desviada. Criminología. Centro de Investigaciones Criminológicas de la Universidad de Zulia, 1973.

PONTO de integração entre brasileiros e bolivianos, Centro 30 de Março completa 50 anos. **Diário Corumbaense**, Corumbá, MS, 02 de abr. 2012.

QUIROZ, Y. S. **Vulnerabilidad: un concepto para pensar las migraciones internacionales.** In: TELLES, M. E.; PIÑEIRO, R. C. Migraciones Internacionales: Crisis y Vulnerabilidades. Tijuana, México, El Colegio de La Frontera Norte, 2014, pp. 385-416.

SAID, E. **Orientalismo**. São Paulo, Cia das Letras, 1998.

SANDOVAL, G. F. **Shadow Transnationalism: Cross-Border Networks and Planning Challenges of Transnational Unauthorized Immigrant Communities**. In: Journal of Planning Education and Research, V. 33, n. 02, pp. 176-193.

SAYAD, A. **A Imigração ou os paradoxos da alteridade**. Trad. Cristina Murachco.Edusp, 1998.

SE FORTALECE Centro Cultural Boliviano-Brasileño en Corumbá. **El Deber**, Santa Cruz de la Sierra, Bolívia, 05 de mayo. 1996.

SILVA, G. J. **A respeito de migrações e estigmas: indígenas Camba-Chiquitano na fronteira Brasil-Bolívia, segunda metade do século XX**. In: História Unisinos, v. 15, n. 02, pp. 159-171.

SOUCHAUD, S.; BAENINGER, R. **Collas e cambas do outro lado da fronteira: aspectos da distribuição diferenciada da imigração boliviana em Corumbá, Mato Grosso do Sul**. In: Revista Brasileira de Estudos de População, v. 25, n. 02, 2008, pp. 271-286.

TILLY, C. **Transplanted Networks**. In: YANS-Mc LAUGHLIN (ed.), Virginia, Immigration Reconsidered, NY, Oxford, Oxford University Press, 1990, pp.79-95.

TRUZZI, O. **Redes em Processos Migratórios**. In: Tempo Social, v. 20, n. 01, 2008, pp. 199-218.

DOI: 10.5281/zenodo.14017453

| DIREITO CONSTITUCIONAL POPULARIZADO |

JUDICIALIZAÇÃO DO DIREITO À SAÚDE: LIMITES E POSSIBILIDADES NO FORNECIMENTO DE MEDICAMENTOS NÃO REGISTRADOS PELA ANVISA[1]

Jordano Paiva Rogério[2]

1 INTRODUÇÃO

A saúde é um dos principais direitos sociais constitucionalmente protegidos, não à toa foi colocada em destaque no rol dos direitos e garantias fundamentais. Por isso, a Constituição da República Federativa do Brasil de 1988, em seu artigo 6º, prevê a necessidade de sua proteção, um compromisso do constituinte em assegurar condições mínimas de bem-estar a todos os cidadãos, elevando a saúde ao patamar de direito fundamental. Definido no artigo 196 da Constituição, é descrito como um direito de todos e um dever do Estado, o qual se compromete a garanti-lo mediante a formulação e implementação de políticas sociais e econômicas[3]. Previu-se a necessidade de implementação de políticas para

---

[1] Este artigo corresponde ao aprofundamento de dois estudos publicados em formato de coluna no Portal Jurídico Magis, quais sejam: 1- A obrigação do Estado de fornecer medicamento, disponível em: https://magis.agej.com.br/a-obrigacao-do-estado-de-fornecer-medicamento/; 2- O direito ao fornecimento de medicamento não registrado na ANVISA, disponível em: https://magis.agej.com.br/o-direito-ao-fornecimento-de-medicamento-nao-registrado-na-anvisa/.
[2] Candidato avançado ao doutoramento em Direito e Ciências Jurídico-Políticas na Faculdade de Direito da Universidade de Lisboa. Advogado, inscrito na Ordem dos Advogados em Portugal e na Ordem dos Advogados Brasileiros. E-mail: jordanorogerio@edu.ulisboa.pt / jordano.law@gmail.com
[3] Desde já, cabe afirmar que esta pesquisa adota o conceito de direito à saúde desenvolvido por Sérvulo Correia, como o conjunto de normas jurídicas que

a redução do risco de doenças e outros agravos, além de ter o constituinte assegurado, de forma universal e igualitária, o acesso a ações e serviços destinados à proteção, promoção e recuperação da saúde.

Nesse contexto, o direito à saúde não se limita ao tratamento de enfermidades, mas abrange um conjunto de condições necessárias ao pleno desenvolvimento físico e mental da pessoa, constituindo-se em uma obrigação estatal de caráter coletivo e individual. Entretanto, para que a defesa desse direito seja possível e eficaz no âmbito da vida dos indivíduos, não basta uma previsão constitucional genérica de que a saúde é um direito fundamental – enquanto direito social consagrado no rol de direitos individuais e coletivos[4] –, são necessários parâmetros para que haja o pleno exercício de sua defesa.

É relevante destacar que qualquer indivíduo pode exigir seu direito à saúde, garantia que se estende inclusive a estrangeiros que se encontrem no Brasil. Para tanto, diante da necessidade de tratamento médico, prescrição ou acesso a medicamentos, é possível e necessário acionar o poder público. Tal prerrogativa decorre do disposto no artigo 196 acima mencionado, que atribui ao Estado o dever de garantia da saúde.[5]

---

disciplinam as situações cujo objeto imediato ou mediato seja a saúde, e que regulam a organização e o funcionamento das instituições voltadas à promoção e defesa da saúde. CORREIA, Sérvulo. Introdução ao Direito da Saúde. In: Direito da Saúde e Bioética. Lisboa: Lex, 1991, p. 41.

[4] "O direito social constitucional é um direito fundamental, ínsito à pessoa humana, que, sem o exercício deste, jamais poderá realizar seus mínimos objetivos. (...) O direito social, senso largo, é o direito primário do indivíduo. Direito primário de habitar ou de trabalhar, por exemplo. O Estado contemporâneo deve adaptar-se às novas exigências sociais, no sentido de atender, pelo menos, e em princípio, a dois direitos sociais: o de trabalho e moradia." Cfr.: SARAIVA, Paulo Lobo. Garantia constitucional dos direitos sociais. Rio de Janeiro: Forense, 1983, p. 28.

[5] O artigo 6º da Constituição da República de 1988 estabelece um conjunto de direitos sociais fundamentais, essenciais para a promoção de uma vida digna e da inclusão social no Brasil. Dentre esses direitos, destaca-se o direito à saúde, que impõe ao Estado o dever de garantir o acesso universal e igualitário aos serviços de saúde, promovendo o bem-estar físico e mental de toda a população. Além da saúde, outros direitos sociais incluem a educação, a alimentação, o trabalho, a moradia, o transporte, o lazer, a segurança, a previdência social, a proteção à maternidade e à infância, e a assistência aos desamparados. Cada um desses direitos reforça a obrigação estatal de criar condições que permitam a

Diante da relevância do direito à saúde, conforme previsto na Constituição Federal de 1988, torna-se imprescindível que seja materialmente garantido a todos. No entanto, para a efetivação concreta desse direito, a mera previsão constitucional é insuficiente. Nesse sentido, passa a ser necessário que sejam editadas normas infraconstitucionais que regulamentem como o direito à saúde pode ser efetivamente prestado, estabelecendo critérios e procedimentos para a sua implementação, especialmente no que diz respeito ao fornecimento de medicamentos, assunto elucubrado na presente pesquisa.[6]

Como ponto de partida, cita-se a atuação da Agência Nacional de Vigilância Sanitária (ANVISA), que desempenha um papel central nesse contexto, uma vez que os medicamentos disponibilizados pelos órgãos ligados ao Sistema Único de Saúde (SUS) são, em regra, aqueles registrados e aprovados por essa agência reguladora. Esse registro é fundamental para assegurar a segurança, eficácia e qualidade dos medicamentos fornecidos aos cidadãos. Contudo, a realidade jurídica e social tem demonstrado a necessidade de avaliar a possibilidade de o Poder Público ser compelido judicialmente a fornecer medicamentos que não possuem registro junto à ANVISA, como ocorre em casos de emergência ou de excepcionalidade, em que a necessidade de tutela imediata do direito à saúde poderia justificar tal medida.

Portanto, a presente pesquisa se propõe a analisar os limites e as possibilidades jurídicas de se exigir, por meio de procedimentos judiciais, o fornecimento de medicamentos não registrados, investigando os

---

plena realização da dignidade humana e a igualdade entre os cidadãos. Em suma, o artigo 6º consolida a responsabilidade estatal de garantir esses direitos, com particular atenção à saúde, de maneira a assegurar a máxima efetivação dos princípios fundamentais da Constituição de 1988.

[6] Existe uma tendência para a aplicação imediata do direito à saúde, o que ocorre provavelmente na maioria dos países que seguem um sistema de matriz romano-germânica, embora isso não ocorra automaticamente. Para parte da doutrina portuguesa, por exemplo, isso será possível apenas quando esse direito adquirir uma dimensão essencial semelhante à dos direitos, liberdades e garantias (aspecto mais facilmente relacionado à dimensão negativa desse direito), uma vez que, ao se tornar um direito fundamental, poderá ser invocado na ausência de legislação específica ou mesmo contra disposições legais existentes. ESTORNINHO, Maria João; MACIEIRINHA, Tiago. Direito da Saúde: lições. Lisboa: Universidade Católica Editora, 2014, p. 46.

parâmetros legais, a provável tendência das decisões judiciais e os impactos para os direitos fundamentais dos cidadãos.

2 RELAÇÃO NACIONAL DE MEDICAMENTOS ESSENCIAIS

É necessário dizer que o poder público brasileiro não se mantém inerte na luta para promoção da saúde, há esforços contínuos para levar tratamento justo e universal para todos os brasileiros. Além de existir o Sistema Único de Saúde (SUS), que disponibiliza gratuitamente o acesso de milhares de formas de tratamento, para inúmeras doenças, também existe a Relação Nacional de Medicamentos Essenciais (RENAME), que prevê uma lista para distribuição gratuita de medicamentos, popularmente conhecida como a lista do SUS.

Por várias décadas, o Brasil tem se empenhado na elaboração e no aperfeiçoamento de listas de medicamentos essenciais, com o objetivo de assegurar o acesso à assistência farmacêutica e promover o uso racional desses fármacos. A importância dessa abordagem dentro do Sistema Único de Saúde (SUS) é reiterada por uma produção contínua de aparato normativo. A Política Nacional de Medicamentos (PNM), instituída pela Portaria GM/MS nº 3.916, de 30 de outubro de 1998, estabelece a obrigação do Ministério da Saúde em criar mecanismos que garantam a constante atualização da Relação Nacional de Medicamentos Essenciais, um instrumento indispensável para a ação do SUS, ao reunir produtos necessários ao tratamento e controle das patologias mais frequentes no país.

De acordo com a Resolução CIT nº 1, de 17 de janeiro de 2012, a composição da lista de medicamentos essenciais é definida conforme as responsabilidades de financiamento da assistência farmacêutica entre a União, os estados e os municípios, proporcionando clareza sobre o acesso aos medicamentos disponibilizados pelo SUS.[7]

Manter a RENAME como uma ferramenta para promover o uso racional e orientar o financiamento de medicamentos na assistência

---

[7] Ministério da Saúde. Relação Nacional de Medicamentos Essenciais 2020. Brasília: Biblioteca Virtual em Saúde do Ministério da Saúde, 2019. Disponível em: https://bit.ly/3KXwtCP. Acesso em 30 jan. 2022.

farmacêutica representa um grande desafio para os gestores do Sistema Único de Saúde, dada a complexidade das necessidades entorno da saúde, a rapidez na adoção de novas tecnologias e as diferentes formas de organização e financiamento do sistema de saúde. A motivação para enfrentar esse desafio está no papel central que desempenha ao guiar o acesso à assistência farmacêutica, consolidando o SUS como uma das principais conquistas da sociedade brasileira.[8]

A relação de medicamentos é elaborada atendendo aos princípios fundamentais do SUS, isto é, a universalidade, a equidade e a integralidade, configurando-se como a relação dos medicamentos disponibilizados por meio de políticas públicas e indicados para os tratamentos das doenças e agravos que acometem a população brasileira.[9] Seus fundamentos estão estabelecidos em atos normativos pactuados entre as três esferas de gestão do SUS, como acontece somente em um número seleto de países que mantêm algum serviço de atendimento universal para a promoção da saúde.[10] Com isso, a concepção, a sistematização e a harmonização da RENAME devem sempre ser realizadas de forma democrática e articulada, a se ter em conta a complexidade do sistema, mas o louvor às conquistas por ele alcançadas.

---

[8] *Idem., Ibidem.*
[9] No âmbito positivo, o direito à saúde é mencionado pela primeira vez na Constituição Brasileira de 1988, no artigo 6º, com o propósito claro de incluí-lo entre os direitos sociais. Posteriormente, no artigo 196, esse direito é reafirmado como pertencente a todos e como uma obrigação do Estado, que se compromete a assegurá-lo por meio de políticas sociais e econômicas voltadas para a redução de riscos de doenças e outros agravos relacionados. A segunda parte desse artigo reforça a universalidade do direito à saúde, estabelecendo que sua garantia deve ser assegurada a todos de forma igualitária, por meio de ações e serviços destinados à proteção, promoção e recuperação da saúde.
[10] Em Portugal, por exemplo, há um sistema semelhante, o Sistema Nacional de Saúde (SNS), que embora não consiga prestar assistência à saúde inteiramente gratuita em todos os casos, destaca-se pela universalidade, a generalidade e a gestão descentralizada e participativa. A universalidade é derivada do artigo 13.º da Constituição Portuguesa de 1976, fundamentada no princípio da igualdade, que assegura a todos os cidadãos a mesma dignidade social e igualdade perante a lei. Dessa forma, qualquer forma de prestação estatal do direito à saúde em Portugal não pode ser limitada aos mais pobres e necessitados, mas deve ser garantida a toda a população, independentemente de sua condição socioeconômica.

Atendimento gratuito pelo SUS e medicamentos que constam nessa lista são de fácil acesso para qualquer interessado. Ao mesmo tempo, a eficácia da saúde pública não é onipotente e onipresente, longe disso, por isso é alvo de críticas. Não é incomum encontrar casos de pessoas que necessitam de remédios e tratamentos não disponibilizados gratuitamente. Por isso, o acesso à saúde tem constantemente sido alvo de judicialização.

3 GARANTIA DO DIREITO À SAÚDE PELA JUDICIALIZAÇÃO

Se determinado indivíduo estiver doente e necessitar de um tratamento médico específico, ou medicamento não abrangido pelos disponibilizados pelo SUS, poderá procurar o Judiciário para ter seu direito à saúde protegido, fenômeno que vem se intensificando nos últimos anos[11], e já chega a ser um problema em questões de

---

[11] Em pesquisa realizada pelo Instituto de Ensino e Pesquisa, encomendada pelo Conselho Nacional de Justiça (CNJ), foi retratado cenário da judicialização da saúde no Brasil. Os tribunais para os quais foram recolhidos e obtidos dados de primeira instância foram: TJRJ, TJMG, TJPI, TJAL, TJPE, TJSP, TJMA, TJMS, TJES, TJAC, TJCE, TJRO, TJRN, TJDF, TJMT, TJSC, TJTO. "Considerando o acima exposto, a LAI permitiu a identificação de 498.715 processos de primeira instância, distribuídos entre 17 justiças estaduais, e 277.411 processos de segunda instância, distribuídos entre 15 tribunais estaduais, no período entre 2008 e 2017. Considerando o ano de distribuição dos processos, verifica-se que há um crescimento acentuado de aproximadamente 130% no número de demandas anuais de primeira instância (Justiça Estadual) relativas ao direito à saúde de 2008 para 2017. Para o mesmo período, os relatórios "Justiça em Números" do CNJ apontam um crescimento de 50% no número total de processos em primeira instância. O crescimento das demandas sobre saúde foi, portanto, muito superior ao crescimento das demandas em geral do Judiciário, reforçando a relevância do tema. Os principais assuntos discutidos nos processos em primeira instância são: "Plano de Saúde", "Seguro" e "Saúde", seguidos de "Tratamento Médico-Hospitalar e/ou Fornecimento de Medicamentos". Nota-se, em particular, uma participação muito elevada dos assuntos "Plano de Saúde" e "Seguro", revelando a relevância da litigância judicial na esfera da saúde suplementar, assunto ainda pouco investigado na literatura sobre o tema.". Disponível em: <https://www.cnj.jus.br/wp-content/uploads/2018/01/f74c66d46cfea933bf22005ca50ec915.pdf>. Acesso em 30 jun. 2023.

procedimentalização e massificação das manifestações judiciais.[12] Como sublinhado acima, a Constituição do Brasil diz que qualquer pessoa tem o direito e pode exigir do Estado o tratamento adequado para manutenção da sua saúde. Logo, uma vez provocado o Poder Judiciário, a garantia desse direito constitucionalmente protegido deverá prosperar, a administração pública será obrigada a entregar o medicamento necessitado e a fornecer o devido tratamento médico.

Consideremos, em um cenário hipotético, a seguinte situação: Maria foi diagnosticada com uma forma rara de diabetes, após consulta com um endocrinologista, foi prescrito um dos poucos medicamentos conhecidos para o tratamento dessa condição específica. Todavia, o medicamento em questão é de alto custo, tornando-se inacessível para Maria devido à sua situação financeira. Além disso, o remédio prescrito não consta na lista de medicamentos fornecidos gratuitamente pelo Sistema Único de Saúde (SUS), ou não consta na Relação Nacional de Medicamentos Essenciais, o que agrava ainda mais sua situação. Diante

---

[12] Conforme a crítica realizada pelo Desembargador do TJDFT, Dr. Roberto Freitas Filho, desde 2010, o Judiciário brasileiro tem buscado racionalizar sua atuação em processos relativos ao direito à saúde. Nesse contexto, foi criado o Fórum Nacional do Judiciário para a Saúde (Fonajus) e proferida a decisão STA 175 pelo Supremo Tribunal Federal (STF), que estabeleceu parâmetros para a solução judicial de casos que envolvem o dever estatal de garantir a saúde. Além disso, foram instituídos os Comitês Estaduais e os Núcleos de Apoio Técnico do Judiciário (NATJUS), com o objetivo de fornecer suporte técnico às decisões judiciais e assegurar que sejam baseadas em evidências científicas, conforme preconizado pela "medicina baseada em evidências". Esses comitês também foram encarregados de propor medidas para prevenir conflitos judiciais e definir estratégias nas questões de direito sanitário. Apesar desses esforços ao longo de mais de uma década, o número de ações judiciais relacionadas à saúde continua a crescer, assim como os gastos públicos decorrentes dessas decisões. As iniciativas do Judiciário para controlar o aumento dessas ações podem ser vistas como uma tentativa de implementar uma "política judiciária". No entanto, no que diz respeito à redução do volume de processos, essa política não alcançou o sucesso esperado, e a judicialização das questões de saúde permanece em ascensão. Diante desse cenário, é necessário considerar possíveis mudanças ou melhorias na abordagem adotada até o momento. Disponível em: <https://www.tjdft.jus.br/institucional/imprensa/campanhas-e-produtos/artigos-discursos-e-entrevistas/artigos/2023/judicializacao-da-saude-e-a-distincao-entre-o-controle-e-a-intervencao>. Acesso em dez. 2023.

dessas circunstâncias, surge a questão: pode o Poder Judiciário compelir o Estado a fornecer o medicamento imprescindível para a saúde de Maria?

A jurisprudência dos tribunais têm respondido afirmativamente a essa questão. Conforme o entendimento já consolidado pelos tribunais brasileiros, o juiz tem o poder de determinar que o Estado forneça o medicamento necessário, algo que já deveria ter sido feito quando há registro junto à Agência Nacional de Vigilância Sanitária (ANVISA). Esse posicionamento fundamenta-se no reconhecimento do direito à saúde como um direito fundamental, garantido pela Constituição Federal. A exigibilidade desse direito pode ser invocada judicialmente quando o Estado falha em provê-lo por meio das vias administrativas comuns, especialmente em casos em que o medicamento é crucial para a manutenção da vida ou da saúde do paciente.

Portanto, se o medicamento prescrito à Maria for autorizado pela ANVISA, ela tem o direito de recebê-lo gratuitamente, mesmo que não esteja listado entre os medicamentos fornecidos pelo SUS. A determinação judicial, nesse caso, visa assegurar a concretização do direito à saúde, protegendo a vida e o bem-estar do cidadão. Esse entendimento demonstra a importância da intervenção do Judiciário em situações em que a administração pública não consegue atender plenamente às necessidades individuais de saúde, reforçando o dever do Estado em garantir o acesso a tratamentos essenciais e, assim, efetivar os direitos previstos na Constituição.

4 FORNECIMENTO DE MEDICAMENTO NÃO REGISTRADO NA ANVISA

Conforme demonstrado acima, o Estado tem a obrigação de fornecer – gratuitamente – todos os medicamentos indispensáveis à promoção da saúde enquanto direito social. Isso porque a Constituição da República do Brasil impõe o dever ao Estado de manter, por meio de políticas sociais e econômicas, programas que garantam o acesso universal e igualitário à saúde. Por conta disso, cada vez mais pessoas têm procurado o Poder Judiciário como mecanismo de auxílio no acesso a medicamentos.

Relembra-se o caso hipotético outrora discutido, no qual Maria foi diagnosticada como portadora de um tipo raro de diabetes. Ela ainda não possui condições financeiras para comprar o medicamento especial receitado pelo médico, que é indispensável ao seu tratamento. Mas agora Maria procurou o Sistema Universal de Saúde (SUS) e descobriu que ele ainda não detém aprovação pela Agência Nacional de Vigilância Sanitária (ANVISA).

A título de conceituação, diga-se de passagem, que a ANVISA foi instituída pela Lei n.º 9.782/99[13] com o trabalho de auxiliar na promoção da proteção da saúde do povo brasileiro. Ela é uma autarquia vinculada ao Ministério da Saúde, responsável pelo registro e aprovação de medicamentos para que sejam comercializados no âmbito nacional brasileiro. Todavia, alguns remédios demoram anos para obterem seu uso e comercialização aprovados, o que pode causar eventuais problemas, a exemplo do que é estudado agora.

Já sabemos que para Maria o remédio estar ou não previsto na Relação Nacional de Medicamentos Essenciais (RENAME) é indiferente, em outras palavras, ele constar na lista de disponibilidade para fornecimento gratuito pelo SUS não impede que ela procure um advogado e busque a entrega gratuita do medicamento. Entretanto, pode o juiz determinar que o Estado forneça o medicamento mesmo que ainda não tenha sido aprovado pela ANVISA? A resposta para essa questão não é de fácil solução.

O Supremo Tribunal Federal se debruçou sobre essa situação em 2019, e concluiu que não pode o Poder Judiciário exigir do Executivo o fornecimento de medicamentos não aprovados pela ANVISA.[14] Ao analisar a decisão, percebe-se que em matéria de direito à saúde, o fornecimento de medicamentos pelo Estado deve observar critérios

---

[13] BRASIL. Lei 9.782/99, de 26 de janeiro de 1999. Define o Sistema Nacional de Vigilância Sanitária, cria a Agência Nacional de Vigilância Sanitária, e dá outras providências. Disponível em: <https://bit.ly/3vUjn2o>. Acesso em: 25 mar. 2022.
[14] BRASIL. Supremo Tribunal Federal. Recurso Extraordinário 657718/MG. Relator: Min. Marco Aurélio. Diário de Justiça Eletrônico, 22 de maio 2019. Disponível em: <https://portal.stf.jus.br/jurisprudenciaRepercussao/verAndamentoProcesso.asp?incidente=4143144&numeroProcesso=657718&classeProcesso=RE&numeroTema=500>. Acesso em 29 mar. 2022.

estabelecidos pela legislação reguladora. Primeiramente, destacou-se que o Estado não pode ser compelido a fornecer medicamentos de caráter experimental. Isso porque podem conter produtos ainda em fase de pesquisa e desenvolvimento, que não possuem comprovação de eficácia e segurança, o que consequentemente pode impedir sua distribuição pela via judicial.[15]

Percebe-se que a decisão considerou que a ausência de registro do medicamento na Agência Nacional de Vigilância Sanitária (ANVISA) deve constituir, em regra, um obstáculo intransponível para seu fornecimento mediante decisão judicial. Porque o registro sanitário, que atesta a qualidade, segurança e eficácia do produto, é requisito indispensável para a comercialização de medicamentos no Brasil. Portanto, a falta desse registro pode impedir, via de regra, que o Poder Judiciário ordene a disponibilização do medicamento pelo Estado.

Ora, se há um estudo prévio para atestar a segurança, qualidade e eficácia de qualquer medicamento, a presente pesquisa concorda que não há razão para esse procedimento de regulação ser desrespeitado. Nesse sentido, ainda é importante ressaltar que a Lei n.º 6.360, em seu artigo

---

[15] Se extrai do voto do Exmo. Min. Marco Aurélio: "Não podem juízes e tribunais, sob o pretexto de dar efetividade ao direito constitucional à saúde, colocá-lo em risco, considerados pacientes particulares, determinando o fornecimento estatal de medicamentos que não gozam de consenso científico, revelado mediante o registro do produto – exigido em preceito legal – no órgão público competente, no caso, a Agência Nacional de Vigilância Sanitária – Anvisa. Destaco não haver contradição relativamente ao consignado no recurso extraordinário nº 566.471/RN, de minha relatoria. Nele, assentei o dever do Estado de fornecer remédio de alto custo, mesmo se não incluído em Política Nacional de Medicamentos ou em Programa de Medicamentos de Dispensação em Caráter Excepcional, quando comprovadas a imprescindibilidade do fármaco e a incapacidade financeira do enfermo e dos membros da família, solidariedade, para adquiri-lo. Disse não ficar configurada a adequação ou a necessidade do medicamento carente de registro na Anvisa. Diante do exposto, porque outrora ausente o registro do medicamento na Agência Nacional de Vigilância Sanitária – Anvisa, conforme destacado na origem, desprovejo o recurso. Proponho a seguinte tese para efeito de fixação sob o ângulo da repercussão geral: o registro do medicamento na Agência Nacional de Vigilância Sanitária – Anvisa é condição inafastável, visando concluir pela obrigação do Estado ao fornecimento." Assim, parece que o Exmo. Min. entendeu que o registro na ANVISA deve ser *conditio sine qua non* para o fornecimento do medicamento, *op. cit.*

12, proíbe o comércio, a produção nacional ou importação e a entrega, ainda que não onerosa, do uso de medicamentos não aprovados pelo Ministério da Saúde.[16] Além disso, a Lei n.º 8.080/1990 veda a utilização de instrumentos ainda em fase experimental por qualquer órgão relacionado ao SUS.[17]

Todavia, em caráter excepcional, e em decisão não unânime entre os Ministros, o Supremo Tribunal Federal permitiu que o Estado seja obrigado a fornecer medicamentos experimentais, isto é, possibilitou a concessão judicial de medicamentos sem registro na ANVISA. Essa exceção pode ocorrer em casos de demora irrazoável da ANVISA em apreciar o pedido de registro, desde que esse atraso exceda os prazos estabelecidos pela Lei nº 13.411/2016.

Nesse sentido, segundo a Corte Suprema, pode um procedimento judicial ordinário determinar a entrega de medicamentos ainda carentes de registro, desde que demonstrados alguns pressupostos. Para tanto, segundo o julgado supracitado, deverá ser demonstrado: 1- que já existe um pedido de registro do medicamento no Brasil; salvo no caso de medicamentos órfãos, aqueles destinados ao tratamento de doenças raras e ultrarraras, como acontece no caso de Maria; 2- que há uma demora injustificada da ANVISA para apreciar a regulação do medicamento; 3- será indispensável demonstrar também que o medicamento já é registrado no exterior (salienta-se que ele não pode estar em fase experimental); 4- que não existe no Brasil outro remédio que possa substituir o tratamento.

---

[16] BRASIL. Lei 6.360/76, de 23 de setembro de 1976. Dispõe sobre a Vigilância Sanitária a que ficam sujeitos os Medicamentos, as Drogas, os Insumos Farmacêuticos e Correlatos, Cosméticos, Saneantes e Outros Produtos, e dá outras Providências. Disponível em: https://bit.ly/3vPvfTm. Acesso em: 25 mar. 2022.

[17] "Art. 19-T. São vedados, em todas as esferas de gestão do SUS: I – o pagamento, o ressarcimento ou o reembolso de medicamento, produto e procedimento clínico ou cirúrgico experimental, ou de uso não autorizado pela Agência Nacional de Vigilância Sanitária – ANVISA; II – a dispensação, o pagamento, o ressarcimento ou o reembolso de medicamento e produto, nacional ou importado, sem registro na Anvisa". BRASIL. Lei 8.080/90, de 19 de setembro de 1990. Dispõe sobre as condições para a promoção, proteção e recuperação da saúde, a organização e o funcionamento dos serviços correspondentes e dá outras providências. Disponível em: https://bit.ly/3vszIwt. Acesso em: 25 mar. 2022.

Por fim, é importante frisar que as ações judiciais que visem ao fornecimento de medicamentos sem registro na ANVISA devem necessariamente ser propostas contra a União. Isso se deve ao fato de que a competência para o registro e regulamentação de medicamentos no Brasil é atribuída exclusivamente ao governo federal, por meio da ANVISA, sendo, portanto, a União a parte legítima para responder em tais demandas.

Portanto, se o Poder Judiciário for provocado, ele poderá obrigar o Poder Público a fornecer qualquer tipo de medicamento indispensável ao tratamento de qualquer cidadão brasileiro. Contudo, via de regra, deve ter sido o remédio previamente registrado na Agência Nacional de Vigilância Sanitária. Caso contrário, poderá ainda assim – em situações excepcionais – ser determinado o fornecimento gratuito do medicamento, desde que sejam demonstrados os requisitos que o justifiquem.

5 CONSIDERAÇÕES FINAIS

Diante da análise realizada, é possível afirmar que o Poder Público tem o dever de garantir materialmente o direito à saúde, conforme estabelecido pela Constituição Federal de 1988. Esse dever inclui a obrigação de fornecer medicamentos à população, sendo essa uma das formas concretas de assegurar o direito à saúde. No entanto, essa obrigação, como regra geral, está limitada aos medicamentos que integram a Relação Nacional de Medicamentos Essenciais (RENAME) ou que possuem registro junto à Agência Nacional de Vigilância Sanitária (ANVISA). Esses mecanismos de controle e regulamentação são fundamentais para garantir a segurança, eficácia e qualidade dos tratamentos oferecidos pelo Sistema Único de Saúde (SUS), assegurando que os medicamentos distribuídos à população tenham sido devidamente testados e aprovados pelas autoridades competentes.

Entretanto, a complexidade do direito à saúde e as demandas sociais têm evidenciado a necessidade de flexibilização dessas regras em situações excepcionais. A pesquisa desenvolvida evidenciou que, em certos casos, a judicialização pode ser um instrumento necessário para garantir o fornecimento de medicamentos que, embora não registrados na ANVISA, sejam indispensáveis para a preservação da saúde e da vida dos indivíduos. Essa flexibilização, no entanto, não pode ocorrer de forma indiscriminada, devem-se observar critérios rigorosos, como a existência de um pedido de registro já submetido à ANVISA, a aprovação do medicamento por renomadas agências internacionais de regulação e a ausência de alternativas terapêuticas registradas no Brasil.

Esses critérios refletem a necessidade de balancear a proteção da saúde pública, evitando a distribuição de medicamentos sem a devida comprovação de segurança e eficácia, com a urgência de atender às necessidades individuais em situações de extrema necessidade. A mora irrazoável da ANVISA no processamento de pedidos de registro, por exemplo, pode justificar a intervenção do Judiciário, desde que estejam presentes os requisitos estabelecidos pela jurisprudência e pela legislação aplicável.

Além disso, é importante ressaltar que, em tais casos excepcionais, a responsabilidade pela ação judicial deve recair sobre a União, uma vez que a competência para o registro e regulamentação de medicamentos é atribuída exclusivamente ao governo federal, por meio da ANVISA. Essa centralização de competência visa garantir a uniformidade e a segurança nas decisões relativas à saúde pública.

Em conclusão, a pesquisa reafirma que, embora o direito à saúde seja garantido constitucionalmente, sua efetivação requer a existência de normas infraconstitucionais que regulamentem a forma como esse direito será prestado, especialmente no que diz respeito ao fornecimento de medicamentos. A regra geral estabelece que apenas os medicamentos registrados na ANVISA ou incluídos na RENAME devem ser fornecidos pelo Estado. No entanto, em situações excepcionais, quando há mora irrazoável da ANVISA e os critérios estabelecidos são atendidos, o fornecimento de medicamentos sem registro pode ser autorizado judicialmente, reafirmando o compromisso do Estado com a proteção da saúde e a dignidade humana. Essa abordagem equilibrada busca atender tanto às exigências legais e de segurança quanto às necessidades urgentes da população, reforçando a função do Judiciário como guardião dos direitos fundamentais.

REFERÊNCIAS

CNJ, Conselho Nacional de Justiça. Sumário Executivo Justiça Pesquisa. **Judicialização da Saúde no Brasil:** Perfil das Demandas, Causas e Propostas de Solução. 2019. Disponível em: https://www.cnj.jus.br/wp-content/uploads/2018/01/f74c66d46cfea933bf22005ca50ec915.pdf. Acesso em 30 jun. 2023.

CORREIA, Sérvulo. Introdução ao Direito da Saúde. In: **Direito da Saúde e Bioética.** Lisboa: Lex, 1991, p. 41.

BRASIL. **Lei 6.360/76,** de 23 de setembro de 1976. Dispõe sobre a Vigilância Sanitária a que ficam sujeitos os Medicamentos, as Drogas, os Insumos Farmacêuticos e Correlatos, Cosméticos, Saneantes e Outros Produtos, e dá outras Providências. Disponível em: https://bit.ly/3vPvfTm. Acesso em: 25 mar. 2022.

BRASIL. **Lei 8.080/90,** de 19 de setembro de 1990. Dispõe sobre as condições para a promoção, proteção e recuperação da saúde, a organização e o funcionamento dos serviços correspondentes e dá outras providências. Disponível em: https://bit.ly/3vszIwt. Acesso em: 25 mar. 2022.

BRASIL. **Lei 9.782/99,** de 26 de janeiro de 1999. Define o Sistema Nacional de Vigilância Sanitária, cria a Agência Nacional de Vigilância Sanitária, e dá outras providências. Disponível em: https://bit.ly/3vUjn2o. Acesso em: 25 mar. 2022.

BRASIL. Supremo Tribunal Federal. **Recurso Extraordinário 657718/MG.** Relator: Min. Marco Aurélio. Diário de Justiça Eletrônico, 22 de maio 2019. Disponível em: <https://portal.stf.jus.br/jurisprudenciaRepercussao/verAndamentoProcesso.asp?incidente=4143144&numeroProcesso=657718&classeProcesso=RE&numeroTema=500>. Acesso em 29 mar. 2022.

ESTORNINHO, Maria João; MACIEIRINHA, Tiago. **Direito da Saúde:** lições. Lisboa: Universidade Católica Editora, 2014, p. 46.

FREITAS FILHO, Roberto. **Judicialização da saúde e a distinção entre o controle e a intervenção.** Tribunal de Justiça do Distrito Federal e dos Territórios. 2023. Disponível em: https://www.tjdft.jus.br/institucional/imprensa/campanhas-e-produtos/artigos-discursos-e-entrevistas/artigos/2023/judicializacao-da-saude-e-a-distincao-entre-o-controle-e-a-intervencao. Acesso em dez. 2023.

MINISTÉRIO DA SAÚDE. **Relação Nacional de Medicamentos Essenciais 2020.** Brasília: Biblioteca Virtual em Saúde do Ministério da Saúde, 2019. Disponível em: https://bit.ly/3KXwtCP. Acesso em 30 jan. 2022.

SARAIVA, Paulo Lobo. **Garantia constitucional dos direitos sociais.** Rio de Janeiro: Forense, 1983, p. 28.

INSTITUTO VON BÜLOW

AGRAVO DE INSTRUMENTO E PRESCRIÇÃO: LIMITES E POSSIBILIDADES

8

Afonso Vinício Kirschner Fröhlich [1]
Éverton Luís Marcolan Zandoná [2]

O Código de Processo Civil (CPC) permite que o julgador decida de forma parcial o mérito da demanda, conforme comando previsto no art. 356 do diploma legal. Com isso, primeiramente, é preciso compreender do que se trata a resolução do mérito, resposta que o próprio CPC traz nos incisos do art. 487.[3]

---

[1] Mestre em Direito Público pela Universidade do Vale do Rio dos Sinos (UNISINOS). Bacharel em Direito pela mesma Universidade. Especialista em Direito e Negócios Imobiliários pela FMP. Membro do Instituto Brasileiro de Direito Processual (IBDP). Pesquisador dos Grupos de Pesquisa "Teoria Crítica do Processo: perspectivas hodiernas do Processo Civil em relação à Constituição, cultura, democracia, inteligência artificial e Poder", coordenado pelo Prof. Dr. Darci Guimarães Ribeiro; e JUSNANO, coordenado pelo Prof. Dr. Wilson Engelmann, ambos vinculado ao Programa de Pós Graduação em Direito da UNISINOS. Advogado sócio do Escritório de Advocacia Afonso Fröhlich Advogados Associados. E-mail: afonsovinicio@afrohlich.adv.br e afonsovkf@gmail.com.

[2] Mestre em Direito Público pela Universidade do Vale do Rio dos Sinos – UNISINOS (Bolsa PROEX/CAPES). Membro da Escola de Processo UNISINOS e do Instituto von Bülow. Integrante do Grupo de Pesquisa "Teoria Crítica do Processo" (CNPq), coordenado pelo Prof. Dr. Darci Guimarães Ribeiro. Advogado. E-mail: evertonz21@hotmail.com.

[3] "Art. 487. Haverá resolução de mérito quando o juiz: I - acolher ou rejeitar o pedido formulado na ação ou na reconvenção; II - decidir, de ofício ou a requerimento, sobre a ocorrência de decadência ou prescrição; III - homologar: a) o reconhecimento da procedência do pedido formulado na ação ou na

A prescrição é uma destas possibilidades elencadas, em que o juiz irá resolver o mérito do processo, mesmo que parcialmente, face à interpretação sistemática dos referidos artigos. Todavia, a dúvida estabelece-se quanto à forma de impugnação recursal desta decisão parcial, à medida que não há disposição literal na legislação sobre o tema.

Assim, o presente ensaio busca analisar, de forma sumária, a possibilidade de interposição do recurso de Agravo de Instrumento diante da decisão parcial de mérito que reconhece a prescrição de parte da demanda. Amparado pelo método descritivo, objetiva-se traçar um panorama geral sobre o tema na legislação e jurisprudência no contexto pátrio.

Inicialmente, observa-se que cabimento do recurso de Agravo de Instrumento[4] demanda a ocorrência de alguma das hipóteses elencadas no art. 1.015, do CPC. Salvo a incidência de um daqueles incisos "taxativos", a discussão é postergada para preliminar de Apelação ou de Contrarrazões, conforme prevê o art. 1.009, §1º, do CPC. Essa possibilidade, acrescentada em dispositivo de redação singela, encontra

---

reconvenção; b) a transação; c) a renúncia à pretensão formulada na ação ou na reconvenção. Parágrafo único. Ressalvada a hipótese do § 1º do art. 332, a prescrição e a decadência não serão reconhecidas sem que antes seja dada às partes oportunidade de manifestar-se.

[4] Humberto Theodoro Jr. O descreve como sendo "[...] o recurso cabível contra algumas decisões interlocutórias (NCPC, art. 1.015, caput), ou seja, contra os pronunciamentos judiciais de natureza decisória que não se enquadrem no conceito de sentença (art. 203, § 2º). THEODORO JÚNIOR, Humberto. **Curso de direito processual civil**. 51. ed., rev., ampl. e atual. Rio de Janeiro: Forense, 2018. cap. 27. v. 3. *E-book* (não paginado). Disponível em: https://integrada.minhabiblioteca.com.br/#/books/9788530979270/cfi/6/32!/4/8@0:18.3. Acesso em: 15 jul. 2024. Guilherme Christen Möller reflete que "[...] historicamente, a figura do agravo de instrumento é consideravelmente antiga. Um possível ponto de partida é o período da *extraordinaria cognitio*, do direito romano, em que as primeiras distinções entre as decisões judiciais, ou seja, se sentença, ou se interlocutória, apareceram. Avançando-se – e de maneira considerável – no lapso temporal da história dessa espécie recursal, outro ponto interessante são as Ordenações Manoelinas, em que se encontra a base do que se conhece por agravo de instrumento na atualidade. MÖLLER, Guilherme Christen. Agravo de instrumento, taxatividade do rol do art. 1.015 do CPC e a tese da taxatividade mitigada. *In*: MÖLLER, Guilherme Christen; RIBEIRO, Darci Guimarães (Org.). **Teoria crítica do processo**: primeira série. 1 ed. Porto Alegre: Editora Fi, 2021, v. 1, p. 168-169.

suas críticas doutrinárias, como a de Leonardo Carneiro da Cunha e Fredie Didier Jr.[5]:

> A singeleza do texto normativo, que simplesmente fala em "suscitar" na apelação ou nas "contrarrazões", valendo-se do jargão utilizado pela prática forense para referir-se à conduta que a parte tinha de tomar para ratificar o agravo retido que interpusera sob o regime do Código de Processo Civil de 1973, revela que a redação do dispositivo foi elaborada sem a devida reflexão

Outra opção é seguir pelo caminho tortuoso da taxatividade mitigada, consolidada com o polêmico Tema 988 do Superior Tribunal de Justiça.[6] Essa hipótese demandará um maior ônus argumentativo do recorrente, que deverá demonstrar a urgência decorrente da inutilidade do julgamento da questão apenas no recurso de Apelação.

Contudo, o questionamento se estabelece a partir do momento que a decisão interlocutória acolhe parcialmente a prescrição. Pode-se restringir em dois caminhos possíveis para a parte que poderá encontrar amparo em algum dos incisos do art. 1.015 ou deverá recorrer sob o fundamento da urgência de enfrentamento.

---

[5] CUNHA, Leonardo Carneiro da; DIDIER JUNIOR, Fredie. Apelação contra decisão interlocutória não agravável: a apelação do vencido e a apelação subordinada do vencedor. **Revista dos Tribunais**, São Paulo/SP, v. 241, p. 1-9, mar. 2015.

[6] O referido Tema submeteu a seguinte tese para julgamento "definir a natureza do rol do art. 1015 do CPC/2015 e verificar possibilidade de sua interpretação extensiva, para se admitir a interposição de agravo de instrumento contra decisão interlocutória que verse sobre hipóteses não expressamente versadas nos incisos do referido dispositivo do Novo CPC." A tese firmada pela Corte, assim, seguiu resumida pela disposição de que "o rol do art. 1.015 do CPC é de taxatividade mitigada, por isso admite a interposição de agravo de instrumento quando verificada a urgência decorrente da inutilidade do julgamento da questão no recurso de apelação." BRASIL. Superior Tribunal de Justiça. **Tema Repetitivo 988**. Definir a natureza do rol do art. 1015 do CPC/2015 [...]. Brasília, DF: Superior Tribunal de Justiça, [2018]. Disponível em: https://processo.stj.jus.br/repetitivos/temas_repetitivos/pesquisa.jsp?novaCons ulta=true&tipo_pesquisa=T&cod_tema_inicial=988&cod_tema_final=988. Acesso em: 17 jul. 2024.

A resposta está na essência do reconhecimento da prescrição[7], que é um pronunciamento de mérito. Assim o é porque, como bem lembra Araken de Assis, não é apenas do autor a iniciativa de definir o objeto litigioso, ao que também contribui o Réu, alegando a prescrição da pretensão autoral[8]. O próprio Autor[9] assevera que:

> Deixando à parte a formulação de pedido pelo réu (reconvenção), o oferecimento de exceção substancial (v.g., a prescrição), alarga o objeto do processo, introduzindo questão de mérito. Essa questão será objeto de julgamento, em qualquer sentido, e se revestirá da autoridade da coisa julgada (art. 503, *caput*).

Prescrição é, inegavelmente, matéria atrelada ao mérito, uma vez que está relacionada ao objeto do processo, que não é apenas o pedido autoral, mas tudo aquilo que deve o juiz decidir. Sobre isso, remete-se ao "Conceito de Mérito em Processo Civil" do Professor Cândido Rangel Dinamarco[10], o qual é tema de diversas teorias e correntes doutrinárias[11].

---

[7] Como bem cunhou José Carlos Barbosa Moreira: "O que a prescrição faz é dar ao devedor um escudo com que paralisar, caso queira, a arma usada pelo credor". MOREIRA, José Carlos Barbosa. Notas sobre pretensão e prescrição no sistema do Código Civil Brasileiro. **Revista Trimestral de Direito Civil**, Rio de Janeiro: Editora PADMA, v. 11. Jul/set 2022. Disponível em: http://www.ablj.org.br/revistas/revista22/revista22%20JOS%C3%89%20CARLOS%20BARBOSA%20MOREIRA%20-%20Notas%20sobre%20pretens%C3%A3o%20e%20prescri%C3%A7%C3%A3o%20no%20sistema%20do%20novo%20C%C3%B3digo%20Civil%20brasileiro.pdf. Acesso em 30 jul. 2024.

[8] ASSIS, Araken de. **Processo Civil Brasileiro**, volume II: parte geral: institutos fundamentais: tomo II. 2. ed. rev. e atual. São Paulo: Editora Revista dos Tribunais, 2016. p. 1.032.

[9] ASSIS, Araken de. Processo Civil Brasileiro, volume II: parte geral: institutos fundamentais: tomo II. 2. ed. rev. e atual. São Paulo: Editora Revista dos Tribunais, 2016. p. 1.032.

[10] DINAMARCO, Cândido Rangel. O Conceito de Mérito em Processo Civil. *In*: "Fundamentos do Processo Civil Moderno", t. I. 6. ed. São Paulo: Malheiros, 2010. p. 233-276.

[11] Para uma síntese das teorias desenvolvidas acerca da conceituação de mérito no Direito estrangeiro e brasileiro, também indispensável consultar WILD, Rodolfo. **O Princípio do Livre Convencimento Motivado no CPC/2015**. Porto Alegre: Livraria do Advogado, 2018.

Na atualidade, não há grandes controvérsias sobre a temática especificamente, uma vez que o CPC considera como mérito o provimento que decide sobre prescrição e decadência, o que fica claro, como já referido, com a redação do art. 487, inciso II, da lei processual civil.

Por isso, a decisão cabível contra o reconhecimento de prescrição em decisão interlocutória proferida no curso do processo é o Agravo de Instrumento. Inclusive, já foi assim reconhecido no Fórum Permanente de Processualistas Civis – FPPC (redação revisada no Fórum III-RIO): " A decisão parcial proferida no curso do processo com fundamento no art. 487, I, sujeita-se a recurso de agravo de instrumento"[12].

O Superior Tribunal de Justiça adotou semelhante entendimento, decidindo que "caso a prescrição seja decidida por interlocutória, como ocorre na espécie, o provimento deverá ser impugnado via agravo de instrumento"[13]. Por outro lado, "se a questão for definida apenas no âmbito da sentença, pondo fim ao processo ou a capítulo da sentença, caberá apelação nos termos do art. 1.009 do CPC"[14].

---

[12] FÓRUM PERMANENTE DE PROCESSUALISTAS CIVIS (FPPC). **Enunciados do fórum permanente de processualistas civis**. Florianópolis, 24, 25 e 26 mar. 2017. Disponível em: https://institutodc.com.br/wp-content/uploads/2017/06/FPPC-Carta-de-Florianopolis.pdf. Acesso em: 30 jul. 2024.

[13] BRASIL. Superior Tribunal de Justiça (4. Turma). **Recurso Especial nº 1.778.237 Rio Grande do Sul**. Recurso Especial. Processo Civil. Decisão Interlocutória que afasta a prescrição. Decisão de mérito que desafia o recurso de agravo de instrumento. Art. 487, II, C/C Art. 1.015, II, do CPC/15. 1. Segundo o CPC/2015, nas interlocutórias em que haja algum provimento de mérito, caberá o recurso de agravo de instrumento para impugná-las (art. 1.015, II) [...]. Recorrente: Redomarco de Carvalho. Recorrido: Joao Francisco Dreyer; Joao Walter Dreyer Filho. Relator: Min. Luis Felipe Salomão, 19 de fevereiro de 2019. Disponível em: https://ww2.stj.jus.br/websecstj/cgi/revista/REJ.cgi/ATC?seq=93923992&tipo=5&nreg=201802107879&SeqCgrmaSessao=&CodOrgaoJgdr=&dt=20190328&formato=PDF&salvar=false. Acesso em: 30 jul. 2024.

[14] BRASIL. Superior Tribunal de Justiça (4. Turma). **Recurso Especial nº 1.778.237 Rio Grande do Sul**. Recurso Especial. Processo Civil. Decisão Interlocutória que afasta a prescrição. Decisão de mérito que desafia o recurso de agravo de instrumento. Art. 487, II, C/C Art. 1.015, II, do CPC/15. 1. Segundo o CPC/2015, nas interlocutórias em que haja algum provimento de mérito,

O Recurso Especial n. 1.778.237/RS, do qual foram extraídos os trechos acima, de relatoria do Ministro Luis Felipe Salomão, julgado em 19/2/2019, permite uma ampla compreensão, pois descreve de forma profunda os detalhes sobre o tema.

Deste modo, dentro do que foi explorado neste estudo, considera-se o entendimento acertado. As decisões sobre prescrição impactam profundamente inúmeros processos que estão tramitando, sendo assunto de suma importância para o direito processual, bem como para todos os profissionais do Direito. A discussão, de impacto gravíssimo, acerca da prescrição, necessita ser analisada em segundo grau sem prejuízo temporal, à medida aguardar a preliminar de Apelação, traria impactos significativos na marcha processual.

REFERÊNCIAS

ASSIS, Araken de. **Processo Civil Brasileiro**, volume II: parte geral: institutos fundamentais: tomo II. 2. ed. rev. e atual. São Paulo: Editora Revista dos Tribunais, 2016.

BRASIL. Superior Tribunal de Justiça (4. Turma). **Recurso Especial nº 1.778.237 Rio Grande do Sul**. Recurso Especial. Processo Civil. Decisão Interlocutória que afasta a prescrição. Decisão de mérito que desafia o recurso de agravo de instrumento. Art. 487, II, C/C Art. 1.015, II, do CPC/15. 1. Segundo o CPC/2015, nas interlocutórias em que haja algum provimento de mérito, caberá o recurso de agravo de instrumento para impugná-las (art. 1.015, II) [...]. Recorrente: Redomarco de Carvalho. Recorrido: Joao Francisco Dreyer; Joao Walter Dreyer Filho. Relator: Min. Luis Felipe Salomão, 19 de fevereiro de 2019. Disponível em: https://ww2.stj.jus.br/websecstj/cgi/revista/REJ.cgi/ATC?seq=93923992&tipo=5&nreg=201802107879&SeqCgrmaSessao=&CodOrgaoJgdr=&dt=20190328&formato=PDF&salvar=false. Acesso em: 30 jul. 2024.

---

caberá o recurso de agravo de instrumento para impugná-las (art. 1.015, II) [...]. Recorrente: Redomarco de Carvalho. Recorrido: Joao Francisco Dreyer; Joao Walter Dreyer Filho. Relator: Min. Luis Felipe Salomão, 19 de fevereiro de 2019. Disponível em: https://ww2.stj.jus.br/websecstj/cgi/revista/REJ.cgi/ATC?seq=93923992&tipo=5&nreg=201802107879&SeqCgrmaSessao=&CodOrgaoJgdr=&dt=20190328&formato=PDF&salvar=false. Acesso em: 30 jul. 2024.

BRASIL. Superior Tribunal de Justiça. **Tema Repetitivo 988**. Definir a natureza do rol do art. 1015 do CPC/2015 [...]. Brasília, DF: Superior Tribunal de Justiça, [2018]. Disponível em: https://processo.stj.jus.br/repetitivos/temas_repetitivos/pesquisa.jsp?novaConsulta=true&tipo_pesquisa=T&cod_tema_inicial=988&cod_tema_final=988. Acesso em: 17 jul. 2024.

CUNHA, Leonardo Carneiro da; DIDIER JUNIOR, Fredie. Apelação contra decisão interlocutória não agravável: a apelação do vencido e a apelação subordinada do vencedor. **Revista dos Tribunais**, São Paulo/SP, v. 241, p. 1-9, mar. 2015.

DINAMARCO, Cândido Rangel. O Conceito de Mérito em Processo Civil. *In*: **Fundamentos do Processo Civil Moderno**, t. I. 6. ed. São Paulo: Malheiros, 2010.

FÓRUM PERMANENTE DE PROCESSUALISTAS CIVIS (FPPC). **Enunciados do fórum permanente de processualistas civis**. Florianópolis, 24, 25 e 26 mar. 2017. Disponível em: https://institutodc.com.br/wp-content/uploads/2017/06/FPPC-Carta-de-Florianopolis.pdf. Acesso em: 30 jul. 2024.

MÖLLER, Guilherme Christen. Agravo de instrumento, taxatividade do rol do art. 1.015 do CPC e a tese da taxatividade mitigada. *In*: MÖLLER, Guilherme Christen; RIBEIRO, Darci Guimarães (Org.). **Teoria crítica do processo**: primeira série. 1 ed. Porto Alegre: Editora Fi, 2021, v. 1, p. 166-182.

MOREIRA, José Carlos Barbosa. Notas sobre pretensão e prescrição no sistema do Código Civil Brasileiro. **Revista Trimestral de Direito Civil**, Rio de Janeiro: Editora PADMA, v. 11. Jul/set 2022. Disponível em: http://www.ablj.org.br/revistas/revista22/revista22%20%20JOS%C3%89%20CARLOS%20BARBOSA%20MOREIRA%20-%20Notas%20sobre%20pretens%C3%A3o%20e%20prescri%C3%A7%C3%A3o%20no%20sistema%20do%20novo%20C%C3%B3digo%20Civil%20brasileiro.pdf. Acesso em 30 jul. 2024.

THEODORO JÚNIOR, Humberto. **Curso de direito processual civil**. 51. ed., rev., ampl. e atual. Rio de Janeiro: Forense, 2018. v. 3. *E-book* (não paginado). Disponível em: https://integrada.minhabiblioteca.com.br/#/books/9788530979270/cfi/6/32!/4/8@0:18.3. Acesso em: 15 jul. 2024.

WILD, Rodolfo. **O Princípio do Livre Convencimento Motivado no CPC/2015**. Porto Alegre: Livraria do Advogado, 2018.

| ENERGIA EM PAUTA |

EVOLUÇÃO CONSTITUCIONAL DA PROTEÇÃO AO MEIO AMBIENTE E A PREOCUPAÇÃO COM O DESENVOLVIMENTO DAS ENERGIAS SUSTENTÁVEIS

9

Gabriel Loureiro Melo Ijano[1]

1 A DEGRADAÇÃO AMBIENTAL E O PROCESSO DE TUTELA INTERNACIONAL DO MEIO AMBIENTE

A preocupação com o meio ambiente não é recente, advém desde os tempos mais remotos.[2] O meio ambiente sempre esteve ligado ao progresso ou ao fracasso das civilizações. O desequilíbrio ambiental gerou guerras por áreas mais prósperas e modificou o quadro das sociedades em diversos períodos da história.

No momento atual não é diferente. Contudo, as mudanças climáticas não são mais oriundas um processo natural, de uma certa região, mas o resultado da própria conduta humana. A partir do século XVIII iniciou se, com a Revolução Industrial, um processo de mudanças aceleradas. O desenvolvimento tecnológico possibilitou o crescimento demográfico, o prolongamento da vida humana e a ocupação de novas

---

[1] Mestrando em Direitos Humanos na Linha de Pesquisa: Direitos Fundamentais, Democracia e Desenvolvimento Sustentável, pela Universidade Federal de Mato Grosso do Sul - UFMS. Pós-graduando em Direito e Processo do Trabalho pela Pontifícia Universidade Católica do Rio Grande do Sul - PUCRS. Bacharel em Direito pela Universidade Federal de Mato Grosso do Sul - UFMS. Desenvolve pesquisas sobre a regulação da energia solar fotovoltaica e sua relação com os direitos humanos e o desenvolvimento sustentável. Advogado (OAB/MS).
[2] TRENNEPOHL, T. D. A proteção do meio ambiente na Constituição Federal. *In*: Ives Gandra da Silva Martins, Gilmar Ferreira Mendes, Carlos Valder do Nascimento (*Coords*). **Tratado de direito constitucional**. São Paulo, Saraiva, 2012, p. 333.

terras; mas, por outro lado, criou o grande problema da degradação ambiental[3].

Nas décadas de 1960 e 1970, momento do "despertar" na esfera comunitária para os valores ecológicos e mesmo para uma ética ecológica[4], o mundo consagrou a importância da tutela ao direito difuso ao meio ambiente equilibrado. A Declaração de Estocolmo[5] organizada no âmbito das Nações Unidas dispôs:

> Chegamos a um momento da história em que devemos orientar nossos atos em todo o mundo com particular atenção às consequências que podem ter para o meio ambiente. Por ignorância ou indiferença, podemos causar danos imensos e irreparáveis ao meio ambiente da terra do qual dependem nossa vida e nosso bem-estar.

Antes da década de 1970, a proteção ambiental era justificada muito mais pelo prisma dos interesses econômicos, do que sob o ângulo dos interesses ambientais. Foram nos contextos norte-americano e alemão que os sistemas político-jurídicos primeiro se desenvolveram a fim de impulsionar a proteção jurídica dos valores e direitos de matriz ecológica[6]. Surge um sentimento de reconhecer um bem jurídico autônomo e de próprio valor intrínseco da natureza, pautado não só nas questões econômicas, mas, principalmente, nos interesses morais, culturais sociais, ecológicos e éticos.

2 PROTEÇÃO CONSTITUCIONAL AO MEIO AMBIENTE E DISPOSIÇÕES ACERCA DA GERAÇÃO DE ENERGIA

Sarlet identifica três distintas fases legislativas no reconhecimento da legislação ambiental no Brasil: (I) a fase legislativa-fragmentária instrumental da produção ambiental; (II) a fase legislativa sistemático-

---

[3] *Id*. 2012, p. 334.
[4] SARLET, I. W.; FENSTERSEIFER, T. **Curso de Direito Ambiental**. Rio de Janeiro: Forense, p. 117.
[5] ONU, 1972, p. 1.
[6] SARLET; FENSTERSEIFER, *op. cit.*, p. 118.

valorativa da proteção ambiental; e (III) a fase legislativa da constitucionalização da proteção ambiental.[7]

Sobre o assunto, Benjamim leciona que o Brasil passou de colônia a Império; de Império a República; alternou regimes autoritários e democráticos; viveu diferentes ciclos econômicos; migrou do campo para as cidades; construiu meios de transportes modernos; fomentou a indústria; promulgou constituições e, por fim, incorporou direitos fundamentais.

Ensina que somente a partir de 1981 com a promulgação da Lei n. 6.938 de 1981, que instituiu a Política Nacional do Meio Ambiente, que se iniciou de fato um paradigma jurídico econômico que tratou da Terra e de seus processos ecológicos essenciais[8].

Como descreve o autor, em uma primeira onda de constitucionalização ambiental, sobre a direta influência da declaração de Estocolmo, advieram as novas constituições dos países europeus que estavam se libertando de regime ditatoriais, como a Grécia em 1975 Portugal em 1976 e a Espanha em 1978. A Constituição Brasileira veio logo após, em 1988, e foi seguida por outras que foram promulgadas ou reformadas após a Rio-92.[9]

Em uma digressão histórica, a primeira constituição brasileira, outorgada em 1824, estava voltada à manutenção do Estado Monárquico, marcada pela figura do Poder Moderador. A Constituição de 1891, por sua vez, estabeleceu a independência dos Poderes Executivo, Legislativo e Judiciário, instituindo a forma federativa de Estado e a forma republicana de governo. Em razão de seu momento histórico, nenhuma delas abordou a respeito do tema.

A Constituição de 1934 foi a primeira a abordar explicitamente o assunto da energia, no seu artigo 5º, inciso XIX, "j", estipulando que apenas à União cabia legislar sobre bens do domínio federal, riquezas do subsolo e, entre outros, energia hidrelétrica. Além disso, no artigo 119,

---

[7] SARLET; FENSTERSEIFER, op. cit., p. 119.
[8] BENJAMIN, Antonio Herman. Constitucionalização do ambiente e ecologização da Constituição Brasileira. In: José Joaquim Gomes Canotilho, José Rubens Morato Leite (Orgs). Direito constitucional ambiental brasileiro. São Paulo: Saraiva, 2015, p. 35.
[9] Id., 2015, p. 36.

tratou das questões relacionadas a minas, jazidas minerais, águas e energia hidráulica, regulamentando as autorizações e concessões[10]. Já a Constituição de 1937, em período ditatorial, intensificou a intervenção do Estado na economia, mantendo à União a competência para legislar sobre energia. Em 1946, houve um retorno ao sistema adotado em 1934.

Em 1967, durante os regimes militares, o texto constitucional era significativamente mais abrangente que os anteriores, refletindo os avanços tecnológicos da época ao incluir não apenas a regulação da energia hidrelétrica, mas também outras fontes de energia. Como marco histórico importante, foi o primeiro documento constitucional a mencionar formas de geração de energia como elétrica, térmica e nuclear. No entanto, devido ao contexto social da época, manteve-se um caráter intervencionista.

Somente com o fim do regime militar e a promulgação da Constituição de 1988 o cenário pôde realmente progredir. A pressão internacional, em relação à consagração de valores ambientais, contribuiu para a promulgação de uma Constituição que refletisse mais diretamente os princípios do desenvolvimento sustentável.

Como pontua Sarlet:[11]

> A nova formatação ecológica do Estado de Direito à luz de uma Constituição Ecológica, nesse novo cenário constitucional, tem por missão e dever jurídico vinculante para todos os entes estatais (Estado-Legislador, Estado-Administrador e Estado-Juiz)18 de atender ao comando normativo emanado do art. 225 da CF/1988, considerando, inclusive, o extenso rol exemplificativo de deveres de proteção ecológica elencado no seu § 1º, sob pena de, não o fazendo, tanto sob a ótica da sua ação quanto da sua omissão, incorrer em práticas inconstitucionais ou antijurídicas autorizadoras da sua responsabilização por danos causados a terceiros – além do dano causado ao meio ambiente em si.

Assim, a Constituição Federal de 1988 inaugurou uma nova realidade para a proteção jurídica do meio ambiente. Especialmente, o artigo 225 tratou da obrigação da sociedade, do indivíduo e do poder público para com a preservação ambiental. Não desconsiderou o meio

---

[10] ANTUNES, P. B. **Direito ambiental**. Barueri: Atlas, p. 40, 2023.
[11] SARLET; FENSTERSEIFER, *op. cit.*, p. 349.

ambiente como um elemento indispensável para o desenvolvimento da infraestrutura e economia; pelo contrário, aprofundou as relações que este possui com a infraestrutura econômica.[12] Ou seja, tratou de forma expressa sob o conceito de desenvolvimento sustentável.

Destaca-se que o termo foi cunhado no âmbito da Comissão Mundial sobre Meio Ambiente e Desenvolvimento das Nações Unidas por meio do Relatório Nosso Futuro Comum (Relatório *Brundtland*) em 1987. O documento definiu-o como: "aquele que atende às necessidades do presente sem comprometer a possibilidade de as gerações futuras atenderem a suas próprias necessidades".[13]

3 DISPOSIÇÕES NORMATIVAS A RESPEITO DAS ENERGIAS RENOVÁVEIS E SEU PAPEL PARA O DESENVOLVIMENTO SUSTENTÁVEL E A PROTEÇÃO AO MEIO AMBIENTE

Com a promulgação da Constituição Federal, mais alinhada às questões ambientais, iniciou-se uma busca por maneiras de otimizar o setor de energia. Para isso, os poderes da República se empenharam em encontrar soluções para o problema, revisando e modernizando a legislação, com o objetivo de aumentar os investimentos em energia alternativa e aprimorar o planejamento do setor energético, considerado essencial para o progresso econômico do país.

Neste contexto, destacam-se algumas mudanças legislativas, como a promulgação da Lei n. 10.295 de 2001, que instituiu a Política Nacional de Conservação e Uso Racional de Energia, a Lei n. 10.438 de 2002, que criou o Programa de Incentivo às Fontes Alternativas de Energia (PROINFA), e a Lei n. 10.848 de 2004, que regulamentou a Comercialização de Energia Elétrica.[14]

A Lei n. 10.295 de 2001 visou a eficiência no uso dos recursos energéticos e a preservação ambiental. O poder executivo foi

---

[12] ANTUNES, *op. cit.*, p. 40, 2023.
[13] ONU, 1987, p. 1.
[14] SILVA, Wanderson de Carvalho. **A geração de energia solar como fator de desenvolvimento sustentável**: aspectos jurídicos, econômicos e perspectivas para seu incentivo. São Paulo: Dialética, p. 66, 2022.

encarregado de estabelecer limites máximos de consumo de energia para máquinas e aparelhos, com base em critérios técnicos adequados, vinculando importadores fabricantes por meio de um programa de metas para monitorar o seu progresso.

A fim de implementar essas medidas, foi criado o Comitê Gestor de Indicadores e Níveis de Eficiência Energética (CGIEE) pelo Decreto n. 4.059 de 2001. Foi composto por representantes dos setores estratégicos de energia e por especialistas no assunto. As suas ações resultaram na necessidade de que os produtos disponíveis no mercado atendam aos padrões estabelecidos, o que consequentemente resultou em uma economia de energia para os consumidores finais.[15]

Outra relevante iniciativa foi a criação do Programa de Incentivo às Fontes Alternativas de Energia Elétrica, com o objetivo de aumentar a sua participação na matriz energética brasileira. De acordo com a Eletrobras, no levantamento feito em 2017, já possui um total de 119 empreendimentos, constituído por 41 usinas eólicas, 59 pequenas usinas hidrelétricas e 19 usinas térmicas movidas a biomassa. Embora não haja um incentivo específico de geração solar o PROINFA tem promovido a diversificação e a descentralização da geração de energia no Brasil.[16]

Além disso, a Lei de Comercialização de Energia Elétrica apresentou disposições que contemplam as fontes alternativas, especialmente no artigo 2º, §5º, II e III. Com o advento da Lei n. 14.300 de 2022, foi incluída a geração distribuída, gerada por consumidores independentes, em um contexto de incentivo à produção de energia solar.

> § 5º Os processos licitatórios necessários para o atendimento ao disposto neste artigo deverão contemplar, dentre outros, tratamento para:
> I - energia elétrica proveniente de empreendimentos de geração existentes;
> II - energia proveniente de novos empreendimentos de geração; e
> III - fontes alternativas.

---

[15] NASCIMENTO, Rodrigo Limp. **Energia solar no brasil:** situação e perspectivas. Disponível em: https://bd.camara.leg.br/bd/handle/bdcamara/32259. Acesso em: 10 jul. 2024.
[16] ELETROBRAS, 2017, p. 1.

IV – geração distribuída. (Incluído pela Lei n° 14.300, de 2022).

Observa se a verdadeira preocupação legislativa com a questão das energias renováveis, com início nos anos 2000. Esse processo permitiu o crescimento da produção de energia elétrica por fontes alternativas, inclusive fazendo com que os agentes econômicos do setor buscassem cada vez mais influenciar nas decisões de planejamento do Estado.

A legislação obrigou o poder público a dar maior atenção na gestão dos interesses do segmento, como por exemplo entre os interesses conflitantes do mercado de energias renováveis em relação ao mercado já estabelecido e consolidado de energias não renováveis, antes da necessidade de uma transição energética.[17]

Por fim, ainda há muito a ser feito, mas cabe destacar o importante papel do Marco Legal da Energia Solar. Após um processo regulatório por meio de Resoluções Normativas, que regeram a instalação e distribuição da energia solar no país, a legislação trouxe segurança jurídica para o setor de energia fotovoltaica, conceitos atualizados para o autoconsumo local e remoto, além de novas regras de conexão para o sistema. Resta claro que o desenvolvimento sustentável e a proteção do meio ambiente dependem intrinsecamente da geração de energia limpa.

REFERÊNCIAS

ANTUNES, Paulo de Bessa. **Direito ambiental.** Barueri: Atlas, p. 3-7; 31-40, 2023.

BENJAMIN, Antonio Herman. Constitucionalização do ambiente e ecologização da Constituição Brasileira. *In:* José Joaquim Gomes Canotilho, José Rubens Morato Leite (*Orgs*). **Direito constitucional ambiental brasileiro.** São Paulo: Saraiva, 2015, p. 35-59.

ELETROBRAS. **PROINFA.** Eletrobras, 2017. Disponível em: https://eletrobras.com/en/Paginas/Proinfa.aspx. Acesso em: 10 jul. 2024.
NASCIMENTO, Rodrigo Limp. **Energia solar no brasil:** situação e perspectivas. Disponível em: https://bd.camara.leg.br/bd/handle/bdcamara/32259. Acesso em: 10 jul. 2024.

---

[17] SILVA, op. cit., p. 67.

ORGANIZAÇÃO DAS NAÇÕES UNIDAS. **Declaração de Estocolmo**. Disponível em: https://cetesb.sp.gov.br/wp-content/uploads/sites/33/2016/09/Declaracao-de-Estocolmo-5-16-de-junho-de-1972-Declaracao-da-Conferencia-da-ONU-no-Ambiente-Humano.pdf. Acesso em 10 jul. 2024.

ORGANIZAÇÃO DAS NAÇÕES UNIDAS. **Our Commom Future**. Disponível em: ttps://sustainabledevelopment.un.org/content/documents/5987our-common-future.pdf. Acesso em 10 jul. 2024.

SARLET, Ingo Wolfgang; FENSTERSEIFER, Tiago. **Curso de Direito Ambiental**. Rio de Janeiro: Forense, p. 19-34, p. 87-93, p. 117-144, 2023.

SILVA, Wanderson de Carvalho. **A geração de energia solar como fator de desenvolvimento sustentável**: aspectos jurídicos, econômicos e perspectivas para seu incentivo. São Paulo: Dialética, p. 42-81, 2022.

TRENNEPOHL, Terence Dorneles. A proteção do meio ambiente na Constituição Federal. *In:* Ives Gandra da Silva Martins, Gilmar Ferreira Mendes, Carlos Valder do Nascimento (*Coords*). **Tratado de direito constitucional**. São Paulo, Saraiva, 2012, p. 333-359.

CONSULTIVO EM FOCO

INITIAL PUBLIC OFFERING – IPO

10

Lucas Ambrosio de Almeida[1]

1 BREVE RELATO HISTÓRICO

De início, importante mencionarmos que a jornada dos Initial Public Offerings (IPO) no mundo e no Brasil é uma faceta de total desenvolvimento dos mercados financeiros ao longo da história mundial. Ao longo dos séculos, as ofertas iniciais prestaram incontáveis contribuições à mobilização de quantias vultuosas de capital, permitindo às empresas obter acesso a fundos para fins de expansão e desenvolvimento.

O conceito de IPO tem raízes na história dos mercados financeiros que se estendem profundamente ao suporte do passado. O primeiro registo remonta ao século XVII. Diz respeito à fundação das Companhias Holandesas das Índias Orientais, um dos primeiros exemplos de organização central da sociedade de que já se tem notícias. Essa foi uma das primeiras instituições a emitir capital em circulação e a negociá-lo nas bolsas de valores organizadas à época[2].

Com o passar do tempo, os IPOs ganharam destaque, especialmente nos Estados Unidos e no século XX, com o crescimento do mercado de capitais. Empresas icônicas como Ford, General Electric e Coca-Cola realizaram IPOs que capturaram a imaginação dos investidores e impulsionaram o crescimento econômico. A década de 1990 foi marcada por um boom de IPOs durante a "Era da Internet", com

---

[1] Especialista em Direito Empresarial pela FGV- Fundação Getúlio Vargas. Bacharel em Direito pelo Centro Universitário FMU | FIAM-FAAM. Advogado.
[2] NASDAQ. History of IPOs and Famous Examples. Disponível em: https://www.nasdaq.com/market-activity/ipos. Acesso em: 07 set. 2024.

o surgimento de muitas empresas de tecnologia que buscavam financiamento para sua expansão.

Quando falamos sobre o tema dentro do mercado brasileiro, sua história está intimamente ligada ao desenvolvimento do mercado de capitais. O mercado de capitais brasileiro teve seus primeiros com a criação da Bolsa de Valores de São Paulo (Bovespa) em 1967[3].

Nesta toada, a Lei das Sociedades por Ações (Lei nº 6.404/76) foi um marco importante para o mercado de capitais brasileiro e para os IPOs[4]. Como é de amplo conhecimento, tal legislação estabelece as bases legais para a constituição e funcionamento das sociedades anônimas (SA), bem como as regras para a emissão e negociação de ações. Desde então, o mercado de capitais brasileiro tem crescido constantemente, com um número cada vez maior de empresas buscando financiamento por meio de IPOs.

Com o passar dos anos, precisamente na década de 1990, o Brasil passou por um processo de privatizações de empresas estatais, o que impulsionou ainda mais o mercado de capitais e os IPOs[5]. Muitas dessas empresas privatizadas realizaram IPOs para se tornarem sociedades de capital aberto e acessarem o mercado de capitais como parte de sua estratégia de privatização e crescimento. Esse período também foi marcado por um aumento significativo no número de empresas listadas em bolsa e na atividade de IPOs.

Atualmente, o mercado de capitais brasileiro passou por uma série de mudanças e desafios, incluindo a evolução tecnológica, a globalização dos mercados financeiros e a volatilidade econômica. Esses desafios têm impactado a atividade de IPOs, com períodos de maior ou menor atividade dependendo das condições econômicas e do apetite dos investidores. No entanto, os IPOs continuam a desempenhar um papel

---

[3] Comissão de Valores Mobiliários (CVM). História da Bovespa. Disponível em: https://www.gov.br/investidor/pt-br/investir/como-investir/conheca-o-mercado-de-capitais/historia-do-mercado-de-capitais. Acesso em: 07 set. 2024

[4] Comissão de Valores Mobiliários (CVM). Lei nº 6.404/1976 - Lei das Sociedades por Ações. Disponível em: http://www.planalto.gov.br/ccivil_03/leis/l6404.htm. Acesso em: 07 set. 2024

[5] Comissão de Valores Mobiliários (CVM). Instrução CVM nº 400/2003. Disponível em: https://conteudo.cvm.gov.br/legislacao/instrucoes/inst400.html. Acesso em: 07 set. 2024.

crucial no financiamento do crescimento das empresas brasileiras e na expansão do mercado de capitais.

2 ORIGEM GRAMATICAL

A expressão em inglês "Initial Public Offering", traduzida para a língua portuguesa se estabelece como "Oferta Pública Inicial" pode ser relacionada ao latim, o que permite maior compreensão de sua origem etimológica quando falamos da palavra avulsa em inglês "Initial", sua origem no latim "initialis", que significa "inicial" ou "começo", tal palavra é derivada do substantivo "initium", que significa "começo"[6]. Desta forma, chegamos à conclusão que a palavra "initial" remete ao início, indicando que se trata da primeira oferta de ações de uma empresa ao público.

Ademais, a palavra avulsa em inglês "Public" tem uma possível origem no latim "publicus", que significa "público" ou "pertencente ao povo". Assim, a partir da raiz do latim, é possível compreender que a palavra se refere a algo que pode ser acessado ou disponível para o público. Sendo assim, quando trazemos para o contexto dos IPOs, é possível entender que as ações da empresa são oferecidas ao público em geral para a sua devida compra.

Por fim, ao analisarmos a palavra avulsa em inglês "Offering", que tem sua raiz do verbo em latim tem sua "offerre", que significa "oferecer" ou "apresentar" e derivada do substantivo "offero", que se refere ao ato de oferecer ou apresentar algo a alguém. No contexto dos IPOs, "offering" indica o ato de oferecer as ações da empresa para venda no mercado.

Ante o exposto, far-se-á necessário observar que cada parte da expressão "Initial Public Offering" é de origem do latim, o que evidencia a influência dessa língua na formação de termos utilizados no contexto financeiro e empresarial.

---

[6] Oxford English Dictionary. Etymology of "Initial". Disponível em: https://www.oed.com. Acesso em: 07 set. 2024

3 TELEOLOGIA APLICADA AOS IPO'S

Quando falamos em teleologia aplicada aos IPOs refere-se aos objetivos e propósitos subjacentes a essas operações no mercado de capitais. Tal perspectiva busca compreender o papel dos IPOs não apenas como eventos isolados, mas como parte de um processo mais amplo de desenvolvimento econômico e empresarial[7].

Nesse contexto, um dos principais objetivos dos IPOs se refere ao fornecimento para as empresas de uma fonte de financiamento para apoiar seu crescimento e expansão. Ao abrir seu capital e emitir ações para o público investidor, as empresas conseguem captar recursos significativos que podem ser utilizados para financiar investimentos em novos projetos, expansão de operações, pesquisa e desenvolvimento, entre outros. Essa injeção de capital (sistema de distribuição, Art. 15. da Lei 6.385/76 e Ofertas Globais, em outras jurisdições - ADR/BDR/EDR/GDR), pode impulsionar o crescimento da empresa e aumentar sua capacidade de gerar valor no longo prazo. O prospecto preliminar e o prospecto definitivo são documentos essenciais no processo de abertura de capital (IPO – Initial Public Offering). Eles desempenham um papel crucial para informar os potenciais investidores sobre os principais aspectos da empresa e da oferta pública de ações.

Nesta toada, o prospecto preliminar é o documento divulgado antes da realização do IPO, e tem o objetivo de fornecer informações iniciais sobre a empresa, suas operações, situação financeira, riscos envolvidos e outras características importantes da oferta[8]. Ele é utilizado para medir o interesse dos investidores e estabelecer as bases do processo de "roadshow", que consiste em apresentações aos potenciais investidores. Importante destacar que o prospecto preliminar não contém informações definitivas, como o preço exato das ações ou o volume final da oferta, pois tais detalhes ainda estão sendo discutidos e definidos no período que antecede o IPO.

---

[7] Comissão de Valores Mobiliários (CVM). Teleologia dos IPOs. Disponível em: https://www.cvm.gov.br. Acesso em: 07 set. 2024

[8] Comissão de Valores Mobiliários (CVM). Instrução CVM nº 400/2003. Disponível em: https://conteudo.cvm.gov.br/legislacao/instrucoes/inst400.html. Acesso em: 07 set. 2024.

Quando falamos do prospecto definitivo, o mesmo é publicado após a aprovação da Comissão de Valores Mobiliários (CVM) e contém todos os detalhes finais da oferta, incluindo o preço de emissão das ações, a quantidade de ações que serão ofertadas e demais informações regulamentares. Esse documento é vinculante e deve ser utilizado pelos investidores para tomada de decisão no processo de subscrição das ações. O prospecto definitivo também detalha a governança corporativa da empresa, seus administradores, principais contratos e convênios, além de riscos potenciais específicos ao negócio ou ao setor.

Como exemplo, podemos citar o caso da GetNinjas, a empresa seguiu a estrutura padrão do IPO. O prospecto preliminar forneceu informações sobre sua plataforma de serviços online, riscos operacionais, e seu plano de expansão. Posteriormente, o prospecto definitivo foi publicado, contendo o preço final das ações e os detalhes sobre a quantidade de papéis ofertados, além de informações complementares sobre sua governança e estratégia de crescimento.

Além disso, o IPO também oferece às empresas acesso ao mercado de capitais, permitindo-lhes negociar suas ações em bolsas de valores. Isso proporciona visibilidade e prestígio às empresas, aumentando sua reputação e reconhecimento no mercado financeiro. Em se tratando dos acionistas da empresa, o IPO oferece a oportunidade de realizar parte de seu investimento, transformando suas participações em ações em um ativo líquido negociável em bolsa, proporcionando liquidez e permitindo a diversificação de investimentos, bem como a redução de risco.

Outro ponto importante a ser estudado, é que os IPOs podem representar uma grande oportunidade de investimento para qualquer pessoa. Investir em empresas durante sua fase inicial de crescimento pode oferecer oportunidades únicas de obter retornos acima da média, uma vez que essas empresas têm potencial para crescer rapidamente e gerar valor para os acionistas.

Portanto, quando falamos em teleologia dos IPOs, falamos de uma infinidade de benefícios tanto para as empresas, quanto para invertidos e para o mercado de capitais em geral. Este tipo de operação desempenha um valioso papel no crescimento econômico de uma sociedade, além da criação de valor e alocação de recursos no mercado financeiro daquele local.

4 LITERALIDADE DOS IPO'S

De início, não podemos escrever sobre literalidade dos IPOs sem mencionar a Lei 6.385/76[9], a qual dispõe sobre o mercado de valores mobiliários e cria a Comissão de Valores Mobiliários. **Nesse sentido, em seu artigo 18, item II, a, resta claro que compete à CVM definir** *"as espécies de operação autorizadas na bolsa e no mercado de balcão; métodos e práticas que devem ser observados no mercado; e responsabilidade dos intermediários nas operações"*.

Sendo assim, quando falamos de IPOs, falamos de competência da CVM e todo sua regulação e procedimento está regulado pelas instruções e regulações publicadas pela CVM. Disto isto, há algumas resoluções e instruções que discorrem e detalham os requisitos e procedimentos para a realização de IPOs no Brasil. A primeira Instrução da CVM que discorre sobre o assunto é a Instrução nº 400/03[10], por exemplo, dispõe sobre o registro de companhias abertas, a divulgação de informações financeiras e corporativas, e as regras para a realização de ofertas públicas de distribuição de valores mobiliários.

Ademais, temos também a Instrução CVM nº 480/09, a qual estabelece as regras para elaboração e divulgação de prospecto de distribuição de valores mobiliários, documento fundamental para a realização de um IPO. **Somando-se ainda, temos a** Resolução 160 da CVM, a qual estabelece regras e procedimentos específicos para a realização de ofertas públicas de distribuição de valores mobiliários. Esta resolução tem como objetivo detalhar os requisitos para o registro de oferta pública de distribuição de valores mobiliários, a divulgação de informações aos investidores e a conduta dos intermediários financeiros envolvidos no processo. Como exemplo de detalhamento da Resolução 160 da CVM, podemos citar o estabelecimento das informações mínimas que devem constar no prospecto de oferta, como a descrição da

---

[9] Comissão de Valores Mobiliários (CVM). Lei nº 6.385/1976. Disponível em: http://www.planalto.gov.br/ccivil_03/leis/l6385.htm. Acesso em: 07 set. 2024.
[10] Comissão de Valores Mobiliários (CVM). Instrução CVM nº 400/2003. Disponível em: https://conteudo.cvm.gov.br/legislacao/instrucoes/inst400.html. Acesso em: 07 set. 2024.

companhia, seus negócios, seu histórico financeiro e fatores de risco associados aos investimentos.

5 APLICAÇÃO DE IPO'S NO MERCADO E JURISPRUDÊNCIA

Em se tratando de empresa brasileira que realizou a captação de valores por IPO no mercado brasileiro é o da empresa XP Inc. A XP realizou seu IPO em 2019, tornando-se uma das maiores operações do gênero no país na época com valores captados em torno de US$ 2,25 bilhões[11], sendo a nona maior entre as principais bolsas ao redor do mundo naquele momento. O sucesso do IPO da XP Inc. também ressalta a importância de uma oferta pública bem estruturada e divulgada, que pode atrair investidores e impulsionar o valor das ações no mercado secundário.

Com relação à jurisprudência sobre IPO, não há um farto números de decisões sobre o tema, porém destaco o Processo Administrativo Sancionador CVM nº 19957.002314/2021-17[12], o qual investigou a possível responsabilidade dos Acusados por realizar uma oferta pública de valores mobiliários sem registro na CVM, infringindo a Lei nº 6.385/1976 e a Instrução CVM nº 400/2003, além de dificultar a fiscalização da CVM. A Área Técnica argumentou que há provas da irregularidade da oferta de ações da Empresa pelo site da Companhia. Desta forma a Superintendência de Registro de Valores Mobiliários (SER) emitiu uma Acusação, sugerindo responsabilizar os Acusados por realizar essa oferta sem registro na CVM e por obstruir a fiscalização ao não responder aos ofícios da Autarquia.

Em análise da exordial, o julgador tem posição contrária às acusações de oferta pública irregular e obstrução à fiscalização feitas

---

[11] Infomoney - IPO da XP é o 9º maior do mundo em 2019; veja o ranking em: https://www.infomoney.com.br/mercados/ipo-da-xp-e-o-9o-maior-do-mundo-em-2019-veja-o-ranking/#:~:text=Com%20o%20IPO%20realizado%20em,empresa%20brasileira%20listada%20nos%20EUA. Acesso em: 07 set. 2024

[12] Processo Administrativo Sancionador CVM nº 19957.002314/2021-17. Oferta Pública Irregular - Motortec. Disponível em: https://www.gov.br/cvm/pt-br/assuntos/noticias/anexos/2022/20220222_PAS_CVM_19957_002314_2021_17__voto_diretor_alexandre_rangel.pdf. Acesso em: 07 set. 2024

contra os Acusados pela Área Técnica. Destaca a necessidade de um cuidadoso processo de coleta de provas para sustentar tais acusações em um contexto de processo administrativo sancionador perante a CVM. A robustez das evidências é crucial para garantir a legitimidade do exercício do poder regulatório da CVM e para proteger os direitos dos envolvidos. No caso em questão, o julgador considera que a SRE não conseguiu reunir evidências suficientes para justificar a abertura do processo contra os Acusados. Os Acusados foram acusados de violar o artigo 19 da Lei nº 6.385/1976 e os artigos 2º e 4º da Instrução CVM nº 400/2003 devido à suposta oferta pública irregular de ações da Motortec em seu site. A lei exige o registro de toda oferta pública na CVM ou sua dispensa. A SRE argumenta que uma mensagem no site da Motortec sugeria uma oferta pública, mas o julgador discorda, pois a mensagem não estava relacionada ao contexto real da empresa, que estava falida desde 2018. Foi considerado um forte indício de irregularidade ou tentativa de fraude, optando pela absolvição dos acusados.

REFERÊNCIAS

Comissão de Valores Mobiliários (CVM). **História da Bovespa.** Disponível em: https://www.gov.br/investidor/pt-br/investir/como-investir/conheca-o-mercado-de-capitais/historia-do-mercado-de-capitais. Acesso em: 07 set. 2024.

Comissão de Valores Mobiliários (CVM). **Instrução CVM nº 400/2003.** Disponível em: https://conteudo.cvm.gov.br/legislacao/instrucoes/inst400.html. Acesso em: 07 set. 2024.

Comissão de Valores Mobiliários (CVM). **Lei nº 6.404/1976 - Lei das Sociedades por Ações.** Disponível em: http://www.planalto.gov.br/ccivil_03/leis/l6404.htm. Acesso em: 07 set. 2024

Comissão de Valores Mobiliários (CVM). **Teleologia dos IPOs.** Disponível em: https://www.cvm.gov.br. Acesso em: 07 set. 2024

INFOMONEY - **IPO da XP é o 9º maior do mundo em 2019;** veja o ranking em: https://www.infomoney.com.br/mercados/ipo-da-xp-e-o-9o-maior-do-mundo-em-2019-veja-o-ranking/#:~:text=Com%20o%20IPO

%20realizado%20em,empresa%20brasileira%20listada%20nos%20EUA. Acesso em: 07 set. 2024

NASDAQ. **History of IPOs and Famous Examples.** Disponível em: https://www.nasdaq.com/market-activity/ipos. Acesso em: 07 set. 2024.

Oxford English Dictionary. **Etymology of "Initial".** Disponível em: https://www.oed.com. Acesso em: 07 set. 2024

Processo Administrativo Sancionador CVM nº 19957.002314/2021-17. **Oferta Pública Irregular - Motortec.** Disponível em: https://www.gov.br/cvm/pt-br/assuntos/noticias/anexos/2022/20220222_PAS_CVM_19957_002314_2021_17__voto_diretor_alexandre_rangel.pdf. Acesso em: 07 set. 2024.

OFICINA DE ESTUDOS DE DIREITO DO TRABALHO

A ERA DAS PLATAFORMAS: O PODER GERENCIAL E A DESCONSTRUÇÃO DOS DIREITOS TRABALHISTAS NA INDÚSTRIA 4.0

11

John Juan Silva[1]

A Quarta Revolução Industrial, comumente chamada de Indústria 4.0, representa um marco na forma como as sociedades se organizam, seja economicamente, juridicamente ou socialmente. Nesse contexto, testemunha-se um avanço tecnológico sem precedentes. Nas revoluções anteriores, inovações como a máquina a vapor e a eletricidade se destacaram; já na quarta, observa-se a criação de um sistema produtivo integrado e automatizado.

Klaus Schwab [2] defende que essa nova fase da revolução representa uma fusão de esferas outrora separadas – física, biológica e digital. Os principais elementos dessa fase incluem a Internet das Coisas (IoT), Inteligência Artificial (IA), big data, robótica avançada e sistemas de realidade virtual. Esses pilares não só influenciam a forma como o ser humano produz, mas também a maneira como se dão as relações entre indivíduos, a economia e o trabalho.

A Indústria 4.0 permitiu a criação de fábricas cada vez mais inteligentes e automatizadas, otimizando a produção. Somado a isso, a capacidade de processamento de dados, gerenciada pela big data dentro da conectividade da Internet das Coisas, contribui para a redução de

---

[1] Advogado (OAB/BA). Pós Graduado em Direito Previdenciário, Direito Material e Processual do Trabalho e Direito Tributário. Bacharelo em Direito pelo Centro Universo Salvador. Email: advocaciajohn@gmail.com.
[2] SCHWAB, K. **A quarta revolução industrial**. São Paulo: Edipro, 2016.

custos operacionais e aumento da qualidade dos produtos.[3] A relação entre automação e inteligência artificial desempenha papéis que substituem tarefas humanas ou alteram substancialmente a forma como trabalhos comumente realizados pela mão de obra humana são executados.

No contexto econômico, a proeminência global do neoliberalismo a partir dos anos 1970, que defende a liberdade dos mercados e, consequentemente, a redução da intervenção estatal sob o pretexto de maximização da eficiência econômica, seguida por desregulamentação de leis ambientais e trabalhistas, criou o ambiente ideal para o acelerado avanço da quarta revolução industrial.

Para Harvey[4], o ideal neoliberal é um projeto político-econômico que visa restaurar o poder de classe, endossando o acúmulo de capital e reduzindo o poder das classes trabalhadoras, outrora conquistado nos períodos das três primeiras revoluções industriais. Essa restauração é fomentada por mecanismos massivos de exploração do trabalho humano, acúmulo das tecnologias 4.0 e aumento exorbitante das desigualdades.

Em um mundo onde já se discute a inclusão de biotecnologias e da Internet das Coisas na quarta dimensão dos direitos[5], Schwab[6] sustenta que nessa quarta fase industrial mais de 17% da população mundial ainda não teve acesso às tecnologias da segunda fase, e outros 30% não tiveram acesso aos avanços da terceira fase. A União Internacional de Telecomunicações, em estudo realizado em 2022, destacou que pelo menos um terço da população mundial não possui nenhum tipo de conexão com a rede de internet.[7]

---

[3] Ob.Cit.
[4] HARVEY, David. O neoliberalismo: história e implicações. São Paulo: Loyola, 2008
[5] BONAVIDES, Paulo. Curso de Direito Constitucional. 32ª ed. São Paulo: Malheiros, 2017.
[6] Ob. Cit.
[7] NAÇÕES UNIDAS. Crescimento da internet desacelera e 2,7 bilhões ficam fora da rede. Nações Unidas. Disponível em: https://news.un.org/pt/story/2022/09/1801381#:~:text=Crescimento%20da%20internet%20desacelera%20e%202%2C7%20bilh%C3%B5es%20ficam%20fora%20da%20rede,-16%20Setembro%202022&text=Um%20ter%C3%A7o%20da%20popula%C3%A7%C3%A3o%20mundial,conectividade%20visto%20durante%20a%20pandemia. Acesso em: 15 ago. 2024

No contexto neoliberal, a tecnologia é usada estrategicamente para reduzir a dependência da mão de obra humana, que é considerada um custo variável e, muitas vezes, oneroso. A automação, por exemplo, permite que as empresas substituam trabalhadores por máquinas que podem operar 24 horas por dia, sem necessidade de descanso, salário ou benefícios. A inteligência artificial e a big data permitem que as empresas tomem decisões baseadas em dados, otimizando processos e eliminando ineficiências.

No projeto neoliberal, a tecnologia é utilizada como forma de extinção e criação de postos de trabalho. Apesar da ideia de que a automação e a IA acabariam com o trabalho humano, Antunes[8] defende que o trabalho está longe de desaparecer, apesar das profundas transformações. O trabalho permanece fundamental na estrutura social e essencial para a reprodução do capital. Essa teoria do "fim do trabalho" nada mais é do que mais uma narrativa – entre tantas – do neoliberalismo para justificar as novas formas de precarização, flexibilização e informalidade das relações laborais.

Se, por um lado, no capitalismo originário, o trabalho já era visto como mercadoria e havia a ideia de que as pessoas precisavam vender sua mão de obra – antes majoritariamente escrava – e receber, em contrapartida, um salário para gastá-lo no mercado de consumo de bens e serviços, no ideal neoliberal, há uma contradição ao capitalismo originário, pois observa-se uma tendência à precarização das relações de trabalho.[9] Há uma proliferação de informalidade, terceirização, pejotização, contratos temporários e outras formas de emprego que não oferecem segurança e benefícios aos trabalhadores.[10] Essas características promovem a precarização laboral e, muitas vezes, significam salários mais baixos e limitação do poder de consumo de bens e serviços.[11]

---

[8] ANTUNES, R. Adeus ao trabalho? ensaio sobre as metamorfoses e a centralidade do mundo do trabalho. São Paulo: Cortez, 2016.
[9] WILLIAMS, Eric. Capitalismo e escravidão. 1. ed. Rio de Janeiro: Companhia Editora Nacional, 1975.
[10] HARVEY, David. O enigma do capital: e as crises do capitalismo. 1. ed. São Paulo: Boitempo, 2011.
[11] HARVEY, David. A condição pós-moderna: uma pesquisa sobre as origens da mudança cultural. 18. ed. São Paulo: Loyola, 2020.

Streeck[12] sustenta que essa redução do poder de consumo dos trabalhadores cria um ambiente propício ao endividamento, pois, combinada à redução salarial, há a expansão do crédito ao consumidor e o abusivo incentivo ao consumo, em que os indivíduos se tornam reféns de seus créditos e de suas altas dívidas. Para Streeck[13], esse cenário adia crises econômicas mais complexas e prejudiciais, mas também aumenta drasticamente a fragilidade do sistema.

No campo do direito laboral, no Brasil, há pelo menos três principais ferramentas utilizadas no capitalismo contemporâneo para desvirtuar o trabalho com direitos. A primeira delas ganhou força nos anos 1990, quando a pejotização surgiu como uma forma de as empresas contratarem pessoas jurídicas ao invés de empregados formais, objetivando a redução de encargos trabalhistas, como férias, 13º salário e FGTS. Esse fenômeno é comumente utilizado pelas empresas como meio de "contratar funcionários" com grandes salários, como se fossem meros prestadores de serviços e chefes de si mesmos.

O segundo fenômeno é a terceirização[14], que consiste na contratação de atividades ou serviços por meio de delegação executiva de uma empresa para outra. Antes da reforma trabalhista de 2017, essa delegação se limitava às atividades-meio das contratantes; contudo, após a reforma, houve a validação da terceirização das atividades-fim de forma lícita. Dessa maneira, em vez de contratar diretamente um trabalhador para exercer uma atividade ou um grupo para exercer a função de um determinado setor, a empresa contratante contrata uma empresa que, muitas vezes, nem é especializada na atividade contratada, mas apenas fornece a mão de obra.

Esse tipo de contratação impede que sindicatos mais representativos atuem em prol dos trabalhadores terceirizados, além de criar categorias desiguais no ambiente de trabalho. Os funcionários próprios, regidos por normas coletivas geralmente mais benéficas, contrastam com os trabalhadores terceirizados, que são regidos por

---

[12] STREECK, Wolfgang. Comprando tempo: a crise adiada do capitalismo democrático. São Paulo: Três Estrelas, 2018.
[13] Ob. Cit.
[14] DELGADO, Mauricio Godinho. Curso de direito do trabalho. 20. ed. São Paulo: LTr, 2021.

normas coletivas inferiores, reduzindo, assim, os custos das empresas contratantes. A terceirização e a pejotização têm em comum o interesse das empresas de fugir da CLT e dos direitos trabalhistas ali previstos.

Para compreender o terceiro fenômeno, é necessário observar o que Srnicek[15] chama de capitalismo de plataforma. Para ele, trata-se de uma forma avançada de organização capitalista em que há controle e monetização dos dados em plataformas digitais que atuam como intermediárias nos mercados, facilitando a interação entre diferentes grupos (sejam usuários, anunciantes, prestadores de serviços, produtores de conteúdo e outros).

Um dos aspectos mais relevantes para o fomento desse modelo econômico é sua capacidade de crescimento rápido com baixos custos marginais. Uma vez estabelecida a infraestrutura digital, há um relativo baixo custo para a adição de novos usuários e a expansão para novos mercados, o que permite um crescimento global rápido e eficiente.

Esses elementos tornam o ambiente das plataformas digitais propício para a precarização laboral, onde as empresas que se organizam por meio de plataformas digitais frequentemente contratam serviços por demanda, oferecendo "flexibilidade" e "liberdade" para seus usuários, principalmente aqueles que vendem sua força de trabalho para as atividades-fim dessas empresas. Contudo, essa "flexibilidade" é, na realidade, mais uma narrativa neoliberal para fraudar o trabalho formal. O capitalismo de plataforma prioriza a eficiência do serviço prestado por ela, sua lucratividade e a construção de seu monopólio, muitas vezes à custa dos direitos e do bem-estar dos trabalhadores.

O fenômeno da plataformização, segundo Srnicek[16], representa um modelo que pode levar a crises e à necessidade de novas formas de regulamentação e intervenção estatal para proteção dos trabalhadores e consumidores. Há uma interligação entre a Indústria 4.0 e o neoliberalismo como fatores que endossam a consolidação do capitalismo de plataforma. O primeiro fornece as bases tecnológicas que permitem a operação eficiente e "inovadora" das plataformas, enquanto o segundo fornece um ambiente político e econômico com pouca interferência estatal. Esse conjunto permite que esse modelo econômico,

---

[15] SRNICEK, Nick. Capitalismo de plataforma. Buenos Aires: Caja Negra, 2018.
[16] Ob. Cit.

cujos pilares são o controle e a monetização de dados e a exploração laboral, se torne central para o acúmulo de capital e a desigualdade.

Nesse contexto, a terceira ferramenta do neoliberalismo para desvirtuar o trabalho com direitos é a plataformização. Um exemplo clássico de plataforma é a noção de uma feira ou um centro empresarial, onde há uma gestão que organiza e intermedia um espaço para que outras pessoas vinculadas a essa feira/centro possam comercializar seus bens e serviços para clientes.[17]

Do ponto de vista digital, esse conceito pode ser exemplificado com o Mercado Livre ou a Amazon, que são plataformas comerciais que fornecem esse espaço organizado para intermediação de serviços, onde qualquer pessoa cadastrada na plataforma pode vender qualquer coisa lícita, ainda podendo fazer uso do serviço de entrega oferecido por essas empresas, contudo, dentro da rede mundial de computadores. Esse modelo de negócio se diferencia do comércio eletrônico tradicional, onde lojas como Boticário, Evino, Cacau Show e outras apenas comercializam produtos de suas marcas em seus sítios virtuais.

Há também empresas que se organizam por meio de comércio eletrônico e passaram a se estruturar como plataformas digitais, como as Lojas Americanas, Magalu e a Via Varejo (popularmente conhecida como Casas Bahia). Essas empresas do ramo varejista se tornaram plataformas digitais de intermediação de negócios, além de venderem seus próprios produtos. Embora essas varejistas tradicionais se diferenciem do Mercado Livre e da Amazon pelo fato de possuírem maiores limitações para que alguém se torne vendedor de bens e serviços em suas estruturas digitais, convergem em muitos elementos de gestão, pois suas plataformas realmente são organizadas para oferecer um espaço de intermediação sem controle de política de preços de seus parceiros e sem reservar para si os clientes dos mais variados produtos disponíveis.

Apesar de essas empresas terem como principal atividade o comércio de bens de consumo, há também uma parcela menor dedicada à comercialização de serviços. Por exemplo, na compra de móveis que demandam montagem, como roupeiros e armários, é comum ser

---

[17] CARELLI, Rodrigo de Lacerda; OLIVEIRA, Murilo Carvalho Sampaio. As plataformas digitais e o direito do trabalho. Como entender a tecnologia e proteger as relações de trabalho no século XXI. Belo Horizonte: Dialética, 2021.

oferecido o serviço de montador de móveis por meio do pagamento de uma taxa.

A plataformização representa o terceiro fenômeno do desmantelamento do direito do trabalho, principalmente a partir do momento em que surgem as plataformas digitais de trabalho, em que os serviços ali realizados têm como principal agente a força de trabalho humana.[18] Nesse tipo de serviço, não há realização de trabalho digital; pelo contrário, a atividade é realizada no espaço físico, tendo apenas o espaço virtual como meio para aproximar o consumidor do serviço oferecido.

Dessa forma, sequer é possível considerar essa categoria de trabalhadores como algo realmente novo. O mesmo entregador de comida que antes era contratado por um restaurante, pizzaria, hamburgueria e afins para realizar as entregas dos pedidos feitos por telefone, hoje realiza o mesmo serviço de entrega, recebendo a demanda por meio da plataforma digital de uma determinada empresa, que é intermediadora do serviço de entrega, aproximando um restaurante de um entregador, ou é o próprio comércio alimentício que detém controle sobre sua própria plataforma.

Tal fato reforça a afirmação de que a plataformização é apenas um modelo organizacional da pessoa jurídica. Dessa maneira, uma determinada empresa pode se organizar tanto em um modelo físico de comercialização através de lojas, em um modelo virtual de vendas através de seu ambiente virtual, ou de forma híbrida, realizando sua atividade empresarial por meio de lojas e de sua plataforma digital.

Sendo assim, não há nada de realmente novo nessas formas de trabalho oriundas da Indústria 4.0. Não há trabalho digital[19], não há realmente uma nova categoria de profissionais que rompa as formas de trabalho clássicas. Afinal, qual a real diferença que ocorre nesse tipo de serviço e naquele que já era realizado quando não existiam aplicativos e sítios eletrônicos, além da organização e monopolização dos serviços em um único ambiente virtual?

O elemento inovador desse fenômeno reside justamente na acessibilidade tanto para trabalhadores quanto para aqueles que procuram

---

[18] Ob. Cit.
[19] Ob. Cit.

pelo serviço. Mas, como alguns outros frutos dessa fase neoliberal do capitalismo, há o intuito de redução dos custos e precarização laboral. A plataformização do trabalho surgiu como uma forma de oportunizar rendas extras e trabalho informal com maior facilidade. Contudo, um dos grandes objetivos é a eliminação de postos de trabalho, monopolização do mercado de serviços por demanda, redução de riscos de vínculo empregatício e redução de direitos dos trabalhadores.

De forma exemplificativa, há o caso da IFOOD e das empresas de transporte de encomendas "as "log. A primeira é conhecida pela concentração dos serviços de entrega de alimentos, que sempre foram realizados pelos motoboys de forma autônoma ou formal, sem pagar qualquer taxa ou sofrer qualquer tipo de punição de intermediadora do serviço. Hoje, dificilmente um motoboy consegue assinar sua carteira de trabalho como entregador de um determinado comércio de alimentos ou apenas estacionar sua motocicleta próximo ao local onde receberia as demandas, retiraria o produto e, dependendo da forma de pagamento escolhida pelo consumidor, também levaria a máquina de cartão de crédito.

No caso das "Logs", observa-se duas vertentes. A primeira envolve empresas de transporte de mercadorias que oferecem serviços para pessoas físicas e jurídicas. A segunda, que é mais preocupante, envolve empresas, principalmente grandes varejistas, que estruturam ou compram empresas de logística dentro de seus grupos econômicos, os chamados "braços logísticos", com o objetivo de supostamente intermediar o serviço de entregas de seus próprios produtos.

Esse é o caso do Mercado Livre, que realiza o envio da maioria dos produtos vendidos em sua plataforma por meio do Mercado Envios. É o caso também do grupo Magalu, que, nos últimos anos, comprou a GLF[20], Plus Delivery e Sode[21], todas empresas de transporte de produtos.

---

[20] E-COMMERCE DE SUCESSO. Magazine Luiza compra empresas para fortalecer sua logística. Disponível em: https://ecommercedesucesso.com.br/magazine-luiza-gfl. Acesso em: 10 ago. 2024.
[21] INFOMONEY. Magalu compra Sode, plataforma que faz entregas em até uma hora. Disponível em: https://www.infomoney.com.br/negocios/magalu-compra-sode-plataforma-que-faz-entregas-em-ate-uma-hora/#:~:text=Magalu%20comp

O mesmo aconteceu com o grupo Casas Bahia, que adquiriu a ASAP LOG, responsável por grande parte de suas entregas de produtos vendidos.

O que todas essas empresas têm em comum é o fato de atuarem por meio de um aplicativo em que trabalhadores se cadastram e recebem serviços de entrega por demanda. Contudo, o segundo grupo se diferencia das demais pelo fato de se tratar de empresas criadas ou compradas por grandes empresas do comércio varejista para realizarem serviços para elas próprias.

No caso específico da Via Varejo S.A. (Casas Bahia), que tem a ASAP LOG como sua empresa de entregas de mercadorias, a relação que se observa é que os entregadores são demandados pelo próprio grupo para prestar o serviço de entrega de mercadorias compradas na plataforma eletrônica para os consumidores finais. Apesar de oferecerem em seu sítio oficial o serviço de transporte para outras pessoas físicas e jurídicas, não deixa de existir confusão entre o embarcador/cliente/vendedor do produto que demanda o serviço de transporte para um consumidor/comprador e a própria plataforma de entrega, que quase sempre são a mesma entidade.[22]

Esse serviço em nada se parece com a intermediação que as plataformas digitais se propõem a realizar entre aquele que demanda um serviço e outra pessoa disposta a realizá-lo. O que realmente difere as plataformas digitais de trabalho é a existência ou não de poder de gestão, a interferência da suposta intermediadora na relação entre prestador de serviço e cliente que demanda o serviço.

Carelli e Oliveira[23] descrevem características de empresas que não realizam meras intermediações, mas que utilizam poderes de gestão e,

---

ra%20Sode%2C%20plataforma%20que%20faz%20entregas%20em%20at%C3%A9%20uma%20hora&text=S%C3%83O%20PAULO%20%E2%80%93%20O%20Magazine%20Luiza%20(MGLU3),uma%20plataforma%20de%20log%C3%ADstica%20de%20entregas%20ultra%2Dr%C3%A1pidas. Acesso em: 10 ago. 2024.

[22] ASAP LOG. Termos de uso do entregador. Disponível em: https://asaplog.com.br/termos-de-uso-do-entregador/. Acesso em: 10 ago. 2024.

[23] CARELLI, Rodrigo de Lacerda; OLIVEIRA, Murilo Carvalho Sampaio. As plataformas digitais e o direito do trabalho. Como entender a tecnologia e proteger as relações de trabalho no século XXI. Belo Horizonte: Dialética, 2021.

geralmente, contratos de adesão para determinar a precificação dos serviços realizados pelos trabalhadores, bem como para definir unilateralmente suas porcentagens de ganhos e garantir um padrão de qualidade do serviço em seus próprios termos. Esse poder de gestão se caracteriza pelo: 1) controle rigoroso sobre os recursos necessários à prestação de serviço; 2) supervisão intensa dos prestadores de serviços; 3) definição unilateral dos preços dos serviços oferecidos; 4) monitoramento constante da execução dos serviços por meio de tecnologias de rastreamento; 5) determinação dos procedimentos operacionais a serem seguidos durante a execução do serviço; 6) presença de setores focados na garantia da qualidade do serviço; 7) fornecimento de itens personalizados com a marca da empresa para a prestação dos serviços; 8) uso das avaliações dos usuários finais dos serviços realizados pelos trabalhadores como base de supervisão e determinação de bonificações e punições.

Os autores utilizam o elemento da gerência para separar as plataformas em duas categorias: puras e mistas/híbridas ou dirigentes. As primeiras são aquelas que operam praticamente sem controle por parte da plataforma na intermediação dos serviços, sendo que os serviços negociados ocorrem entre demandante e prestador, e a intermediadora atua apenas mantendo a infraestrutura do ambiente virtual em que ocorre a interação.

As mistas se diferenciam pela existência de intensivo controle gerencial da plataforma, que define os preços e a forma como o serviço prestado pelo trabalhador ocorrerá. Não há uma real interação de negociação entre prestador e demandante, que inclusive se confunde com a própria empresa proprietária do espaço virtual. Comum nesses casos é que haja uma relação entre demandante e plataforma, e outra relação entre a plataforma e o trabalhador, este último sendo demandado pelo aplicativo. Essas empresas não podem ser consideradas como plataformas de simples intermediação de serviços, pois sua atividade empresarial não é sequer a intermediação, mas sim o próprio serviço, no qual alega apenas aproximar grupos de prestadores e demandantes.

A Indústria 4.0, ao promover uma integração sem precedentes entre tecnologia e produção, redefine as relações de trabalho de maneira que favorece a consolidação do poder gerencial exercido pelas plataformas digitais mistas. Essas plataformas, ao prometerem flexibilidade, muitas vezes ocultam práticas que reforçam a dependência e a subordinação dos trabalhadores, transformando a inovação tecnológica em um instrumento de precarização. Diante desse cenário, o direito do trabalho enfrenta o desafio urgente de se adaptar para proteger os trabalhadores contra a erosão de seus direitos. É essencial que a modernização tecnológica não se torne sinônimo de retrocesso social, mas que sirva como uma oportunidade para garantir dignidade, proteção e equidade nas relações laborais do século XXI.

REFERÊNCIAS

ANTUNES, R. **Adeus ao trabalho?** ensaio sobre as metamorfoses e a centralidade do mundo do trabalho. São Paulo: Cortez, 2016.

ASAP LOG. Termos de uso do entregador. Disponível em: https://asaplog.com.br/termos-de-uso-do-entregador/. Acesso em: 10 ago. 2024.

BONAVIDES, Paulo. **Curso de Direito Constitucional.** 32ª ed. São Paulo: Malheiros, 2017.

CARELLI, Rodrigo de Lacerda; OLIVEIRA, Murilo Carvalho Sampaio. **As plataformas digitais e o direito do trabalho.** Como entender a tecnologia e proteger as relações de trabalho no século XXI. Belo Horizonte: Dialética, 2021.

DELGADO, Mauricio Godinho. **Curso de direito do trabalho.** 20. ed. São Paulo: LTr, 2021.

E-COMMERCE DE SUCESSO. Magazine Luiza compra empresas para fortalecer sua logística. Disponível em: https://ecommercedesucesso.com.br/magazine-luiza-gfl. Acesso em: 10 ago. 2024.

HARVEY, David. **O neoliberalismo:** história e implicações. São Paulo: Loyola, 2008.

HARVEY, David. **O enigma do capital:** e as crises do capitalismo. 1. ed. São Paulo: Boitempo, 2011.

HARVEY, David. **A condição pós-moderna:** uma pesquisa sobre as origens da mudança cultural. 18. ed. São Paulo: Loyola, 2020.

INFOMONEY. Magalu compra Sode, plataforma que faz entregas em até uma hora. Disponível em: https://www.infomoney.com.br/negocios/magalu-compra-sode-plataforma-que-faz-entregas-em-ate-uma-hora/#:~:text=Magalu%20compra%20Sode%2C%20plataforma%20que%20faz%20entregas%20em%20at%C3%A9%20uma%20hora&text=S%C3%83O%20PAULO%20%E2%80%93%20O%20Magazine%20Luiza%20(MGLU3),uma%20plataforma%20de%20log%C3%ADstica%20de%20entregas%20ultra%2Dr%C3%A1pidas. Acesso em: 10 ago. 2024.

NAÇÕES UNIDAS. Crescimento da internet desacelera e 2,7 bilhões ficam fora da rede. **Nações Unidas.** Disponível em: https://news.un.org/pt/story/2022/09/1801381#:~:text=Crescimento%20da%20internet%20desacelera%20e%202%2C7%20bilh%C3%B5es%20ficam%20fora%20da%20rede,-16%20Setembro%202022&text=Um%20ter%C3%A7o%20da%20popula%C3%A7%C3%A3o%20mundial,conectividade%20visto%20durante%20a%20pandemia. Acesso em: 15 ago. 2024

SCHWAB, K. **A quarta revolução industrial**. São Paulo: Edipro, 2016.

SRNICEK, Nick. **Capitalismo de plataforma.** Buenos Aires: Caja Negra, 2018.

STREECK, Wolfgang. **Comprando tempo:** a crise adiada do capitalismo democrático. São Paulo: Três Estrelas, 2018.

WILLIAMS, Eric. **Capitalismo e escravidão.** 1. ed. Rio de Janeiro: Companhia Editora Nacional, 1975.

TRABALHABILIDADE O'CLOCK: DILEMAS (SOCIAIS) URGENTES

A TECNOLOGIA E O NOVO TRABALHO: O IMPACTO DA REDUÇÃO DA JORNADA DE TRABALHO

12

Andressa Munaro Alves[1]
Lucas Witkoski Brolezi[2]

1 INTRODUÇÃO

A regulação das relações de emprego, compreendida na legislação constitucional e trabalhista brasileira, é uma das grandes conquistas sociais do século XX. Considerando a sua regulamentação tardia e criada a partir de um panorama inicial de exploração da mão de obra, identifica-se a preocupação do legislador: proteger (e conter) os abusos preexistentes que incidiam sobre os trabalhadores.

A partir da evolução social, tecnológica e dos meios de produção, percebe-se a necessidade de uma nova abordagem em diversos elementos existentes nessa relação, pois o trabalho humano necessita de adaptação frente ao avanço tecnológico do mercado de trabalho. A conformidade das práticas trabalhistas entra no cenário empresarial moderno, visando manter as condições apropriadas de trabalho, tanto no que se refere aos

---

[1] Doutoranda e Mestre em Direito pela Pontifícia Universidade Católica do Rio Grande do Sul (PUCRS). Professora de Direito do Trabalho e Previdenciário da Pós-Graduação em Direito da Pontifícia Universidade Católica do Rio Grande do Sul (PUCRS / UOL). Especialista em Direito do Trabalho e Previdenciário pela Escola Superior Verbo Jurídico Educacional. Professora na UniRitter e nas Faculdades Integradas São Judas Tadeu. Advogada. andressa.castroalvesadv@gmail.com.
[2] Graduado no Curso de Direito das Faculdades Integradas São Judas Tadeu. Advogado. l.brolezi@gmail.com.

equipamentos e processos necessários para o trabalho e para a segurança na realização do mesmo, quanto em relação às pessoas, a saúde do empregado e o desenvolvimento pessoal e profissional do quadro de trabalhadores.

Entretanto, no Brasil, nem tudo passa pelo poder legislativo, havendo a prevalência do acordado sobre o legislado no que se refere à acordos e convenções coletivas. À vista disso, além das políticas públicas voltadas ao social, o eixo trabalhista negocial possui suma importância para o desenvolvimento de novos rumos no que concerne à evolução das relações de emprego.

Na presença desse novo panorama é que aparece como possível solução a evolução da interpretação (já existente) sobre a jornada de trabalho, esta que, possui amplo cenário para discussões quanto aos benefícios provenientes de sua redução. Tal fato se sucede, pois a relação entre o tempo e a produtividade podem não ser, de forma absoluta, diretamente proporcionais. Nesse sentido, a produtividade (saudável?) acaba por se tornar novo foco temático, pois poderia ser a responsável por solucionar - se é que há possibilidade de -, reduzir a jornada de trabalho, e de forma concomitante, manter o desenvolvimento econômico e a manutenção dos salários.

Diante das novas formas de trabalho e da reformulação da jornada é que esse estudo é desenvolvido. Em virtude disso, visa-se responder: A produtividade do trabalhador será sobrelevada em caso de redução temporal de sua jornada de trabalho? Existem reflexos positivos na saúde do trabalho que percebe a redução de sua jornada laborativa?

O método de abordagem utilizado na pesquisa foi o hipotético-dedutivo. O procedimento metodológico partiu da análise histórica-tipológica, posto que com base na hodierna realidade almeja-se identificar prováveis novas possibilidades. A interpretação apresenta-se pela utilização do método sociológico. A pesquisa, em sua natureza qualitativa, possui objeto bibliográfico e documental, com objetivo explicativo.

O estudo está dividido em uma primeira parte de exposição histórica da jornada de trabalho no mundo laboral e a evolução do direito do trabalho no Brasil, onde busca-se entender o papel da redução da jornada laborativa na conquista de direitos sociais dos trabalhadores brasileiros. Na segunda metade, verifica-se o impacto observado no aspecto da produtividade saudável do trabalhador.

2 DA EVOLUÇÃO DA JORNADA LABORAL

Inicialmente, identifica-se a evolução das formas de trabalho na história mundial por uma visão de desenvolvimento das relações de emprego, desde a escravidão até o que se entende por trabalho nos dias de hoje. Nesse contexto, percebe-se a importância da jornada laboral para a garantia do trabalho como uma forma de cooperação para a produção, e não apenas no contexto de exploração da mão-de-obra.

Na primeira subdivisão deste capítulo visa-se acompanhar a evolução histórica das formas de trabalho, principalmente no que tange a formação e fixação do que se entende por jornada. Na segunda, percebe-se o desenvolvimento dos aspectos legais que regulam as relações de trabalho no Brasil, vez que esta pesquisa se delimita em acompanhar impactos em trabalhadores brasileiros.

Diante desse panorama, aprecia-se o avanço das leis trabalhistas em nível nacional, com o crescimento de garantias constitucionais, a criação da Consolidação das Leis do Trabalho em 1943 e o progresso das negociações coletivas feitas por meio de sindicatos que, por sua vez, possuem extrema relevância para o tema desta pesquisa, eis que possuem mais proximidade com as relações de cada categoria.

2.1 A Jornada de Trabalho na História: Perspectivas Históricas Mundiais

A partir de uma abordagem histórica, verifica-se que o trabalho está presente desde os primórdios da civilização, tendo seu início pela exploração da mão de obra humana, através do trabalho escravo, sem qualquer direito ou garantia legal, tampouco trabalhista.[3]

Nesse ínterim, o trabalho possuía sentido pejorativo, como se castigo fosse, sendo realizado por uso da força física sem qualquer

---

[3] MARTINS, Sérgio Pinto. **Direito do trabalho**. 39. ed. São Paulo: Saraiva, 2023. E-book. p. 43-47.

sentido de realização pessoal ou profissional.[4] Tendo em vista a inexistência das leis trabalhistas à época, o direito do trabalho entra em pauta no mundo quando guiado pelo viés econômico, político e jurídico.[5]

No auge do desenvolvimento do capitalismo, a Revolução Industrial foi responsável pela divisão de classes entre os detentores dos meios de produção e os empregados. À época, onde ainda se tinha o entendimento de trabalho predominantemente exploratório, buscava-se extrair o máximo possível do trabalho da classe operária, com longas jornadas laborativas, reduzidos valores pecuniários[6] e nenhuma preocupação com a realização pessoal daquele que desempenhava atividades.

A partir da segunda Revolução Industrial é que começam a surgir tímidas melhorias nas condições de trabalho, com desenvolvimento de leis próprias voltadas à atividade humana e aos limites da exploração da mão de obra, visando equilibrar as relações de trabalho.[7] No teor jurídico desta evolução, são criados os primeiros sindicatos, através da união de trabalhadores para reivindicar seus direitos, sendo essa conduta, em alguns períodos, desprezada e criminalizada pela figura do Estado.[8]

Nesse diapasão da evolução do sistema capitalista e o avanço da tecnologia de um mundo globalizado, houve o aumento expressivo dos níveis de produtividade, fato que possibilitou a redução da força de trabalho humano necessária para a produção industrial – que não se confunde com sua participação no processo, esta, necessária para a coordenação do maquinário. Nesse sistema econômico, o tempo de lazer do trabalhador está diretamente ligado ao que o mesmo consome, tendo

---

[4] MARTINS, Sérgio Pinto. **Direito do trabalho**. 39. ed. São Paulo: Saraiva, 2023. E-book. p. 43-47.
[5] LEITE, Carlos Henrique Bezerra. **Curso de direito do trabalho**. 15. ed. São Paulo: Saraiva, 2023. E-book. p. 41-45.
[6] ROMAR, Carla Teresa Martins. LENZA, Pedro. **Direito do trabalho**. 8. ed. São Paulo: Saraiva, 2022. E-book. p. 47-50.
[7] 2° REVOLUÇÃO INDUSTRIAL – Geobrasil. Rodrigo Rodrigues. **Youtube**. 8 abr. 2020. (9 min). Disponível em: https://www.youtube.com/watch?v=saGcsbUn-BQ. Acessado em: 14 nov. 2023.
[8] NASCIMENTO, Amauri Mascaro. **Curso de Direito do Trabalho**. 29. ed. São Paulo: Saraiva, 2014. E-book. p. 40.

em vista a relação dos interesses pessoais com a chamada sociedade do consumo.[9]

A partir dos conceitos da terceira e da quarta Revolução Industrial, há o nascimento da sociedade pós-industrial, com o aumento da velocidade do desenvolvimento tecnológico, das comunicações e do processo produtivo, levando o trabalhador, com o uso da tecnologia avançada, produzir mais em menos tempo. Nesse espaço, verifica-se que a evolução social presente também nas relações de trabalho, acontece de forma tão dinâmica, que se afasta gradualmente da legislação vigente – no que se refere a sua positivação.[10]

Considerando o elevado nível de informatização e desenvolvimento científico, a mão-de-obra é a cada dia menos utilizada para a produção. Nesse contexto disruptivo e antes não visto, as relações de trabalho se transformam, fazendo com que os trabalhadores fiquem cada vez mais livres, gerenciando com autonomia o local e o tempo trabalhado.[11]

Destarte, o direito do trabalho, que surgiu e serviu às Revoluções Industriais relatadas, foi responsável pela instalação do controle de sistema capitalista, na tentativa de entregar um equilíbrio entre a força de trabalho e a vida dos trabalhadores, conceito este que segue em desenvolvimento até os dias atuais.[12]

Apesar do aumento produtivo proporcionado pela evolução tecnológica, a inserção de máquinas na linha de produção foi responsável pela substituição do trabalho humano em determinadas fases da produção. A nova realidade apresentada gerou mudanças significativas em níveis econômicos e sociais, motivo pelo qual se iniciou a luta

---

[9] CALVETE, Cassio da Silva. **Redução da Jornada de Trabalho**: Uma Análise Econômica para o Brasil. 2006. Tese (Doutorado) – Curso de Economia, Universidade Estadual de Campinas (UNICAMP), Campinas, 2006.
[10] DE PAULA, Carlos Alberto Reis. Palestra 80 Anos da CLT. FIERGS. Porto Alegre, jun. 2023.
[11] BERNARDINI, Marina. **TRT4**. A história do Direito do Trabalho e a evolução do Direito do Trabalho no Brasil. Disponível em: https://www.trt4.jus.br/portais/escola/modulos/noticias/415206. Acesso em: 2 nov. 2023.
[12] DELGADO, Mauricio Godinho. **Curso de Direito do Trabalho**. 18. ed. São Paulo: LTR 2019. p. 95-100

coletiva de trabalhadores por melhoria nas condições de trabalho, frente a exploração do trabalho que, não raras vezes, fez-se não valorizado.[13]

A mudança de cenário para os empregados, apesar de movimento natural visto pela ótica da evolução dos meios de produção, apresentou à sociedade uma necessidade de modificar o tratamento daquele sujeito, que deixaria de ser apenas uma ferramenta de trabalho para a indústria e tornar-se-iam sujeito de direitos, com necessidades de desenvolver o seu trabalho de forma satisfatória.[14] O passar do tempo comprovou, inclusive, que não apenas amparo fisiológico mereceriam os trabalhadores, mas sobretudo, cuidados que dizem respeito ao que envolve a realização pessoal deste.[15]

Não é à toa, que diante desse contexto, em 1948, o trabalho foi reconhecido de maneira global pela Declaração Universal de Direitos Humanos, em seu artigo 23, sendo referida a livre escolha de emprego, com condições justas e favoráveis de trabalho.[16] Com isso, desenvolve-se a ideia de enfrentar condições laborais que colocam a saúde em risco, tais como: altas cargas de trabalho; comportamento negativo e discriminatório, entre outros. Ato seguinte, levando em conta que as pessoas passam grande parte de sua vida no trabalho, verificou-se a necessidade de compensar tal ato, firmando a ideia de "compensação".[17]

---

[13] MARTINEZ, Luciano. **Curso de direito do trabalho**. ed. 14. São Paulo: SaraivaJur, 2023. p. 1257-1263.
[14] ALVES, Andressa Munaro. **A Trabalhabilidade como Direito Social Fundamental: o critério da ponderação como alternativa à sua realização**. Livraria do Advogado. Porto Alegre, 2023. p. 46-63.
[15] FINCATO, Denise Pires. ALVES, Andressa Munaro. Trabalhabilidade como bússola orientadora ao topo da pirâmide de Maslow. **Revista Científica Multidisciplinar Núcleo do Conhecimento**. Ano. 07, Ed. 08, Vol. 05, p. 54-65. ago. 2022. Disponível em: https://www.nucleodoconhecimento.com.br/ciencias-sociais/piramide-de-maslow. Acesso em: 10 jan. 2023.
[16] ONU. **Declaração Universal dos Direitos Humanos**: Adotada e proclamada pela Assembleia Geral das Nações Unidas (resolução 217 A III) em 10 de dezembro 1948. Disponível em: https://www.unicef.org/brazil/declaracao-universal-dos-direitos-humanos. Acesso em: 26 de mai. 2023.
[17] OIT. **OMS e OIT pedem novas medidas para enfrentar os problemas de saúde mental no trabalho.** Disponível em: https://www.ilo.org/brasilia/noticias/WCMS_857127/lang--pt/index.htm. Acesso em: 24 de nov. de 2023.

2.2   A Jornada Laboral Brasileira: Aspectos Legislativos

Consoante o que fora estudado no ponto que este antecedeu, as questões que envolvem tempo, trabalho e jornada sempre foram uma questão na seara trabalhista – positiva ou negativa, produtiva ou improdutiva. No Brasil, a sua vez, em termos jusconstitucionais, a inserção dos direitos sociais de trabalho se deu com a Constituição da República dos Estados Unidos do Brasil, promulgada em 1934, instituindo a limitação da jornada de trabalho de 8 horas.[18] Evidentemente, pelo período em que fora promulgada, salvaguardando condições protetivas de trabalho (e sua realização).

No que tange a legislação infraconstitucional[19], a Consolidação das Leis do Trabalho, doravante CLT, de 1943[20], leva a ideia de que o trabalho não é mercadoria, sendo reconhecida como uma união de esforços para assegurar as garantias sociais inerentes ao trabalho. Dessa forma, diante dos princípios - avançados para seu tempo, a CLT se tornou referência, sendo elevada ao patamar constitucional pela Constituição da República Federativa do Brasil de 1988. [21]

No que se refere à jornada de trabalho, percebe-se que a última redução conquistada no país foi através da Constituição Federal de 1988, onde o limite semanal passou de 48 horas para 44 horas.[22] Após esse acontecimento, foi incluída na Proposta de Emenda Constitucional nº 231

---

[18] BRASIL. **[Constituição (1934)]**. Constituição da República dos Estados Unidos do Brasil. Disponível em: https://www.planalto.gov.br/ccivil_03/constit uicao/constituicao34.htm. Acesso em 27 de abr. 2023.
[19] Outrossim, merece destaque que a CLT é a consolidação de legislações paralelas já existes, de forma que esta pesquisa pontuará os aspectos relevantes, não esgotando – nem pretendendo, o período anterior ao diploma inerente aos trabalhadores.
[20] BRASIL. **Decreto-Lei nº 5.452, de 1º de maio de 1943**. Aprova a Consolidação das Leis do Trabalho. Rio de Janeiro: Presidência da República, 1943. Disponível em: https://www.planalto.gov.br/ccivil_03/decreto-lei/del545 2.htm. Acesso em 27 de abr. 2023.
[21] ARAÚJO, Francisco Rossal. Palestra 80 Anos da CLT. FIERGS. Porto Alegre, jun. 2023
[22] BRASIL. **[Constituição (1988)]**. Constituição da República Federativa do Brasil. Brasília, DF: Presidência da República, 1988. Disponível em: http://www .planalto.gov.br/ccivil_03/constituicao/constituicaocompilado.htm. Acesso em 27 de abr. 2023.

de 1995[23], a possibilidade de redução do limite de horas trabalhadas por semana para 40, sem redução salarial, bem como aumento de horas extras de 50% para 75%. Contudo, até o momento, a referida proposta não avançou para modificação dos pontos sugeridos, permanecendo em vigência o limite de 44 horas semanais definido pela Carta Magna.

A Redução da Jornada de Trabalho (RJT), sem redução salarial, foi incluída como um dos eixos fundamentais da agenda dos trabalhadores e tem sido discutida ao longo do tempo como forma de gerar novos empregos de qualidade e possibilitar a construção de boas condições de vida.[24] Ou seja, reduzir a jornada sem reduzir a pecúnia ainda é assunto a ser enfrentado com fôlego por àqueles que se dispõe a fazê-lo, lamentavelmente porque, de forma constante falar em redução do tempo laborado é falar em decréscimo de valores. E pior: o ato instantâneo, em sua maioria, não analisa se a lida realizada, fora efetivamente produtiva.

No que tange a redução da jornada de trabalho, o texto constitucional garante, pelo inciso XIII de seu artigo 7º, além de duração máxima específica, a possibilidade de redução da jornada por acordo ou convenção coletiva. Assim, demonstra-se que a negociação coletiva é uma alternativa viável para a inserção deste novo conceito, sendo instrumento viável (e eficaz) para modernização das relações de trabalho.[25]

É através dos instrumentos coletivos denominados de Convenção Coletiva (CCT) e Acordo Coletivo (ACT), que se formam negócios jurídicos privados no âmbito do Direito do Trabalho. Esse ato, que se

---

[23] BRASIL. Senado Federal. **Proposta de Emenda à Constituição nº 231, de 1995**. Reduz a carga horária máxima semanal de 44 para 40 horas e aumenta o valor da hora extra de 50% do valor normal para 75%. Brasília, DF: Senado Federal, 2019. Disponível em: https://www.camara.leg.br/propostas-legislativas/14582. Acesso em 27 de abr. de 2023.
[24] DEPARTAMENTO INTERSINDICAL DE ESTATÍSTICA E ESTUDOS SOCIOECONÔMICOS (DIEESE). **Nota técnica nº 57, 2010**. Disponível em: https://www.dieese.org.br/notatecnica/2007/notatec57JornadaTrabalho.html. Acesso em 09 de mai. 2023.
[25] BRASIL. **[Constituição (1988)]**. Constituição da República Federativa do Brasil. Brasília, DF: Presidência da República, 1988. Disponível em: http://www.planalto.gov.br/ccivil_03/constituicao/constituicaocompilado.htm. Acesso em 27 de abr. 2023.

convalida como autêntica fonte de direito trabalhista, dispõe-se a normatizar situações inerentes às partes envolvidas, criando regras entre empresas e empregados, regras estas, que condizem com a situação fática vivenciada e experienciada em determinada relação de emprego, seja essa de uma categoria inteira e de seus empregadores (CCT) ou de apenas uma empresa (ACT).[26]

Em consideração a isso, percebe-se que a redução coletiva da jornada de trabalho caminha como uma (possível) alternativa para o avanço das condições sociais laborativas, sendo capaz de alcançar todos os trabalhadores, sem distinção de cargo, classe social, gênero, ou qualquer outra forma de uma possível discriminação. Além disso, tal qual como há muito se pretende, poderia fomentar o equilíbrio entre a vida profissional e a vida privada.[27]

3 O IMPACTO DA REDUÇÃO: A PRODUTIVIDADE E A SAÚDE DO TRABALHADOR

Diante do panorama histórico analisado, observa-se que a jornada de trabalho passou por diversas reduções. Num primeiro momento, as reduções foram ocasionadas por crises econômicas e sociais, mas hoje possuem outro significado, pois o trabalho deixa de ser realizado em sentido exploratório, e passa a ter um sentido filosófico, intrínseco ao ser humano e sua busca por realização pessoal, alinhado com sua saúde física e mental.

Assim, a redução da jornada de trabalho não afeta apenas a produtividade das empresas e dos trabalhadores, mas também o direito social fundamental à saúde, que igualmente inserido nas relações de trabalho, o que é garantido por tratados internacionais e pela Constituição Federal. Nesse gizar, oportuno refletir sobre todos estes direitos fundamentais relacionados, fato que se pretende com o tópico que se iniciará.

---

[26] DELGADO, Mauricio Godinho. **Curso de Direito do Trabalho**. 18. ed. São Paulo: LTR 2019. p. 190-195.
[27] PIASNA, Agnieszka. SPIEGELAERE, Stan De. **Redução do Tempo de Trabalho: Para Alcançar o Equilíbrio Entre Vida Profissional e Vida Privada e a Igualdade de Gênero**. 2022. CirKula. Porto Alegre. p. 173-195.

Para tanto, na primeira subdivisão verifica-se a relação entre a jornada de trabalho e a produtividade, com foco no trabalhador e na sua capacidade de se adaptar às novas formas de trabalho, na segunda, aborda-se o eixo de equilíbrio necessário na relação vida-trabalho, bem como os impactos da redução da jornada laborativa na saúde do trabalhador brasileiro e os atos consequências para a sua trabalhabilidade.

3.1 Manutenção da Produtividade Laborativa: Apesar da Redução da Jornada Laboral

Em solo brasileiro, o governo de Getúlio Vargas foi o grande responsável pela industrialização do país, com a instalação da indústria de base com controle estatal, o incentivo ao investimento do capital da iniciativa privada na indústria do consumo. A promulgação da Consolidação das Leis Trabalhistas assegurou aos empregados normas reguladoras das relações de trabalho, como a jornada[28] de trabalho e garantiu a renda necessária para incentivar o consumo interno.[29]

Apesar da Revolução Industrial ter substituído (em algumas atividades) a mão de obra humana pelo maquinário existente à época, a evolução das relações de trabalho demonstra que a produtividade não está diretamente relacionada às horas trabalhadas. O que se sabe, em verdade, é que a partir da dedicação do ser humano às emoções, às relações e ao universo criativo, a construção de um novo paradigma de construção de riqueza é verificado, notoriamente porque a solução para problemas corporativos pode não aparecer durante a jornada de trabalho, mas sim, durante a execução de certo exercício físico ou uma tarefa doméstica.[30]

Nesse sentido, o trabalho realizado no século XX, considerado como obrigação, não tem como prosperar para o conceito de trabalho no

---

[28] Insta apontar, que não se pretende enfrentar questões legislativas, mas a produtividade alinhada ao período.
[29] INDUSTRIALIZAÇÃO ERA VARGAS – Geobrasil. Rodrigo Rodrigues. **Youtube**. 13 ago. 2020. (14 min) Disponível em: https://www.youtube.com/watch?v=Xiio_mxNIYo. Acesso em: 14 nov. 2023.
[30] SCHTEL, Soraia. SESI Conecta Saúde. **VIMEO**. transmitido em 10 mai. 2023. Publicado pelo SESI RS. Disponível em: https://player.vimeo.com/video/824258376. Acesso em: 29 jun. 2023.

futuro, que deve focar no desenvolvimento do indivíduo, conforme relata Domenico De Masi[31]:

> O trabalho também deve ser, obviamente, ensinado não mais como uma obrigação opressora, mas sobretudo como um prazer criativo estimulante. E a tudo isso se deve somar a necessidade, cada vez mais imprescindível, de ensinar também o *não trabalho*, ou seja, as atividades ligadas ao tempo livre, aos cuidados e às atenções.

Para o desenvolvimento e capacitação do trabalhador por essas novas óticas de atividade humana é que surge o foco na trabalhabilidade, visando aprimorar as habilidades pessoais para ocupação de novos postos de trabalho, realizando o desenvolvimento profissional humano paralelo ao desenvolvimento tecnológico.[32] Muito além do quantificativo em horas laboradas, o desenvolvimento da capacidade humana representa uma imensa oportunidade de melhoria no processo produtivo, independentemente da criação ou extinção de novos postos de trabalho e pelo surgimento de novas máquinas.

Essa quebra de paradigma – trabalho extenuante e excesso de produção – para labor necessário e produtivo suscita novas possibilidades ao direito, haja vista que a produtividade estará atrelada ao trabalhador que o realiza, e não necessariamente ao tempo (quantitativo) de sua realização. De toda sorte, no contexto deste estudo, *mister* rememorar que o desafio se acentua quando se contempla a realidade tupiniquim em termos legislativos, posto que a evolução da mesma ainda caminha de forma acanhada quando o assunto é produtividade, construindo através de linhas vagarosas suas considerações.

Não bastasse, percebe-se ainda, que a legislação trabalhista vigente, tal qual como no que se refere o *quantum* temporário, possui pouquíssima normatização no sentido de propiciar qualificação profissional ao trabalhador. Em uma sociedade pós-industrial, as novas

---

[31] DE MASI, Domenico. **O Ócio Criativo**. Rio de Janeiro: Sextante 2000. p. 281-282.
[32] FINCATO, Denise Pires. ALVES, Andressa Munaro. **Ócio Criativo e Trabalhabilidade: Novas Leituras de Domenico de Masi**. *In*: Novas Tecnologias, Processo e Relações de Trabalho: Volume V. 2022. Lex Editora. Porto Alegre. p. 19-24.

relações de trabalho demonstram a importância de uma preocupação maior com o trabalho humano e sua qualificação, não apenas com o (des)emprego.[33] Outrossim, como particularidade da seara trabalhista, as normatizações coletivas oportunizam a aproximação da situação fática das categorias com a legislação genérica e, por vezes, distante do objetivo que se busca para o trabalho do futuro.

Neste panorama, encontram-se como responsáveis pelo desenvolvimento do trabalhador qualificado, além da figura da empresa e da categoria (sindicato), o Estado, pois incentivar a geração de profissionais qualificados é incentivar a geração de resultado econômico.[34] E, por vias de consequência, observar ascensão econômica, tanto no que toca a vinculação do trabalhador com qualquer que seja a atividade, quanto a sua participação social, esta que, incentivada, desenvolver-se-á em contexto saudável.

Entende-se que o ser humano deve ter condições materiais para que se realize o aperfeiçoamento de suas práticas laborais, buscando a excelência de suas atividades, o que por fim deve gerar naturalmente resultado ao seu empregador, mas também cumprirá o propósito de dignificar a vida do empregado, que vive (e viverá) em busca de sua felicidade, independentemente do resultado obtido.[35]

3.2 Reflexos da Evolução Laboral: a Saúde do Empregado

No âmbito da saúde, a Constituição Federal de 1988, conhecida como Constituição Cidadã, foi a responsável pela introdução do capítulo de direitos sociais em âmago brasileiro, com o reconhecimento da necessidade de proteger o direito fundamental à saúde, conforme se

---

[33] NASCIMENTO, Amauri Mascaro. **Curso de Direito do Trabalho**. 29. ed. São Paulo: Saraiva, 2014. Ebook. p. 740-741.
[34] ALVES, Andressa Munaro. BELLO, Diego Sena. **Conjur**. Índices, números ou realidade? O futuro do trabalho encontra-se xeque. Disponível em: https://www.conjur.com.br/2023-nov-15/alves-bello-trabalho-encontra-se-xeque. Acessado em 17 nov. 2023.
[35] FILHO, Clóvis de Barros. CLÓVIS DE BARROS - Flow #175. Canal Flow Podcast. **Youtube**. Transmitido em 15 de fev. 2023. Disponível em: https://www.youtube.com/watch?v=mZnoZYyU5lI. Acesso em: 29 jun. 2023.

observa no artigo 6º do diploma legal.[36] Em razão disso, possui diversas passagens que comprova tal proteção, à título exemplificativo, têm-se o incentivo a relação entre o trabalho e a saúde, definindo em seu artigo 7º o direito do trabalhador à salário-mínimo fixado em lei, este que, como sonhado pelo constituinte na época de sua promulgação, deveria ser capaz de atender necessidades básicas, entre elas a saúde e a redução de riscos que possam afetar o empregado.[37]

Conforme a Organização para a Cooperação e Desenvolvimento Econômico (OCDE)[38], é necessário existir um equilíbrio vida-trabalho, onde a quantidade de horas que as pessoas passam na labuta é um aspecto importante. O trabalho realizado por longas horas resulta em piores índices de saúde e satisfação pessoal e profissional, fazendo com que ocorra um desequilíbrio da relação vida-trabalho. E não só. Elementar romper as barreiras que defendem que apenas altas cargas horárias podem apresentar um bom trabalho. O trabalho produtivo, qualificado e significativo, nada tem haver com excesso de jornada.

Mesmo porque, a realização de longas jornadas de trabalho podem prejudicar a saúde, pôr a segurança em risco, causar acidentes de trabalho – ou no trabalho – dependendo das atividades que se desempenha, e aumentar o estresse. Nesse sentido, a quantidade e a qualidade do tempo de lazer são importantes para o bem-estar geral das pessoas e podem trazer benefícios adicionais para a saúde física e mental.[39]

Na tentativa de estabelecer um princípio do equilíbrio necessário entre a vida profissional e a vida pessoal, cabe observar além do tempo

---

[36] BRASIL. **[Constituição (1988)].** Constituição da República Federativa do Brasil. Brasília, DF: Presidência da República, 1988. Disponível em: http://www.planalto.gov.br/ccivil_03/constituicao/constituicaocompilado.htm. Acesso em 27 de abr. 2023.

[37] BRASIL. **[Constituição (1988)].** Constituição da República Federativa do Brasil. Brasília, DF: Presidência da República, 1988. Disponível em: http://www.planalto.gov.br/ccivil_03/constituicao/constituicaocompilado.htm. Acesso em 27 de abr. 2023.

[38] Organização para a Cooperação e Desenvolvimento Econômico (OCDE). **Better Life Index.** Disponível em: https://www.oecdbetterlifeindex.org/pt/quesitos/work-life-balance-pt/. Acesso em 23 de mai. 2023.

[39] Organização para a Cooperação e Desenvolvimento Econômico (OCDE). **Better Life Index.** Disponível em: https://www.oecdbetterlifeindex.org/pt/quesitos/work-life-balance-pt/. Acesso em 23 de mai. 2023.

dispendido ao trabalho e a sua intensidade, uma vez que quanto maior o desgaste observado na execução da atividade, maior o período necessário para recuperação do indivíduo.[40]

Ademais, a exposição de empregados a longas horas de trabalho está associada a comportamentos pouco saudáveis, como consumo de álcool, fumar e falta de exercícios. O mesmo fator também gera impacto negativo para a saúde física das pessoas, como o desenvolvimento de doenças cardiovasculares e derrames.[41]

Segundo a OIT[42], cerca de 9% da população mundial está exposta a longas horas de trabalho, número este que aumentou em comparação entre 2000 e 2016, sendo este dado uma tendência que coloca os trabalhadores em risco de desenvolver incapacidades relacionadas ao trabalho e à morte prematura. Entretanto, conforme apontado, para que a redução da jornada de trabalho não cause mais estresse e pressão diante da produção em menor tempo, além da redução do quantitativo horário, deve haver autonomia do trabalhador para a efetiva produção no tempo disponível.[43]

Nesse sentido, visando evitar perdas de produtividade por interferências externas e acolher a experiência humana, as empresas devem investir na economia do cuidado para guiar a produtividade futura. Cuidar do empregado é saber quando cobrar produção e quando o

---

[40] PIASNA, Agnieszka. SPIEGELAERE, Stan De. **Redução do Tempo de Trabalho: Para Alcançar o Equilíbrio Entre Vida Profissional e Vida Privada e a Igualdadde de Gênero.** 2022. CirKula. Porto Alegre. p. 173-195.
[41] CAZES, Sandrine. e outros. (2022). "**Well-being, productivity and employment: Squaring the working time policy circle**", in: OECD Employment Outlook 2022: Building Back More Inclusive Labour Markets. Publlicado por OECD. Paris. Disponível em: https://doi.org/10.1787/608c59f1-en. Acessado em 28 de mai. 2023.
[42] ORAGANIZAÇÃO INTERNACIONAL DO TRABALHO. **Longas jornadas de trabalho podem aumentar as mortes por doenças cardíacas e derrames, de acordo com a OIT e a OMS.** Disponível em: https://www.ilo.org/brasilia/noticias/WCMS_792828/lang--pt/index.htm. Acesso em 23 de mai. 2023.
[43] CAZES, Sandrine, e outros. (2022). "**Well-being, productivity and employment: Squaring the working time policy circle**", in OECD Employment Outlook 2022: Building Back More Inclusive Labour Markets. Publlicado por OECD. Paris. Disponível em: https://doi.org/10.1787/608c59f1-en. Acessado em 28 de mai. 2023.

funcionário está pronto para entregar o resultado pretendido, reconhecendo momentos de dificuldade, seja por doenças ou qualquer outro fator incontrolável.[44]

Conforme De Masi, no futuro não será possível observar as atuais demarcações, chamadas por ele de fronteiras, entre a vida social, acadêmica e profissional. Todas as atividades humanas realizadas acabaram (e cada vez mais acabarão) acontecendo de forma simultânea, denominada pelo autor de "ócio criativo", de modo a proporcionar uma produtividade saudável no lugar de uma competitividade destrutiva. Dessa forma, o trabalho do futuro poderá se afastar da força de trabalho existente na época rural e industrial, aliviando o estresse aplicado sobre a classe operária.[45]

Para alcançar o trabalho do futuro, percebe-se a necessidade de contribuir para o desenvolvimento sustentável no Brasil e no mundo, onde a saúde e bem-estar é um dos principais objetivos propostos pela Organização das Nações Unidas (ONU), em conjunto com o compromisso de expansão econômica e a garantia de empregos plenos, produtivos e decentes.[46]

Nesse aspecto, o Direito do Trabalho pode (e deve) ser instrumento para propor alternativas legislativas capazes de acompanhar evoluções sociais, visando o desenvolvimento saudável dos trabalhadores. Se, por um lado, a legislação possui liturgia de criação lenta e morosa para as normatizações, por outro, a negociação coletiva ganha força para absorver as necessidades sociais das constantes mudanças nas relações de trabalho.

---

[44] SCHTEL, Soraia. SESI Conecta Saúde. **VIMEO**. Transmitido em 10 mai. 2023. Publicado pelo SESI RS. Disponível em: https://player.vimeo.com/video/824258376. Acesso em: 29 jun. 2023.
[45] MASI, Domenico de. **O Ócio Criativo**. Rio de Janeiro: Sextante 2000. p. 256-257.
[46] ONU. Organização das Nações Unidas. **Objetivos de Desenvolvimento Sustentável**. Disponível em: https://brasil.un.org/pt-br/sdgs. Acesso em: 14 nov. 2023.

4 CONSIDERAÇÕES FINAIS

Esse trabalho se propôs a responder se: A produtividade do trabalhador será sobrelevada em caso de redução temporal de sua jornada de trabalho? Existem reflexos positivos na saúde do trabalho que percebe a redução de sua jornada laborativa? Assim, a partir da aproximação do tema escolhido, verificou-se que sim, a redução da jornada de trabalho é capaz de elevar a produtividade saudável do trabalhador brasileiro.

Diante do impacto tecnológico que o mercado de trabalho sofreu pelo desenvolvimento de máquinas e as consequentes mudanças nos postos de trabalho, os empregados não foram extirpados da relação trabalhista, mas sim realocados em novas funções. Assim, surge a necessidade de trabalhar no desenvolvimento sustentável (saudável) dos trabalhadores.

A partir da evolução das relações laborais, percebe-se que a jornada de trabalho e o seu controle não estão diretamente ligados à produtividade do trabalhador, uma vez que vivendo na era da informação, se está constantemente conectado com o trabalho, até mesmo em momentos pessoais, sociais, de estudo e de lazer.

Nesse sentido, percebe-se a possibilidade de reduzir a jornada de trabalho visando gerar impactos positivos, tanto na vida dos trabalhadores, quanto na produtividade das empresas. Evidentemente que a redução deve estar acompanhada de um plano, onde tempos improdutivos da jornada de trabalho devem dar espaço para o aproveitamento da capacidade produtiva de cada indivíduo, pelo desenvolvimento de atividades dignificantes e com foco na trabalhabilidade.

Por isso que, pensando no futuro, todas as partes envolvidas na relação laboral precisam unir esforços em busca de um denominador comum, qual seja: a produtividade saudável. Muito além de aspectos legislativos trabalhistas, essa evolução busca atingir impactos em diversas áreas sociais, tais como a saúde, o lazer, e até mesmo as causas ambientais que são consequências da produção desenfreada de itens descartáveis.

Portanto, se mostra necessário o apoio constante das entidades de direito coletivo, pois a resposta para a evolução das relações de trabalho será mais rápida a partir dos acordos ou convenções coletivas. Ainda, outro aspecto que deve ser trabalhado é a iniciativa política e social, considerando a importância nacional de desenvolver profissionais qualificados e saudáveis. Isto porque, a partir do desenvolvimento de suas trabalhabilidades, estas irão impulsionar resultados ao país, no que se refere ao crescimento econômico, naturalmente gerando, o citado equilíbrio entre a relação vida-trabalho.

REFERÊNCIAS

2° REVOLUÇÃO INDUSTRIAL – Geobrasil. Rodrigo Rodrigues. **Youtube**. 8 abr. 2020. (9 min). Disponível em: https://www.youtube.com/watch?v=saGcsbUn-BQ. Acessado em: 14 nov. 2023.

ALVES, Andressa Munaro. **A Trabalhabilidade como Direito Social Fundamental: o critério da ponderação como alternativa à sua realização**. Livraria do Advogado. Porto Alegre, 2023.

ALVES, Andressa Munaro. BELLO, Diego Sena. **Conjur**. Índices, números ou realidade? O futuro do trabalho encontra-se xeque. Disponível em: https://www.conjur.com.br/2023-nov-15/alves-bello-trabalho-encontra-se-xeque. Acessado em 17 nov. 2023.

ARAÚJO, Francisco Rossal. Palestra 80 Anos da CLT. FIERGS. Porto Alegre, jun. 2023.

BERNARDINI, Marina. **TRT4**. A história do Direito do Trabalho e a evolução do Direito do Trabalho no Brasil. Disponível em: https://www.trt4.jus.br/portais/escola/modulos/noticias/415206. Acesso em: 2 nov. 2023.

BRASIL. **[Constituição (1934)]**. Constituição da República dos Estados Unidos do Brasil. Disponível em: https://www.planalto.gov.br/ccivil_03/constituicao/constituicao34.htm. Acesso em 27 de abr. 2023.

BRASIL. **[Constituição (1988)]**. Constituição da República Federativa do Brasil. Brasília, DF: Presidência da República, 1988. Disponível em: http://www.planalto.gov.br/ccivil_03/constituicao/constituicaocompilado.htm. Acesso em 27 de abr. 2023.

BRASIL. **Decreto-Lei nº 5.452, de 1º de maio de 1943**. Aprova a Consolidação das Leis do Trabalho. Rio de Janeiro: Presidência da República, 1943. Disponível em: https://www.planalto.gov.br/ccivil_03/decreto-lei/del5452.htm. Acesso em 27 de abr. 2023.

BRASIL. Senado Federal. **Proposta de Emenda à Constituição nº 231, de 1995**. Reduz a carga horária máxima semanal de 44 para 40 horas e aumenta o valor da hora extra de 50% do valor normal para 75%. Brasília, DF: Senado Federal, 2019. Disponível em: https://www.camara.leg.br/propostas-legislativas/14582. Acesso em 27 de abr. de 2023.

CALVETE, Cassio da Silva. **Redução da Jornada de Trabalho**: Uma Análise Econômica para o Brasil. 2006. Tese (Doutorado) – Curso de Economia, Universidade Estadual de Campinas (UNICAMP), Campinas, 2006.

CAZES, Sandrine. e outros. (2022). "**Well-being, productivity and employment: Squaring the working time policy circle**", *In*: OECD Employment Outlook 2022: Building Back More Inclusive Labour Markets. Publlicado por OECD. Paris. Disponível em: https://doi.org/10.1787/608c59f1-en. Acessado em 28 de mai. 2023.

DE MASI, Domenico. **O Ócio Criativo**. Rio de Janeiro: Sextante 2000.
DE PAULA, Carlos Alberto Reis. Palestra 80 Anos da CLT. FIERGS. Porto Alegre, jun. 2023.

DELGADO, Mauricio Godinho. **Curso de Direito do Trabalho**. 18. ed. São Paulo: LTR 2019.

DIEESE. DEPARTAMENTO INTERSINDICAL DE ESTATÍSTICA E ESTUDOS SOCIOECONÔMICOS. **Nota técnica nº 57, 2010**. Disponível em: https://www.dieese.org.br/notatecnica/2007/notatec57JornadaTrabalho.html. Acesso em 09 de mai. 2023.

FILHO, Clóvis de Barros. CLÓVIS DE BARROS - Flow #175. Canal Flow Podcast. **Youtube**. Transmitido em 15 de fev. 2023. Disponível em: https://www.youtube.com/watch?v=mZnoZYyU5lI. Acesso em: 29 jun. 2023.

FINCATO, Denise Pires. ALVES, Andressa Munaro. Trabalhabilidade como bússola orientadora ao topo da pirâmide de Maslow. **Revista**

Científica Multidisciplinar Núcleo do Conhecimento. Ano. 07, Ed. 08, Vol. 05. ago. 2022. Disponível em: https://www.nucleodoconhecimento.com.br/ciencias-sociais/piramide-de-maslow. Acesso em: 10 jan. 2023.

FINCATO, Denise Pires. ALVES, Andressa Munaro. **Ócio Criativo e Trabalhabilidade: Novas Leituras de Domenico de Masi.** *In*: Novas Tecnologias, Processo e Relações de Trabalho: Volume V. 2022. Lex Editora. Porto Alegre.

INDUSTRIALIZAÇÃO ERA VARGAS – Geobrasil. Rodrigo Rodrigues. **Youtube.** 13 ago. 2020. (14 min) Disponível em: https://www.youtube.com/watch?v=Xiio_mxNIYo. Acesso em: 14 nov. 2023.

LEITE, Carlos Henrique Bezerra. **Curso de direito do trabalho.** 15. ed. São Paulo: Saraiva, 2023. E-book.

MARTINEZ, Luciano. **Curso de direito do trabalho.** ed. 14. São Paulo: SaraivaJur, 2023.

MARTINS, Sérgio Pinto. **Direito do trabalho.** 39. ed. São Paulo: Saraiva, 2023. E-book.

NASCIMENTO, Amauri Mascaro. **Curso de Direito do Trabalho.** 29. ed. São Paulo: Saraiva, 2014. E-book.

OCDE. Organização para a Cooperação e Desenvolvimento Econômico. **Better Life Index.** Disponível em: https://www.oecdbetterlifeindex.org/pt/quesitos/work-life-balance-pt/. Acesso em 23 de mai. 2023.

OIT. ORAGANIZAÇÃO INTERNACIONAL DO TRABALHO. **Longas jornadas de trabalho podem aumentar as mortes por doenças cardíacas e derrames, de acordo com a OIT e a OMS.** Disponível em: https://www.ilo.org/brasilia/noticias/WCMS_792828/lang--pt/index.htm. Acesso em 23 de mai. 2023.

OIT. ORGANIZAÇÃO INTERNACIONAL DO TRABALHO. **OMS e OIT pedem novas medidas para enfrentar os problemas de saúde mental no trabalho.** Disponível em: https://www.ilo.org/brasilia/noticias/WCMS_857127/lang--pt/index.htm. Acesso em: 24 de nov. de 2023.

ONU. **Declaração Universal dos Direitos Humanos**: Adotada e proclamada pela Assembleia Geral das Nações Unidas (resolução 217 A III) em 10 de dezembro 1948. Disponível em: https://www.unicef.org/brazil/declaracao-universal-dos-direitos-humanos. Acesso em: 26 de mai. 2023.

ONU. Organização das Nações Unidas. **Objetivos de Desenvolvimento Sustentável**. Disponível em: https://brasil.un.org/pt-br/sdgs. Acesso em: 14 nov. 2023.

PIASNA, Agnieszka. SPIEGELAERE, Stan De. **Redução do Tempo de Trabalho: Para Alcançar o Equilíbrio Entre Vida Profissional e Vida Privada e a Igualdadde de Gênero**. 2022. CirKula. Porto Alegre.

ROMAR, Carla Teresa Martins. LENZA, Pedro. **Direito do trabalho**. 8. ed. São Paulo: Saraiva, 2022. E-book.

SCHTEL, Soraia. SESI Conecta Saúde. **VIMEO**. Transmitido em 10 mai. 2023. Publicado pelo SESI RS. Disponível em: https://player.vimeo.com/video/824258376. Acesso em: 29 jun. 2023.

DOI: 10.5281/zenodo.14017467

CONVERSANDO SOBRE O DIREITO DAS MULHERES

VIOLÊNCIA PSICOLÓGICA E FÍSICA CONTRA A MULHER: A BANALIZAÇÃO NA SOCIEDADE CONTEMPORÂNEA

13

Luciana Simon de Paula Leite[1]

  Presenciamos, particularmente nos últimos anos, intensa atividade legislativa no cenário federal voltada à proteção dos direitos humanos das mulheres. A locomotiva legiferante embora se movimente fortemente, albergando pautas que são relevantes, é incapaz, todavia, de alterar o que é crucial: a efetiva inclusão da mulher na qualidade de ocupante de cargos onde haja expressão de poder estatal, especialmente no legislativo, para apropriada representatividade da maior parcela da população brasileira,[2] de gênero justamente feminino.

  Os dados atuais a propósito da composição de mulheres no congresso nacional revelam que apenas 18% dos parlamentares assim se classificam, com aprovação de temas concernentes às mulheres de modo

---

[1] Residente e domiciliada em São Paulo Capital, ocupa o cargo de Juíza de Direito Titular I da 5ª Vara da Família e Sucessões do Foro Regional de Santana-São Paulo - Capital. Integra há 30 (trinta) anos os quadros da magistratura paulista, possuindo especialização em Direito de Família e Sucessões pela EPD, cursando mestrado na PUC/SP na atualidade. Ostenta as seguintes obras publicadas: "Para Nossas Meninas", Editora Autografia, 2021; "Mulheres, um grito de socorro", obra coletiva, Editora Leader, 2023; "Magis de direito debates jurídicos contemporâneos, vol 1", obra coletiva, Assoc Guimarães de Estudos Jurídicos, 2023; "Direito, arte e educação", obra coletiva, Editora Navida, 2023, e-book. É colunista há mais de um ano do portal digital Magis, escrevendo sobre Direito das Mulheres.

[2] IBGE, Instituto Brasileiro de Geografia e Estatística. **Panorama do Censo 2022.** 2023. Disponível em: www.censo2022.ibge.gov.br. Acesso em: 18 abr. 2024.

concentrado em semanas temáticas, com ênfase em março (mês internacional da mulher)[3]. Esforços são despendidos por bancadas femininas compostas por deputadas e senadoras de partidos diversos para articulação e aprovação de projetos, tais como ocorreu com o correspondente à inclusão de mulheres vítimas de violência doméstica e familiar e de tipificação de violência psicológica cometida por meio de inteligência artificial.

Os obstáculos a serem transpostos pela bancada feminina no congresso são variados e albergam a questionável exigência de que haja consenso para inclusão de pauta na Câmara, o que inexiste em relação a outros temas, que são aprovados por maioria, à míngua do aludido consenso.

Ainda que consideremos necessários e benéficos os diplomas legais editados, em verdade não externam efetividade no âmbito material, como é imperioso que se faça. Continuamos com índices alarmantes de feminicídios (consoante o Fórum Brasileiro de Segurança Pública, em 2023 1.463 mulheres foram vítimas de feminicídio no Brasil, maior número registrado desde a tipificação do delito em 2015).[4]

No que concerne à violência sexual contra a mulher, especificamente estupro e estupro de vulnerável, por cem mil mulheres em 2022, a taxa nacional foi de 63,2,[5] o maior número de estupros da história. Das vítimas, 61,4% tinham no máximo treze anos.[6]

Em 2023, a cidade de São Paulo, maior do país, teve recorde de estupros e queda histórica de homicídios[7] de onde extraímos a conclusão que, a despeito da atuação da bancada feminina de parlamentares que compõem timidamente o congresso nacional, os crimes sexuais estão ocorrendo com maior frequência no seio social.

---

[3] SOARES, Gabriella. **Congresso em Foco.** 2024. Disponível em: www.congressoemfoco.uol.com.br. Acesso em: 18 abr. 2024.
[4] FOLHA DE SÃO PAULO. **Folha de São Paulo.** 2024. Disponível em: www1.folha.uol.com.br. Acesso em: 18 abr. 2024.
[5] FBSP, Fórum Brasileiro de Segurança Pública. **Fórum Brasileiro de Segurança Pública.** 2024. Disponível em: www.forumseguranca.org.br. Acesso em: 18 abr. 2024.
[6] PAIVA, Deslange; STABILE, Arthur; HONÓRIO, Gustavo. **G1.** 2023. Disponível em: www.g1.globo.com. Acesso em: 18 abr. 2024.
[7] BOCCHINI, Bruno. **Agência Brasil.** 2024. Disponível em: www.agenciabrasil.ebc.com.br. Acesso em: 18 abr. 2024.

De ver-se que a exposição de dados públicos é relevante para que nos situemos na conjuntura global e possamos meditar a respeito do que é imprescindível modificar para superação de tanta violência.

Violência contra a mulher, traduzida por inúmeras condutas e distintas formas de verificação, não é, contudo, um fenômeno exclusivamente doméstico, mas que ultrapassa nossas fronteiras, como reiteradamente observamos.

Se isso é veraz, por um lado, sob outro ângulo não podemos nos isentar de responsabilidade pelo deplorável título de encontrarmo-nos na *quinta posição do ranking mundial de feminicídio*,[8] consoante dados da Organização Mundial da Saúde (OMS), ficando atrás tão somente de El Salvador, Colômbia, Guatemala e Federação Russa (dados de abril de 2016).[9] Não é excessivo consignar que, tendo em vista a concentração da violência doméstica e familiar no período pandêmico (covid-19) e em harmonia com o noticiado amplamente pelos meios de comunicação, o aludido status pode até mesmo haver sido superado na atualidade, para quadro mais comprometido.

Não há como se refutar que a cultura patriarcal instalada e também desenvolvida no Brasil incentiva e reproduz as inescusáveis desigualdades entre gêneros, dentre as múltiplas que se consolidaram em larga escala no cotidiano de nosso território.

Mas há de se voltar a atenção para a vítima de violência doméstica com mais vagar, inclusive com o amparo da ciência, a fim de identificarmos os incontáveis fatores que concorrem para a instalação de tão nefasto contexto de relacionamentos tóxicos interpessoais, quando não fatais. Por onde, então, começaria o ciclo da violência que, em sua escalada surpreendente, ceifa vidas nos mais díspares extratos sociais?

De acordo com o que é possível apreender, a violência psicológica se mostra inarredável e inaugural nos relacionamentos caracterizados pela perpetração de diversas formas de violência em detrimento do

---

[8] AGÊNCIA FUSE COMUNICAÇÃO. Violência contra a mulher: Brasil é o 5º país com maior número de feminicídio. **UNALE – União Nacional dos Legisladores e Legislativos Estaduais.** 2019. Disponível em: www.unale.org.br. Acesso em: 18 abr. 2024.

[9] NAÇÕES UNIDAS, Brasil. Disponível em: www.brasil.un.org. Acesso em: 18 abr. 2024.

gênero feminino. Extremamente complexo que se imagine uma agressão física, exemplificativamente, sem a precedente violência psicológica por intermédio da qual o sentimento raivoso de quem se dirige à mulher teve vazão. Por conseguinte, violência psicológica é uma constante em relacionamentos tóxicos, podendo os últimos se desenvolver com a intensificação da violência perpetrada diretamente contra a vítima (violência sexual, física), ou não.

Atente-se para o fato de que a atual redação do artigo 18, parágrafo quarto da Lei Maria da Penha (Lei 11.340/06) preconiza que as medidas protetivas de urgência serão concedidas em juízo de cognição sumária a partir do depoimento da ofendida perante a autoridade policial ou da apresentação de suas alegações escritas e poderão ser indeferidas no caso de avaliação pela autoridade de inexistência de risco à integridade física, psicológica, sexual, patrimonial ou moral da ofendida ou de seus dependentes (redação outorgada pela Lei 14.550/23). Isso significa dizer inversão do ônus probatório, incumbindo à autoridade a convicção (e prévia constatação) de ausência de risco para rejeitar o pedido de medida protetiva. Logo, frente ao relato de violência psicológica pela vítima, a medida protetiva deve ser outorgada de plano, ressalvados elementos probatórios firmes e coerentes que a rejeitem, os quais não deverão ser produzidos pela vítima.

Em pesquisa de cunho psicológico consubstanciada na escuta qualificada e cinco mulheres que sofreram agressão física em relação amorosa já rompida,[10] lançou-se que os resultados obtidos elucidaram que a vulnerabilidade e a persistência de mulheres em relações abusivas e violentas estão embasadas em uma *forma identitária de amar*, que se conformou histórica e culturalmente. A criação de novos caminhos identitários foi sugerida como primordial, além da interrupção da violência, *excluindo-se* a restrição ao atendimento de expectativas e desenvolvimento de papéis voltados à detenção de *beleza, exercício de atividades de cuidado e sentimento de amor* pelas mulheres. Foram detectados nos relatos das entrevistadas sentimentos de *culpa, vergonha,*

---

[10] MAGALHÃES, Bruna Maia; ZANELLO, Valeska; FERREIRA, Iara Flor Richwin, Afetos e Emocionalidades em Mulheres que Sofreram Violência por Parceiro Íntimo. **Universidade de Brasília,** Psicologia Clínica. Disponível em: www.researchgate.net. Acesso em: 18 abr. 2024. Páginas 17, 18, 23 e 24.

auto responsabilização pelo comportamento do parceiro, com a frequente *redução de rede de apoio e isolamento social*, decorrentes os dois últimos fatores quer da influência ativa dos homens, quer do constrangimento que as mulheres sentem ao mencionarem o assunto. Nos casos em que vítimas narraram percepção de violência física, apurou-se expressiva diminuição da rede de apoio. Apesar de dividirem as experiências com terceiros próximos, as vítimas acabaram por se absterem em continuar a partilhar tais relatos sob a percepção do "cansaço" daqueles com a circunstância de continuarem nos relacionamentos. *Agressor e vítima se fecham em um sistema*, tornando-se muitas vezes o homem a única referência de apoio afetivo para a vítima. O silêncio social sobre a violência contra a mulher foi intitulado como agravante de risco e possivelmente, da vergonha das vítimas em comentarem suas experiências. *A idealização do amor romântico* também foi apontada como relevante para a perpetuação e agravamento de relações consumadas com a presença de violência doméstica. É o amor que "tudo justifica, tudo suporta e tudo atravessa". Aludida forma de amar foi declinada pelas autoras como fruto de tecnologias de gênero e aprendizagem do amor como o cerne identitário das mulheres (Zanello, 2018). Partindo-se da premissa de existência de fatores subjetivos e emocionalidades das mulheres, dispositivos amoroso e materno das mesmas, concluiu-se que quanto ao primeiro tema ("satisfação narcísica de ser escolhida e especial"), o fato das mulheres "serem eleitas" por um homem e terem a sensação de ocuparem um lugar importante e insubstituível para ele, surgiu como elemento central que contribuiu para a entrada, persistência e dificuldade de ruptura de relações íntimas violentas. O segundo tema ("formas de violência") revelou diferentes maneiras de manipulação dos afetos e de manifestação da violência em relacionamentos íntimos, destacando-se *na violência física e sexual a desqualificação, a humilhação e o "controle com carinho"*. O terceiro tema ("afetos mobilizados") discutiu os principais afetos e sentimentos expressados pelas mulheres diante da violência e da captura pela satisfação narcísica: *o isolamento e solidão, a culpa e a vergonha que contribuem para a perpetuação do ciclo da violência*. O quarto tema ("o amor da minha vida: idealização do amor romântico") abordou a idealização do amor romântico e seu potencial de vulnerabilizar mulheres, *levando-as a priorizar os homens e as relações em detrimento de si mesmas e a manter-se em situações em que são humilhadas e violentadas em nome de um suposto amor que tudo enfrenta, justifica e supera.* O derradeiro tema ("o descentramento do amor romântico e a entrada do terceiro: possíveis vias de saída") evidenciou como o descentramento do amor romântico e o investimento em si mesma e em projetos fora da esfera amorosa podem funcionar como importantes fatores protetivos. Constatou-se que *o ingresso de outras pessoas nas relações amorosas é essencial para que mulheres consigam romper o cerco de violência e isolamento,* recomendando-se que o Estado atue como terceiro.

Do elucidativo artigo supracitado é possível extrair, em suma, que o meio identitário de subjetivação feminino – de qualificação de uma mulher no sentido de sentir-se aceita, "vencedora", "bem sucedida" socialmente, detentora de atributos, sob completude – resulta fortemente da entabulação e manutenção de relações íntimas de afeto. Por evidência, esse estado não se dissocia da carga histórica e cultural que é transmitida às mulheres de geração em geração, do processo educativo e do meio social em que cresceram e vivem. Porém, o cerne da problemática reside no fato de que, ao precisarem ser validadas em tais relacionamentos, os quais são desenvolvidos *sem igualdade,* considerando as próprias mulheres seus companheiros, cônjuges ou namorados como *prioritários,* findam por consubstanciar facilmente alvo de violência, instaurando-se o respectivo ciclo.

Ao refletirmos sobre a violência física que não raras vezes é escalonada para a eclosão do feminicídio, é legítima a percepção de que a violência psicológica figura como antecedente corriqueiro. A desqualificação da mulher, a ausência de polidez no tratamento, a altercação verbal consistente em gritos e gestos intempestivos eficazmente intimidam e deterioram sentimentos de autonomia e autoestima da vítima, abrindo ensanchas ao recrudescimento da violência.

É pertinente, em sede reiterada, consignar que a detecção dos mecanismos que resultam no surgimento de violência doméstica e familiar nos faz concluir no sentido da imprescindibilidade de aplicação da legislação vigente e convenções internacionais incorporadas pelo ordenamento jurídico pátrio, ie protocolo para julgamento sob perspectiva de gênero do CNJ (2021) para que nos aproximemos, ao menos, do ideal de igualdade substancial entre homens e mulheres. Isso, todavia, não significa afirmar que mulheres podem cometer atos ilícitos e serem isentas das consequências legais pelo gênero que apresentam. Não se trata de salvaguarda para que todas nós tenhamos indevidos privilégios ou sejamos alijadas das sequelas dos atos que livre e conscientemente praticarmos, os quais infrinjam a ordem normativa. Aqui é conveniente mencionarmos a Lei de Alienação Parental, intitulada por vários profissionais da área jurídica como sexista, quando na verdade configura simples instrumento legislativo para enfrentamento de hipótese altamente problemática, cuja configuração no plano empírico ocorre com frequência. O que em verdade se impõe é que o direito de convivência e a atribuição de guarda em definitivo aos cotitulares do poder familiar, nos moldes do artigo 1634 do CC (ou autoridade parental), em situações onde haja denúncia de violência doméstica e familiar pela mulher, sejam disciplinados de modo responsável, sob o crivo do contraditório, ampla defesa e com farta produção probatória, averiguando-se *os aspectos alusivos aos reflexos psicológicos em desfavor das crianças e adolescentes que a percepção da violência contra a ascendente porventura produzam*. Inexiste , todavia, qualquer razoabilidade no raciocínio de que a denúncia de violência doméstica por si só já implicaria em afastamento definitivo do outro genitor (gênero masculino), quer perante a casuística material, quer pela falsa premissa de que a imputação já configuraria comprovação cabal de incapacidade para o exercício dos atributos do poder parental, objetivamente (isso sem cogitarmos falsas denúncias, plausíveis de verificação e ressalvas legais) .Lembremos, ademais, que a Lei 13.431/17 (que disciplina depoimento especial e escuta especializada de crianças e adolescentes) preconizou que a alienação parental também configura violência psicológica contra o incapaz (artigo 4º , inciso II, "b") e mesmo que revogada a Lei de Alienação Parental , em trâmite atualmente no Congresso Nacional projeto de lei a propósito, o ato de alienação parental, devidamente comprovado, continuará a figurar como ato ilícito perante os ditames do Código Civil e o direito fundamental de crianças e adolescentes em conviverem com seus familiares (artigo 227 da Constituição Federal).

Sob outro turno, o conceito de violência vicária, perpetrada pelo genitor contra os filhos incapazes quando impossibilitado de atingir diretamente a mulher/mãe, é relevante e deve ser compatibilizado no sistema jurídico de forma a se apreciar o caso concreto individualmente, com as devidas cautelas e mediante plena aferição das provas trazidas ao feito.

Concluímos, dessarte, que os meios de superação da verdadeira banalização da violência doméstica, em especial a de natureza extremamente gravosa como é a peculiar ao feminicídio, não abstrai a imprescindibilidade do legítimo empoderamento feminino com assunção de cargos de representatividade popular por mulheres, meio hábil a eficaz implementação de políticas públicas para prevenção, atendimento de vítimas e repressão aos delitos concernentes a violência doméstica, bem como nos remete à mudança de paradigmas estéticos, etários e relacionais (atente-se ao fato que em 2022, 61,4% das vítimas de estupro tinham no máximo treze anos, com maior dificuldade de ostentação de crítica e mecanismos de autodefesa), quebra do silêncio coletivo sobre a violência doméstica, estímulo às redes de apoio em benefício das mulheres vítimas de violência, conjuntamente com a prestação de serviços multidisciplinares e protagonismo do Estado como terceiro elemento hábil a intervir para interrupção do ciclo de violência contra mulheres, evitando-se, de tal sorte, a catastrófica continuidade dos índices nacionais de feminicídio.

REFERÊNCIAS

AGÊNCIA FUSE COMUNICAÇÃO. Violência contra a mulher: Brasil é o 5º país com maior número de feminicídio. **UNALE – União Nacional dos Legisladores e Legislativos Estaduais.** 2019. Disponível em: www.unale.org.br. Acesso em: 18 abr. 2024.

BOCCHINI, Bruno. **Agência Brasil.** 2024. Disponível em: www.agenciabrasil.ebc.com.br. Acesso em: 18 abr. 2024.

FBSP, Fórum Brasileiro de Segurança Pública. **Fórum Brasileiro de Segurança Pública.** 2024. Disponível em: www.forumseguranca.org.br. Acesso em: 18 abr. 2024.

FOLHA DE SÃO PAULO. **Folha de São Paulo.** 2024. Disponível em: www1.folha.uol.com.br. Acesso em: 18 abr. 2024.

IBGE, Instituto Brasileiro de Geografia e Estatística. **Panorama do Censo 2022.** 2023. Disponível em: www.censo2022.ibge.gov.br. Acesso em: 18 abr. 2024.

MAGALHÃES, Bruna Maia; ZANELLO, Valeska; FERREIRA, Iara Flor Richwin, Afetos e Emocionalidades em Mulheres que Sofreram Violência por Parceiro Íntimo. **Universidade de Brasília,** Psicologia Clínica. Disponível em: www.researchgate.net. Acesso em: 18 abr. 2024.

NAÇÕES UNIDAS, Brasil. Disponível em: www.brasil.un.org. Acesso em: 18 abr. 2024.

PAIVA, Deslange; STABILE, Arthur; HONÓRIO, Gustavo. **G1.** 2023. Disponível em: www.g1.globo.com. Acesso em: 18 abr. 2024.

SOARES, Gabriella. **Congresso em Foco.** 2024. Disponível em: www.congressoemfoco.uol.com.br. Acesso em: 18 abr. 2024.

SEGURANÇA PÚBLICA E CIDADANIA

A LAVRATURA DO TERMO CIRCUNSTANCIADO DE OCORRÊNCIA (TCO) PARA ALÉM DA POLÍCIA JUDICIÁRIA

14

Bruno Coelho Da Paz Mendes[1]

O Termo Circunstanciado de ocorrência (TCO) ou, simplesmente, Termo Circunstanciado (TC), constitui-se em um procedimento policial de natureza administrativa que tem como principal finalidade a apuração de crimes de menor potencial ofensivo[2], isto é, a comprovação da autoria e da materialidade de crimes cujas penas máximas não sejam superiores a 02 (dois) anos, cumuladas ou não com multa, e das contravenções penais, estas, por sua vez, positivadas no Decreto-Lei nº 3.688 de 3 de outubro de 1941, também conhecido como "Lei das Contravenções Penais"[3].

A expressão "autoridade policial", por sua vez, traz posicionamentos diversos na doutrina, em especial pelo fato de o Código de Processo Penal fazer menção a "autoridades policiais"[4], remetendo-nos, automaticamente, à autoridade policial judiciária (civil e federal) e à autoridade policial militar, sendo representadas pelos Delegados de Polícia e pelos Oficiais de Polícia Militar, respectivamente.

Pelo fato de o termo circunstanciado de ocorrência estar sujeito aos ritos da Lei nº 9.099/1995, a autoridade policial que tomar conhecimento da ocorrência de contravenção penal ou de crime de menor potencial ofensivo lavrará o termo e encaminhará o autor do fato

---

[1] Advogado criminalista e Professor universitário. Ex-policial. Especialista em Segurança Pública, Especialista em Ciências Criminais. Mestrando em Direito.
[2] Art. 61, da Lei nº 9.099/1995.
[3] Decreto-Lei nº 3.688 de 3 de outubro de 1941.
[4] Art. 301, *caput*, do Código de Processo Penal.

imediatamente ao Juizado, bem como a vítima da infração penal, providenciando-se as requisições dos exames periciais necessários[5].

Note que, diante da prática de contravenções penais e crimes de menor potencial ofensivo, não há a necessidade de instauração de inquérito policial, a ser presidido pelo Delegado de Polícia, procedimento este que, embora tenha também natureza administrativa, é mais invasivo e pode resultar ainda na privação da liberdade do investigado, a ser decretada pelo juiz, por requisição do Ministério Público ou a requerimento da autoridade policial.

Nesse sentido, tendo em vista a natureza do termo circunstanciado, acerca da apuração de crimes de menor potencial ofensivo e das contravenções penais, prescreve a Lei do Juizado Especial Criminal (Lei nº 9.099/95) que após a sua lavratura, não se imporá prisão em flagrante, nem se exigirá fiança daquele que for imediatamente encaminhado ao Juizado ou assumir o compromisso de a ele comparecer e, sendo o caso de violência doméstica, o juiz poderá determinar seu afastamento do lar, domicílio ou local de convivência com a vítima[6].

Apesar de se tratar, para a maioria da doutrina, de um procedimento meramente administrativo de apuração de contravenções penais e crimes de menor potencial ofensivo, que prescinde da participação da autoridade policial, é dizer, Delegado de Polícia Judiciária, Nestor Távora[7] entende que é injustificável considerá-lo um procedimento não investigativo, ainda que dotado de simplicidade e, por esse motivo, seria de competência exclusiva da polícia judiciária, considerando, ainda, injustificável o fato de o termo circunstanciado de ocorrência poder ser lavrado pelo Poder Judiciário.

Por outro lado, o excelentíssimo Ministro Roberto Barroso entende que o termo circunstanciado de ocorrência pode ser lavrado pela autoridade judicial ou pela autoridade policial, não havendo preferência legal em nosso ordenamento jurídico, embora seja mais comum que, na prática, a lavratura do termo seja realizada pela autoridade policial, no âmbito da delegacia de polícia judiciária[8].

---

[5] Art. 69, da Lei nº 9.099/1995.
[6] Art. 69, parágrafo único, da Lei nº 9.099/1995.
[7] TÁVORA, Nestor; ALENCAR, Rosmar Rodrigues.
[8] ADI 5637/MG. Rel. Min. Edson Fachin – julgado em 14.03.2022.

Ademais, para o Supremo Tribunal Federal (STF), não se trata, o termo circunstanciado de ocorrência, de um ato de investigação ou de competência única da polícia judiciária. Assim, entende a Corte Suprema que a lavratura do termo circunstanciado não é procedimento investigativo, mas tão somente uma espécie de registro de ocorrência (boletim de ocorrência) melhor elaborado, não havendo, assim, restrição para que outros órgãos o confeccionem[9].

A polícia judiciária não detém exclusividade para a investigação criminal, pois é possível que ela seja realizada pelo órgão do Ministério Público. Assim sendo, o entendimento fixado pelo Supremo Tribunal Federal prioriza a proteção das vítimas de infrações penais e seus direitos individuais, desfazendo a disputa de prerrogativas entre órgãos públicos.

Por conseguinte, a Procuradoria-Geral da República (PGR) entende que não há respaldo constitucional para a ampliação de prerrogativas da polícia judiciária, especialmente no caso de infrações de menor potencial ofensivo que, conforme a Lei nº 9.099/1995, dispensam o inquérito policial[10].

Desse modo, em alguns Estados da Federação, a Polícia Militar, órgão responsável pelo policiamento ostensivo e que, por essa natureza, tem um contato maior com a prática de crimes, já atua na confecção do termo circunstanciado de ocorrência, como é o caso da Polícia Militar dos Estados do Piauí, Santa Catarina e Rio Grande do Sul, dentre outros.

A Polícia Militar tem maior atuação em crimes considerados menos complexos, isto é, mais simples, os chamados "crimes de rua", a exemplo das contravenções penais, dos crimes que envolvam o porte de drogas para consumo próprio[11], e outros crimes cujas penas máximas não ultrapassam a 02 (dois) anos, em especial em casos de flagrante delito, nos quais já resta previamente demonstrada a autoria e a materialidade da infração penal, lavrando-se, então, o termo circunstanciado de ocorrência, sem a necessidade de mobilização da estrutura da polícia civil.

---

[9] STF – Pleno – ADI nº 3807/DF – Rel. Min. Cármen Lúcia – julgado em 20.06.2020.
[10] ADI 5637/MG, *apud.*
[11] Art. 28, da Lei nº 11.343/2006.

A confecção do TCO pela Polícia Militar, por exemplo, além de trazer mais celeridade para a persecução criminal, desafogando o Sistema de Justiça Criminal, constitui um dos ideais propostos pelo "Ciclo Completo de Polícia", no qual uma única instituição policial é, suficientemente, competente para a realização das atividades de prevenção, repressão e investigação[12]. Além disso, é importante ressaltar que em diversas polícias militares é exigido que o candidato ao cargo/patente de Oficial seja bacharel em Direito.

Ademais, note que, conforme mencionado anteriormente, a confecção do termo circunstanciado de ocorrência não é atividade investigativa (ADI nº 3807/DF), mas sim um simples procedimento de apuração criminal acerca da autoria e da materialidade nas infrações penais de menor potencial ofensivo e nas contravenções penais.

A propósito, as Ações Declaratórias de Inconstitucionalidade (ADI 3807/DF e ADI 5637/MF), aqui mencionadas, é que fizeram com que fosse coloca em pauta, na Suprema Corte, essa grande polêmica acerca da confecção de termo circunstanciado de ocorrência por outros órgãos policiais além da polícia judiciária, propostas em razão da forte oposição da Associação dos Delegados de Polícia do Brasil (ADEPOL), ou seja, dos próprios agentes públicos que realizam a atividade de persecução penal. Difícil de entender!

Sem embargos acerca do mérito da lavratura do TCO, o que de fato preocupa é que todos órgãos que integram o sistema de justiça criminal, quais sejam: Polícia, Ministério Público, Poder Judiciário e Sistema Prisional, além de terem um elevado déficit de servidores em seus quadros próprios, possuem uma altíssima demanda criminal, cada um em sua área de atuação, porém com propósito único: o de fazer valer a aplicação da lei penal.

Acredito que a lavratura de termo circunstanciado de ocorrência por outros órgãos de segurança pública, para além da polícia judiciária, traria mais celeridade e eficiência na resolução de crimes de menor potencial ofensivo, crimes, esses, que ocorrem com bastante frequência no dia a dia da atividade policial.

---

[12] FOUREAUX, Rodrigo.

REFERÊNCIAS

BRASIL. Lei nº 3.688 de 3 de outubro de 1941. Lei das Contravenções Penais. Disponível em: https://www.planalto.gov.br/ccivil_03/decreto-le i/del3688.htm. Acesso em 05.02.2024.

BRASIL. Lei nº 9.099 de 26 de setembro de 1995. Dispões sobre os Juizados Especiais Cíveis e Criminais e dá outras providências. Disponível em: https://www.planalto.gov.br/ccivil_03/leis/l9099.htm. Acesso em: 08.02.2024.

BRASIL. Lei nº 11.343 de 23 de agosto de 2006. Institui o Sistema Nacional de Políticas Públicas sobre Drogas – Sisnad e dá outras providências. Disponível em: https://www.planalto.gov.br/ccivil_03/_at o2004-2006/2006/lei/l11343.htm. Acesso em 07.02.2024.

Supremo Tribunal Federal. ADI 5637/MG. Rel. Min. Edson Fachin. Disponível em: https://redir.stf.jus.br/paginadorpub/paginador.jsp?docT P=TP&docID=760167259#:~:text=69%20da%20Lei%209.099%2F199 5,%C3%A0%20preserva%C3%A7%C3%A3o%20da%20ordem%20p% C3%BAblica. Acesso em: 08.02.2024.

Supremo Tribunal Federal. ADI 3.807/DF. Rel. Min. Cármen Lúcia. Disponível em: https://redir.stf.jus.br/paginadorpub/paginador.jsp?docT P=TP&docID=753445528#:~:text=ADI%203807%20%2F%20DF,2.&t ext=10).,Pol%C3%ADcias%20Federal%20e%20Civis%20(art. Acesso em: 07.02.2024.

FOUREAUX, Rodrigo. Segurança Pública. – Salvador: Editora JusPodivm, 2019.

TÁVORA, Nestor; ALENCAR, Rosmar Rodrigues. Curso de Processo Penal e Execução Penal. – 17. ed. reestrut., revis. e atual. – São Paulo: Ed. JusPodivm, 2022.

CONVERSANDO SOBRE O DIREITO DAS MULHERES

A TUTELA DAS CRIANÇAS TRANSEXUAIS

15

Ingrid Pereira Bassetto[1]
Luciana Simon de Paula Leite[2]

1 INTRODUÇÃO

A compreensão dos gêneros e a possibilidade de que uma pessoa não se identifique com o gênero que lhe foi atribuído no momento do seu nascimento têm gerado muitas discussões, e essas não são discussões recentes.

Os esforços dos profissionais, em especial, da psicologia e da psiquiatria é demonstrar que essa identificação não se trata apenas de um mero capricho da pessoa, ou seja, a pessoa não quer pertencer ao outro gênero, muito menos é uma fantasia dela. Tudo isso como bem relata Paulo Roberto Ceccarelli, que há anos se dedica a ajudar crianças e

---

[1] Advogada formada há 24 anos, pós-graduada e militante em direito de família e sucessões e contratual. @advocaciapereirabassetto
[2] Residente e domiciliada em São Paulo Capital, ocupa o cargo de Juíza de Direito Titular I da 5ª Vara da Família e Sucessões do Foro Regional de Santana-São Paulo - Capital. Integra há 30 (trinta) anos os quadros da magistratura paulista, possuindo especialização em Direito de Família e Sucessões pela EPD, cursando mestrado na PUC/SP na atualidade. Ostenta as seguintes obras publicadas: "Para Nossas Meninas", Editora Autografia, 2021; "Mulheres, um grito de socorro", obra coletiva, Editora Leader, 2023; "Magis de direito debates jurídicos contemporâneos, vol 1", obra coletiva, Assoc Guimarães de Estudos Jurídicos, 2023; "Direito, arte e educação", obra coletiva, Editora Navida, 2023, e-book. É colunista há mais de um ano do portal digital Magis, escrevendo sobre Direito das Mulheres.

adolescentes trans, assim como seus familiares e professores e professoras.

A transexualidade não pode ser estudada e compreendida apenas como uma opção da pessoa, mas, sim, como um conhecimento de que para aquela pessoa é uma questão de se tornar quem ela é, para que ela possa ter uma vida plena e socialmente saudável.

Porém, a compreensão da transexualidade e das pessoas perpassa por questões patriarcais, morais ortodoxas e religiosas, dificultando não só o entendimento dessa realidade, a sua compreensão, mas também o devido acolhimento das pessoas trans, levando-as a viver como páreas sociais.

A grande maioria das pessoas trans não encontra acolhimento em suas famílias, muito menos no ambiente escolar, o que as leva a viver em situações precárias, vivendo em situação de rua e em trabalhos degradantes e até mesmo na prostituição, por falta de outras oportunidades; consequentemente suas vidas não são longas.

Elas ainda encontram dificuldades quando necessitam de atendimento médico adequado e humanizado, que podem iniciar, por exemplo, com a resistência ao uso do nome social, que muitos profissionais não utilizam quando se dirigem às pessoas trans, insistindo em constrangê-las ao usar o nome não retificado, constante do registro civil.

E a violência institucional não se restringe apenas a isso, as pessoas trans não recebem tratamento de saúde adequado, alegando os profissionais que não estão preparados para atendê-las; haja vista os relatos expondo que são vítimas de preconceitos e intolerâncias diversas.

Em contrapartida, acredita-se que as pessoas trans que desde muito jovens são acolhidas por seus familiares demonstram um desenvolvimento e uma vida mais saudável, uma vez que ficam menos sujeitas a violência das ruas e do preconceito social. Isso porque as famílias preocupadas em compreender seus filhos e filhas, por estarem sensíveis às dificuldades por que passa sua prole, buscam auxílio de equipes multidisciplinares para que haja a maior compreensão e o maior acolhimento possível; observando que seus filhos e filhas passam a ser mais felizes e buscam opções de vida mais saudáveis.

Apesar disso, constatou-se neste artigo que ainda há um longo caminho a ser percorrido para um melhor desenvolvimento e que possibilitação uma vida saudável para as pessoas transgêneras. Ficou claro também que, para que esse desenvolvimento se dê de forma mais consolidada, requer-se-á uma atuação desde cedo, com a proteção das crianças trans. Concluiu-se que é de suma importância que haja uma rede social e multidisciplinar de apoio e acolhimento, que não se limite apenas às crianças e adolescentes trans; mas também necessário que a sociedade seja conscientizada sobre a transexualidade e a extinção de todos os preconceitos que se perpetuam num ciclo vicioso. Sem esse conjunto de iniciativas, considera-se como improvável que as pessoas trans encontrem pertencimento na sociedade.

2 IDENTIDADE DE GÊNERO

2.1 Noções Preliminares

A identidade de gênero tem sua etiologia, ou origem, controvertida; assim como a transexualidade. As áreas do conhecimento da psicologia, antropologia, biologia, medicina, filosofia e sociologia mantêm discussões acaloradas sobre o tema, mas até o presente momento a etiologia da identidade de gênero, e por consequência, da transexualidade, possivelmente mantém-se desconhecida.

Isso não significa que não houve avanço nos estudos sobre sua origem, e fica cada dia mais evidente que a identidade de gênero tem uma origem multifatorial, ou seja, compreende aspectos biológicos, psicológicos e socioambientais.

Saulo Vito Ciasca nos ensina que

> Os aspectos biológicos dizem respeito ao desenvolvimento sexual intrauterino, no feto, e extrauterino, no bebê. Estudos sobre genética, fisiologia, aspectos físicos, e outros, que podem impactar no desenvolvimento cerebral e genital, têm adquirido cada vez mais consistência e relevância. Os fatores psicológicos referem-se ao indivíduo em sua subjetividade, resultado do desenvolvimento afetivo-sexual: a forma como a pessoa vivencia o afeto, comporta-se ou lida com ele, faz com que ela seja única em suas experiências e expressões, e permite

a estruturação e consolidação da sua identidade. Os fatores socioculturais dizem respeito às normas culturais relacionadas aos contextos sociais que o indivíduo se insere.[3]

Assim, conclui-se que esses aspectos interagem entre si para a constituição da identidade de gênero, papel de gênero e identidade sexual.

2.2 Conceitos na Transexualidade

Superada as noções preliminares, é preciso entender os conceitos que orbitam a própria definição da transexualidade.

Para a compreensão da descrição de transexualidade é preciso iniciar pela compreensão e conceituação do que seja da identidade de gênero.

Portanto, identidade de gênero, como nos esclarece Saulo Vito Ciasca,

> É determinada pela maneira que a pessoa se sente e se percebe em relação ao seu gênero, assim como a forma que deseja ser reconhecida pelas outras pessoas, independentemente do sexo biológico de nascimento (masculino, feminino ou intersexo).[4]

Portanto, não há dúvida que a identidade de gênero é autodenominada, isto é, cada um reflete, investiga e matura sobre a sua identidade.

Assim enquanto as pessoas cisgêneras são as pessoas que se identificam com seu gênero considerado biológico, as transexuais, ao contrário, são as que não se identificam com ele.

De suma importância, ainda, compreender que a identidade de gênero não se confunde com orientação sexual, pois essa última se trata

---

[3] SAADEH, Alexandre. **Como lidar com a disforia de gênero (transexualidade): guia prático para pacientes, familiares e profissionais de saúde**/Organização Alexandre Saadeh. 3ª ed. São Paulo:Hogrefe. 2019. Cit.P.31.

[4] SAADEH, Alexandre. **Como lidar com a disforia de gênero (transexualidade): guia prático para pacientes, familiares e profissionais de saúde**/Organização Alexandre Saadeh. 3ª ed. São Paulo:Hogrefe. 2019. Cit.P.32.

da "Capacidade de atração afetivo-sexual de um indivíduo por outro indivíduo. Ela também geralmente envolve questões sentimentais, e não somente sexuais." [5]

Assim pode-se concluir que a transexualidade é compreendida pela identidade de gênero, independente do seu gênero biológico; enquanto a orientação sexual relaciona-se com as relações afetivas e sexuais.

Como se verifica, e chama a atenção, a transexualidade é autoconstatada pelas próprias pessoas que se reconhecem como pessoas transexuais. E não só são as primeiras a fazer esse tipo de constatação, mas também as únicas a identificar o que entendem ser necessário ou não para uma possível redesignação.

Após isso, quando sentem necessidade em procurar alguém que acreditam poder apoiar e ajudar em sua jornada de pessoa trans, em geral se dirigem a um psicólogo, psicóloga ou psiquiatra, para que haja a uma formalização do que já se tem certeza.

Paulo Roberto Ceccarelli relata que 'Não se trata de um "desejo" de pertencer ao outro sexo, tampouco de um delírio. Mas, antes, de uma evidência inquestionável: o sujeito "é" do outro sexo" [6]

Portanto, a transexualidade não pode ser compreendida como uma opção da pessoa, muito pelo contrário, é uma questão de se tornar quem se é, inclusive para que a pessoa tenha uma vida plena e socialmente saudável.

2.3 A Identificação da Transexualidade na Infância

A possibilidade da transexualidade na infância. gera muitas dúvidas e até descrédito, pessoas expõem não acreditar ser possível que uma criança em tenra idade possa ter noção sobre gênero e não se sentir pertencente ao sexo biológico que lhe foi atribuído quando do seu

---

[5] SAADEH, Alexandre. **Como lidar com a disforia de gênero (transexualidade): guia prático para pacientes, familiares e profissionais de saúde**/Organização Alexandre Saadeh. 3ª ed. São Paulo:Hogrefe. 2019. Cit.P.33.
[6] CECCARELLI, Paulo Roberto. **Transexualidades**. 3 ed. São Paulo. Person Clinical Brasil. Coleção Clínica Psicanalista. 2017. Cit.P.15.

nascimento; e alguns creem, inclusive, que as crianças possam ser total e deliberadamente influenciadas pelo ambiente que vivem.

Aprofundando-se na temática, estudos demostram, porém, que crianças a partir de 3 anos de idade já têm consciência de gênero, sendo perfeitamente possível o entendimento, de que o sexo biológico que lhe foi atribuído quando do nascimento, não está de acordo com o gênero que se identifica. Isso porque as crianças já desenvolvem o conceito de gênero entre 3 e 5 anos, e parecem considerar que o gênero não seja algo imutável.

Nos ensina Luciana Gonzalez Beatriz Bork que

> Os pesquisadores postulam que se deve perceber e valorizar as demonstrações pessoais das crianças desde a primeira infância. Pacotto (2006) aponta que as percepções e a atenção iniciam-se quando a criança tem apenas meses de idade e são demonstradas por meio de suas escolhas e gostos, essas manifestações podem coincidir ou não com as expectativas sociais de expressões de um ou outro gênero[7]

É preciso, portanto, que se abra espaço para que as crianças se expressem, e deixem de se acreditar que são seres menores, que dependem de tempo para adquirir sabedoria e autonomia. Somente assim, poderão logo se reconhecer, ao invés disso acontecer apenas na fase adulta, evitando muitos prejuízos, psicológicos, físicos e sociais.

Como relata Luciana Gonzalez Beatriz Bork

> Uma criança que sofre de angústia como resultado de sua identidade de gênero, especialmente se é intimidada ou marginalizada, tem o maior risco para desenvolver quadros psiquiátricos, como transtornos de ansiedade, depressão e abuso de substâncias, entre outros.[8]

---

[7] SAADEH, Alexandre. **Como lidar com a disforia de gênero (transexualidade): guia prático para pacientes, familiares e profissionais de saúde**/Organização Alexandre Saadeh. 3ª ed. São Paulo:Hogrefe. 2019. Cit.P.42.
[8] SAADEH, Alexandre. **Como lidar com a disforia de gênero (transexualidade): guia prático para pacientes, familiares e profissionais de saúde**/Organização Alexandre Saadeh. 3ª ed. São Paulo:Hogrefe. 2019. Cit.P.46.

Assim não se deve duvidar que é possível que uma criança já saiba que o gênero designado ao nascer não corresponda com a sua identificação, não sendo crível que tal identificação ocorra por total e deliberada influência do meio em que viva, ou da convivência com outras pessoas.

3 CUIDADO E ATENÇÃO A TRANSEXUALIDADE INFANTIL

Recentemente a transexualidade infantil ganhou destaque nos debates sociais, passando a ser tema visivelmente mais recorrente, e, em diversas situações, recebendo o desvelo merecido.

Isso porque a criança sempre foi considerada um ser menor a ser educado, que deveria passar por processo de aprendizagem de longa duração, até que adquirisse sabedoria e autonomia. Mas, somente na contemporaneidade esse entendimento passou a se modificar, e as crianças começaram a participar coletivamente da sociedade e nela serem sujeitos ativos, e não mais meramente passivos.

Citando novamente Luciane Gonzalez e Beatriz Bork

> Hoje em dia, compreendemos a criança como um ser social, produtor de cultura, ativo e consciente de si. Ele pensa, articula e produz conhecimento quando estimulada, é provida de autocrítica e de autoconhecimento.[9]

Por isso mesmo, estudiosos afirmam que se deve perceber e valorizar as demonstrações pessoais das crianças desde a primeira infância. Essa afirmação se baseia na constatação de que, com alguns meses, as crianças já demonstram por meio de suas escolhas e gostos, que podem coincidir ou não com as expectativas sociais de expressões de um ou outro gênero.

Quando se fala de transexualidade infantil é preciso entender que o conceito de gênero das crianças já se desenvolve na tenra idade, entre

---

[9] SAADEH, Alexandre. **Como lidar com a disforia de gênero (transexualidade): guia prático para pacientes, familiares e profissionais de saúde**/Organização Alexandre Saadeh. 3ª ed. São Paulo:Hogrefe. 2019. Cit.P.43.

3 e 5 anos de idade, inclusive antes dos 5 anos elas parecem não considerar que o gênero seja imutável.

Nem sempre as crianças têm consciência de que sua identidade de gênero se apresenta diferente do sexo biológico que lhe foi designado quando de seu nascimento e transitam, entre o masculino e feminino durante toda a infância. Daí ser muito importante que os pais ou responsáveis não coíbam esses comportamentos, nem mesmo quando já compreendem a sua diversidade de gênero. É necessário que os responsáveis pelas crianças e façam com que elas se sintam amadas e aceitas.

É de bom alvitre mencionar que, crianças no Brasil não são submetidas a qualquer tratamento de hormonioterapia ou cirurgias vinculadas às questões de transgeneridade.

As questões de gênero na infância estão sendo conduzidas, principalmente, com orientação e psicoterapia, visando auxiliar a criança em seu bem-estar emocional, na sua percepção quanto à referida questão de gênero, aliando-se ao trabalho dos pais e das escolas.

Tudo isso busca dar suporte a esse importante aspecto do desenvolvimento da criança, que é a estruturação de sua identidade de gênero, mas que se torna mais brando quando conta com o acolhimento de aliados e aliadas na família, na escola e na sociedade como um todo.

3.1 A Vivência da Transexualidade na Escola

No corpo do presente texto, em mais de uma oportunidade, realizaremos menção ao ponto sensível e de extrema relevância da vivência em ambiente escolar por parte da criança ou adolescente transexual. Especialistas das áreas de saúde, física e mental, salientam o porte valorativo relevante do acolhimento do menor transgênero, preliminarmente, no núcleo familiar e em segundo plano, no ambiente institucional destinado à educação, inclusive reportando-se à circunstância de que, usualmente, inexistindo acolhimento dos infantes no seio da família, consubstancia justamente a escola o local onde poderá receber orientação, apoio e condições para se equilibrar e desenvolver plenamente em respeito à sua identidade de gênero.

Todavia, em virtude de múltiplas razões que se dissociam do princípio do melhor interesse do incapaz de forma absoluta e com embasamento em cultura que não prima por compreender a realidade da diversidade para respeitá-la de modo imperioso, variados estabelecimentos de ensino sob proporção expressiva, considerando-se relatos e conteúdo de pesquisas com menores transexuais e respectivos familiares, não somente deixam de acolher tais alunos e alunas como não fornecem a devida orientação aos demais discentes para o indispensável respeito aos estudantes transexuais, os quais findam por ser alvo de nefastas condutas peculiares a *bullying*, com intensidade. Mais gravoso ainda representa a circunstância de que professores e funcionários dos estabelecimentos escolares são apontados pelas vítimas incapazes como, em sua maioria, os efetivos autores de práticas preconceituosas, maus tratos, violência moral, ofensas verbais, bullying, etc.

Pesquisa realizada com objetivo de identificação das violências experimentadas por indivíduos transgêneros em ambiente escolar por intermédio de entrevistas estruturadas com pessoas que compõem grupos específicos do Facebook coletou a feitura de narrativas de transfobia de variadas modalidades: preconceito velado, agressão verbal, física e sexual por parte de colegas, professores e funcionários; ameaças por escrito de agressão; ameaças de expulsão da escola por parte de funcionários; exclusão social; silenciamento de agressões verbais e físicas por parte de professores e funcionários; desrespeito ao nome social e ao uso do banheiro de acordo com o gênero; desrespeito, deslegitimação e falta de reconhecimento de identidades de gênero e das pessoas transgêneras; professores e professoras transgêneros descreveram percepção de transfobia inclusive por colegas de trabalho. O produto desse feixe poderoso de violências é a percepção pelos alunos transexuais de dificuldades de aprendizagem, perda de autoestima e autoconfiança, retraimento, dificuldade de concentração, absenteísmo escolar, fobia da escola, sentimentos de culpa e vergonha, depressão, ansiedade, medo de estabelecer relações com estranhos e em alguns casos, prática de tentativas de suicídio (GARCIA 2009 apud RICHARTZ; SANTANA, 2012, p5). Notável o silenciamento na escola acerca de diversas orientações sexuais (não heterossexuais ortodoxas) e identidades de gênero (não binárias homem/mulher do padrão binário ortodoxo) através da invisibilidade de tais questões nos livros didáticos e paradidáticos, além da invisibilidade dos sujeitos (SALA, 2013, p.2).

Em 1997 o Ministério da Educação elaborou Parâmetros Curriculares Nacionais com o escopo de nortear e garantir formação básica comum em todo território nacional. A segunda parte do volume 10 tem como tema transversal a orientação sexual no que concerne às relações de gênero. Foi deixada a critério de professores e outros gestores escolares a faculdade de eventual inserção, em planos de aula e em projetos pedagógicos, de temas afetos ao conceito de gênero. São realizadas críticas ao conteúdo programático quanto à restrição da abordagem do tema gênero a questões biológicas, correndo-se o risco de subjetividade e moralismo diante da interpretação por parte de alguns grupos de profissionais (docentes). Outro documento é o Referencial Curricular Nacional para Educação Infantil de 1998. Contém explanações singelas sobre sexualidade e gênero, convidando ao respeito à diversidade, porém sem sugestões de temas específicos. O cerne da obrigação que primordialmente o professor precisa adimplir é o respeito ao aluno do qual jamais pode se afastar em virtude de sua formação moral ou eventual detenção de preconceitos.

Possível antever a extrema dificuldade em conformação de regras concisas, objetivas e de natureza cogente para a inserção de metodologia de ensino e informação nas escolas com o fito de ensejar condições favoráveis ao bom desenvolvimento de crianças e adolescentes transexuais em observância à identidade de gênero.

3.2 A Transexualidade no Registro Civil

Através do julgamento da ação direta de inconstitucionalidade 4.275 do Distrito Federal, o Supremo Tribunal Federal (STF) pacificou o entendimento de que a alteração do prenome e do gênero no registro civil de pessoa transgênera pode se concretizar em observância aos direitos da personalidade, com destaque à dignidade humana, independentemente de cirurgia de transgenitalização ou realização de tratamentos hormonais ou patologizantes. O entendimento foi embasado na Constituição Federal de 1988 e no Pacto de São José da Costa Rica ao interpretar o artigo 58 da Lei n. 6015/73.

Em consequência e sob a premissa da compreensão de que a auto afirmação pelo interessado sobre identidade de gênero independente de laudos e tratamentos médicos, editou o CNJ o Provimento 73/2018 (alterado consideravelmente pelo Provimento CNJ n.153/2023) possibilitando a alteração dos nomes e gênero de indivíduos transexuais diretamente em Cartórios de Registro Civil, desde que maiores de 18 (dezoito) anos, observado o regramento próprio.

Todavia, observados entraves tais como providências burocráticas e dificuldade efetiva de concessão das benesses da gratuidade da Justiça por Cartórios Extrajudiciais, a ponderação inarredável que se impôs e que motivou a criação de Juizado Itinerante pelo Tribunal de Justiça do Rio de Janeiro em parceria com a Fiocruz e o Comitê Pro-Equidade de Gênero e Raça da Fiocruz foi a de extrema dificuldade da população transexual, marginalizada no mais das vezes e pouco inserida no mercado de trabalho, conseguir cumprir as normas administrativas para retificação de prenome e gênero em seus assentos de nascimento e documentação civil, quer pela complexidade quer pelo dispêndio de recursos ausentes ou escassos. Tratam-se de obstáculos compartilhados entre todos os Estados da Federação, de resto. A iniciativa abrangeu também a retificação registral de crianças e adolescentes transexuais no Juizado Itinerante mediante prévia apreciação judicial e face ao preenchimento dos requisitos fáticos e jurídicos, embasando-se em essência as aludidas decisões em normas consubstanciadas em princípios constitucionais. A propósito do Provimento 73/2018 do CNJ (alterado consideravelmente pelo Provimento CNJ 153/2023), este não contemplou os incapazes quanto à viabilidade de retificação registral de prenome e gênero diretamente em Cartórios Extrajudiciais ainda que sob concordância parental ou e mediante apresentação de documentação médica. A simplificação de requisitos documentais elencados no Provimento tornou o procedimento mais célere no Juizado Itinerante não se descurando a fundamentação das decisões judiciais da alusão ao princípio da presunção da inocência, inclusive.

Nos diversos Estados da Federação e consoante normas esparsas (de modo não uníssono em todos os Estados) há autorização para inserção de nome social de menores em documentos de identidade (RG) mas com mantença do gênero no documento. O procedimento pode ocorrer em

Poupatempo naqueles Estados que assim o permitem, como no Estado de São Paulo.

Oportuna a menção à iniciativa do Tribunal de Justiça do Estado do Rio de Janeiro que, através da atuação do Juizado Itinerante, vem propiciando a crianças e adolescentes transexuais a alteração de seus respectivos registros de nascimento com a inserção do prenome correspondente à identidade de gênero que ostentam. O curta-metragem "Me Chame Pelo Meu Nome" expõe o competente labor que vem sendo desenvolvido pelas instituições envolvidas.

4 PERSPECTIVA DE DESENVOLVIMENTO DA CRIANÇA E ADOLESCENTE TRANS

Consoante pontua Victor Pattutti Godoy

> ...a evolução do Direito da Criança e do Adolescente no sentido de reconhecê-los como sujeitos de direito aos quais é garantida a proteção integral é relativamente recente, de modo que a consagração da realidade social de acordo com os ditames constitucionais e legais ainda carece de um amadurecimento da população em relação ao tema. Mais recente é a inclusão da pauta transgênera nos debates públicos que ainda está lutando pela conquista de direitos básicos, como o uso de banheiros de acordo com sua identidade de gênero. Esse cenário, somado ao conservadorismo e ao fanatismo religioso da nossa sociedade (aos quais se confundem em uma relação de causa e efeito) resulta na absoluta omissão do Estado brasileiro no tocante a qualquer disciplina relativa às crianças e adolescentes transgêneros...

Sob a ótica do Estatuto da Criança e do Adolescente, preconizam respectivamente os artigos 3°, caput, a usufruição de todos os direitos fundamentais inerentes à pessoa humana por crianças e adolescentes e o artigo 4°, caput, o dever de prioridade absoluta da família, da comunidade, da sociedade em geral e do Poder Público em assegurar a efetivação de tais direitos, dentre os quais se destaca a dignidade humana.

Em harmonia com as observações da equipe interdisciplinar que compõe o AMTIGOS- Ambulatório Transdisciplinar de Identidade de Gênero e Orientação Sexual, do IPq-HCFM/USP em proposta de trabalho com crianças, adolescentes e adultos manifestações esboçando divergência de gênero com sexo biológico das crianças podem ocorrer já na infância, oportunidade em que o tratamento prescrito consiste em orientação e psicoterapia, ausentes ministrações medicamentosas até a puberdade. Alerta-se para o fato de que crianças de três a cinco anos podem transitar sua autopercepção de identidade de gênero incumbindo aos adultos permitir o procedimento sem imposição à congruência de posturas com o "sexo biológico". A disforia de gênero ou incongruência de gênero abarca crianças que sofrem pela contradição entre sexo biológico e sentimento de gênero que ostentam intimamente. Há de se observar, apoiar e acompanhar a criança através de profissionais de saúde, apontando os técnicos a natureza fluida do gênero pois ela irá se definir, na maioria dos casos, até a adolescência, podendo as crianças transitar de um gênero a outro durante toda a infância. Declinaram que uma criança que sofre angústia em virtude de sua identidade de gênero, caso intimidada ou marginalizada, ostenta maior risco de desenvolver transtornos psiquiátricos com destaque para a constatação em pesquisas de aumento de três vezes a mais no número de tentativas de suicídio em crianças com disforia de gênero em relação à população que não se insere no contexto. Enfatizaram a importância dos pais enquanto sujeitos de acolhimento e fornecimento de afeto, sem desmerecer a relevância das escolas que precisam compreender a disforia de gênero conduzindo a educação de forma a colaborar para a inclusão social com respeito à integralidade dos direitos do indivíduo. Ao aludirem aos adolescentes, salientaram a dificuldade que sofrem nas escolas com a atribuição de atividades e espaços de modo binário ortodoxo, mencionando a divergência quanto a uso de banheiros; como o nível de aceitação social é um elemento bastante estressor, alguns adolescentes se referem à potencialidade de transitarem desapercebidos no âmbito social como "passabilidade", o que lhes traz menos sofrimento por tratamento diferenciado, de modo preconceituoso. Alertaram para a elevada taxa de tentativas de suicídio de adolescentes transgêneros pois 30 a 40% deles tentam a auto aniquilação ao passo que na população geral o índice é de 14%. Consignaram, por fim, que o adolescente transexual tem a necessidade de se sentir pertencente a algum núcleo que pode ser o familiar, de amigos ou de alguma religião.

Classifica Everton Ribeiro, por seu turno, a intervenção do corpo docente e da equipe pedagógica nas escolas, um dos principais espaços de desenvolvimento e convivência de crianças e adolescentes transexuais, como de natureza essencial para que os estudantes se sintam seguros na instituição de ensino de modo a haver eliminação de insultos à identidade de gênero e prática de bullying ou ao menos a redução significativa, ao participarem efetivamente de atividades escolares. Não obstante, considera como fator preocupante o da verificação de que muitos daqueles que utilizam linguagem inadequada, dentre diversas condutas, em relação a tais menores, são justamente educadoras e educadores. Pesquisa nacional do clima escolar realizada em 2015 nos EUA comprovou que mais da metade de estudantes LGBTQIA+ relataram terem ouvido comentários impróprios ou preconceituosos de professores e funcionários da escola.

Tendo sob foco a perspectiva de desenvolvimento de crianças trans no Brasil, há de se declinar, pelos dados colhidos e análise do contexto empírico, ser a mesma extremamente preocupante. Restam ausentes políticas públicas a propósito com a ressalva de iniciativas de competência e eficácia inegáveis por alguns órgãos públicos, profissionais liberais e voluntários, com ênfase no último grupo de expressiva atividade, sem remuneração. Como reflexo da cultura da sociedade a própria existência de crianças transexuais é rejeitada, sem qualquer adaptação e implementação de práticas ajustadas pela maior parte das escolas. Os índices de tentativas de suicídio são alarmantes e as práticas tendenciosas à marginalização de tais crianças e suas respectivas famílias como fruto de inescusável preconceito ainda impera. A proporção de homicídios, outrossim, em que vítimas são pessoas transgêneras é acentuada em território nacional. Os inegáveis direitos de tais crianças e adolescentes de se identificarem consoante o gênero que asseveram como expressão de suas subjetividades não olvidam a existência de evidências científicas de base biológica para a transexualidade (sem conotação contudo de doença, mas mera condição abrangida pela biologia, consoante já consignado), encontrando-se em harmonia com o conteúdo da Constituição Federal e do Estatuto da Criança e do Adolescente.

4.1 Uso do Banheiro

Em harmonia com as considerações expendidas, há de se concluir que a divergência de identidade de gênero que apresenta uma criança ou adolescente com seu sexo biológico (e que difere da sexualidade) deve ser respeitada em observância à dignidade humana peculiar ao incapaz. Não se trata, por conseguinte, de permissividade ou fator análogo, menos ainda de conteúdo nocivo ou pejorativo. E justamente por essa circunstância, a proibição que não raras vezes diversos estabelecimentos de ensino fazem de acesso de aluno ou aluna a banheiro destinado a pessoas de sexo biológico distinto, cujo gênero lhe corresponde, afronta visceralmente a dignidade desse indivíduo, causando-lhe constrangimentos, sofrimentos, humilhações inúmeras, com percepção de traumas psicológicos, inclusive. De ver-se, ainda, que a Resolução 2/2023 do Conselho Nacional dos Direitos das Pessoas Lésbicas, Gays, Bissexuais, Travestis, Transexuais, Queers, Intersexos, Assexuais e outras – CNLGBTQIA+ - estabeleceu que todas as instituições de ensino devem respeitar o nome social de alunos e alunas transexuais, a ser utilizado em formulários de inscrição, matrículas, sistemas de informação e documentos de identificação da escola e em seu artigo 5º expressamente estabeleceu que deve ser garantido o uso de banheiros, vestiários e demais espaços segregados por gênero, quando houver, de acordo com a identidade de gênero de cada sujeito. Oportuno atentar para o fato de que há projeto de Decreto Legislativo de Sustação dos Atos Normativos do Poder Executivo justamente em relação à Resolução supra mencionada, em tramitação na atualidade. A vedação de frequência a sanitários em consonância com a identidade de gênero, por evidência, não se verifica somente em algumas instituições de ensino, mas no âmbito de distintos espaços públicos. Comumente, contudo, em virtude da ida rotineira da criança ou adolescente à escola, é justamente esse logradouro de educação e convivência que merece destaque na divulgação de fatos peculiares ao narrado contexto, justamente por sua intrínseca relevância.

Preleciona Alexandre Saadeh que as escolas precisam se atualizar e ter ciência das dificuldades de uma criança ou adolescente transexual para que atuem como elementos facilitadores, evitando o abandono escolar que é frequente nessa população. Deve proteger o incapaz treinando grupo técnico que assiste essa população, trabalhando com outros alunos, de modo a legitimamente ensinar o respeito à diferença. O posicionamento objetivo da instituição de ensino é destacado como primordial não obstante alguns pais possam exercer resistência ou atuar de modo preconceituoso. A escola é justamente o espaço em que o aluno leva suas preocupações e dificuldades sociais e afetivas, o que precisa ser enfrentado por alunos e professores, com estímulo ao diálogo. Considera o médico que a inserção de discussões de gênero nas escolas é o elemento que propiciará aperfeiçoamento da qualidade da educação, suplantando-se desigualdades, preconceitos e combatendo-se a evasão escolar.

Exemplo de vedação de frequência a banheiro em escola por adolescente transexual, por destinar-se a sexo biológico não convergente com o seu, representou o fato ocorrido com adolescente no Ceará e que inclusive foi narrado no documentário "Transversais", exibido na plataforma Netflix. Outro caso destacado pela imprensa ocorreu em Itapissuma, no Grande Recife, dentre diversos eventos.

Sob o prisma do Poder Judiciário, o STF admitiu, por maioria, repercussão geral (Tema 778) de questão relacionada a tratamento social dispensado a transexuais tendo em vista a proibição imposta a uma mulher transexual de usar banheiro feminino em shopping center, objeto do Recurso Extraordinário n. 845.779-SC, Relator Ministro Roberto Barroso, sob processamento, sem julgamento do mérito até o momento. Interessante julgado foi editado pelo Tribunal de Justiça de São Paulo, através de seu Órgão Especial, ao declarar inconstitucional Lei Municipal de Sorocaba que proibia pessoas trans de usar banheiros e vestiários de escolas públicas e particulares de acordo com a identidade de gênero, sob o fundamento de invasão a esfera legislativa da União a quem incumbe dispor sobre as diretrizes e bases da educação nacional (arts.22, XXIV, 23 e 24, IX da Constituição Federal).

4.2 Evasão Escolar

Em harmonia com os dados de pesquisa efetivada pela coordenação nacional da área de proteção e acolhimento a crianças, adolescentes e famílias LGBTI+ da Ong Grupo Dignidade, sob apoio da

Organização das Nações Unidas para a Educação, a Ciência e a Cultura (UNESCO) e do Programa Conjunto das Nações Unidas sobre HIV/AIDS (UNAIDS), mediante a entrevista de 120 pais, mães e responsáveis que admitiram possuir criança ou adolescente transgênero, moradores de 62 cidades em 17 estados brasileiros, foi detectado que o ambiente escolar brasileiro é hostil a crianças e adolescentes trans, com destaque à percepção de que os principais autores da transfobia são justamente os profissionais de instituições de ensino. Dentre os entrevistados, 77,5% noticiaram que seus filhos, crianças e adolescentes, já foram vítimas de *bullying* transfóbico no ambiente escolar. Entre os adultos autores das violências, físicas, verbais, emocionais ou *cyberbullying*, 65% eram profissionais das instituições de ensino, consistindo 56% professores. Apurou-se na pesquisa que 24% das famílias mudaram as crianças e os adolescentes trans de escola em virtude do *bullying transfóbico*; 98% dos pais, mães ou responsáveis por crianças e adolescentes transexuais não consideraram o ambiente escolar nacional seguro para seus filhos.

O último censo do IBGE – Instituto Brasileiro de Geografia e Estatística -estimou que cerca de 10% da população brasileira é LGBTQIA+. Sem prejuízo de divergências, pondera Marcelo Limão, especialista em diversidade sexual e de gênero e saúde mental no trabalho pelo Instituto de Psiquiatria da Universidade de São Paulo (IPq-USP), que dentro das escolas ao menos 10% de crianças e adolescentes podem ostentar orientação sexual ou identidade de gênero diversa. Nessa conjuntura, Hercowitz, pediatra que trabalha em clínica e no Centro de Especialidades Pediátricas do Hospital Albert Einstein, adverte para a relevância do papel da escola em reconhecer que estatisticamente há alunos com questões de diversidade de gênero, sexual e ou de corpos e compreender que esses menores são vítimas frequentes de bullying posto se apartarem dos padrões impostos pela adolescência, fase naturalmente de insegurança.

Outrossim, pesquisa realizada por João Paulo Carvalho Dias, presidente da comissão de diversidade sexual da Ordem dos Advogados do Brasil, revelou que 82% (oitenta e dois por cento) das pessoas trans e travestis abandonaram estudos ainda na educação básica. Aludindo ao labor da pesquisadora Luma Nogueira de Andrade, declinou-se que a exclusão das pessoas trans do espaço escolar consubstancia processo de evasão involuntária, o qual é deflagrado pela violência perpetrada contra a população transexual na escola. Isso em virtude da estruturação da educação brasileira a partir de heteronormatividade compulsória.

Por conseguinte, e diante dos índices elevados de exclusão de crianças e adolescentes dos espaços escolares, é possível vislumbrar que o termo "evasão escolar involuntária" denota legitimidade. E a causalidade do afastamento do menor transexual das instituições de ensino é justamente a ausência da adoção de posturas apropriadas pelas mesmas no sentido de educar seus alunos (orientando e treinando seu corpo docente e de funcionários) para compreensão da identidade de gênero a qual não se traduz, em momento algum, em ideologia de gênero. O despreparo de aludidas instituições aliado à mentalidade cultural de repúdio à diferença e ausência de empatia , por consequência, findam por ensejar ambiente deletério às crianças e adolescentes transexuais os quais, não acolhidos por suas características , findam por ser vítimas das mais variadas formas de violência, culminando com a desajustada exclusão das vias de natural acesso à formação estudantil hábil e seu regular prosseguimento para inserção futura no mercado de trabalho, com maior aptidão, inclusive, de ganhos mais expressivos.

5 A IDENTIDADE TRANSEXUAL NA FAMÍLIA

5.1 A Negativa da Identidade Transexual na Família

Acredita-se que a família pode ser, e normalmente é, um grande obstáculo para as crianças transexuais, invalidando a fala delas e negando não só a sua transexualidade, mas também a própria criança, em seu conjunto. Pode-se dizer que essa situação negativa vem, em sua maioria, pela falta de entendimento do que é a transexualidade, e quais as consequências, ao se negar a identidade de gênero, para o melhor desenvolvimento de uma pessoa. A falta de conhecimento faz prevê não ser inusitado o relato de famílias que confundem a identidade de gênero com a orientação sexual.

Nos ensina Beatriz Bork Luciane Gonzalez que

Na maior parte das vezes os pais se sentem perdidos, sem saber como agir. Os que aceitam e respeitam a condição de seus filhos, tanto nas crianças quanto nos adolescentes, recebem acusações de membros da própria família ou de pessoas próximas de serem incentivadores desse comportamento; os que não aceitam, tentam coibir a manifestação dos seus filhos com impedimentos, agressões ou castigos.[10]

Assim os pais vivem sentimentos ambivalentes, ora apoiam e compreendem, ora coíbem e punem; se angustiam com muitas dúvidas e medos; razão pela qual, buscam apoio em profissionais especializados e grupos de apoio, fundamentais para si e para as crianças.

A partir do momento que a família compreender o que é a identidade de gênero e a transexualidade tenderá a conseguir também compreender qual o processo que a criança transexual está passando, o que possibilita que essa criança receba apoio do próprio grupo familiar.

Em segundo momento, entende-se também que a compreensão e o acolhimento da criança transexual possibilitam que a família busque suporte, para que ela receba apoio profissional para iniciar a sua transição (afirmação de gênero). Abre-se, ainda, a possibilidade de entender quais os próximos passos que serão imprescindíveis na fase da adolescência até chegar a fase adulta.

Todo esse movimento familiar possibilitará que a criança tenha um crescimento saudável, que vai ao encontro do seu direito fundamental e constitucional à dignidade humana e ao crescimento saúdável, também e previsto pelo Estatuto da Criança e do Adolescente – (ECA).

5.2 O Desamparo da Infância Transexual Desassistida pela Família

Em contrapartida, quando há o desamparo na infância, a criança transexual vive um doloroso e solitário processo de vida. Uma vez que não encontra suporte na sua própria família, ela terá uma fragilização no reconhecimento do seu processo de identidade. Tal condição atrasará seu

---

[10] SAADEH, Alexandre. **Como lidar com a disforia de gênero (transexualidade): guia prático para pacientes, familiares e profissionais de saúde**/Organização Alexandre Saadeh. 3ª ed. São Paulo:Hogrefe. 2019. Cit.P.62.

desenvolvimento, além de possivelmente lhe impor sofrimentos e grandes problemas psicológicos e psiquiátricos; sem contar que referido desamparo a exporá a grandes questões de preconceito sociais sozinha.

Portanto, uma criança mal compreendida adoece, e vive uma vida de angústia e de intimidação, o que vai na contramão de um desenvolvimento saudável a que toda criança tem direito.

Assim, proporcionar o processo de transição social, assegurando alterações como mudança de nome, alternância de prenomes, utilização de roupas de acordo com a identidade de gênero, usualmente atribuídas ao gênero oposto ao do nascimento e autopreservação em situações sociais em outro gênero discussões acerca da afirmação de gênero pode se fazer presente como formas de proporcionar conforto e aceitação, fortalecendo a saúde mental da juventude trans.

Os procedimentos mencionados podem ser levados em consideração pelos familiares dos jovens transgêneros, em parceria equipe profissional multidisciplinar de apoio. A aceitação da identidade de gênero de sua prole tende a proporcionar uma melhor relação entre as famílias e as crianças e adolescentes. Tudo isso tem como objetivo evitar que essa criança ou adolescente cresça desamparada até que atinja idade suficiente para decidir por importantes decisões sobre sua sexualidade que julgar necessárias.

5.3 O Papel da Escola da Vida das Crianças Transexuais

A escola tem papel fundamental na vida das crianças transexuais, juntamente com as famílias. Ela é fundamental porque também contribui para o desenvolvimento biopsicossocial e para a construção e ressignificação de valores e expressões da nossa sociedade, de forma efetiva. Assim, as instituições de ensino precisam se atualizar e ter conhecimento das dificuldades e experiências pelas quais passam as crianças transexuais.

O ambiente escolar deve ser facilitador, evitando a evasão escolar, que é muito frequente para as pessoas transexuais. Deve zelar, também, pela integridade física e psicológica dessas crianças, treinando todos os envolvidos na escola para trabalhar com as crianças as diferenças, ajudando a construir cidadãs e cidadãos que respeitem a diversidade social e da pessoa humana.

Isso porque, pesquisa conjunta entre a Organização das Nações Unidas para a Educação, a Ciência e a Cultura (Unesco) e o Programa Conjunto das Nações Unidas sobre HIV/Aids (UNAIDS) aponta que 77,5% de crianças e adolescentes transgêneros, entre 5 e 17 anos, foram vítimas de *bullyng* no ambiente escolar.

Portanto, a escola tem papel fundamental e deve perceber o aluno e a aluna no contexto escolar, compreendendo-os e facilitando a convivência das crianças transexuais com os demais estudantes, professores e professoras e equipe pedagógica e administrativa. Esse é o papel da escola, enquanto instituição responsável pelo ensino, contribuir positivamente com a temática LGBTQIA+.

5.4 A Patologização e a Despatologização da Transexualidade

Há ainda resquícios do preconceito de ser a transexualidade um transtorno mental; porque ainda se espera que os sujeitos se enquadrem dentro do padrão binário ortodoxo homem e mulher e supram a expectativa imposta para sexo, gênero, expressão de gênero, desejo erótico e práticas sexuais. Quem não se enquadra no protótipo de gênero forçado é submetido à transfobia presente em diversas instâncias sociais, inclusive em alguns discursos científicos e acadêmicos.

A transfobia se reflete nos discursos que visam à patologização da vivência trans, e há, ainda, atualmente, a violência produzida por ilícito o diagnóstico de "transexualismo" que também muitas vezes é erroneamente chamado de "diagnóstico" de "homossexualismo".

É preciso iniciar esclarecendo que os estudos de gênero são objetos de longa produção no campo das ciências humanas, como a antropologia, sociologia, psicologia, filosofia e psicanálise; que nos séculos XVIII e XIX buscaram conceituar o que é gênero, atenuando o aspecto natural conferido à sexualidade, e mantendo a dicotomia natureza e cultura, mesmo atribuindo diferenças comportamentais a variações no quesito cultural.

Assim, em virtude da dicotomia apontada, o sexo, portanto, compreendido como um elemento da natureza, localizando-se no corpo e no que foi considerado como órgãos sexuais e também com função reprodutora. Tal entendimento ensejou uma identificação entre indivíduos pelas características físicas feitas pela medicina, sendo diferenciados e enquadrados, por convenção, em corpos-homens e corpos-mulheres.

Consequentemente, como resultado da nomeação desses corpos em homens e mulheres, obriga-os a esperados determinados comportamentos sociais distintos, antagônicos e rígidos, com base no sexo biológico reprodutor, definindo os papéis de gênero, como, por exemplo, os de que meninas brincam de bonecas e meninos, de carrinhos.

Por isso, quaisquer vivências contrariando essa linearidade compulsória começaram a se tornar objeto de estudos, pelas mais diversas áreas, como a psiquiatria, sexologia, sociologia e psicologia. Assim, tem-se como pressuposto que sexo é um dado biológico de viés reprodutivo, enquanto gênero é todo o domínio cultural que se segue ao suposto sexo biológico de nascimento.

E é nessa vertente que a diversidade de características humanas passou a ser considerada desviante e patológica, como é o caso da transexualidade. Esse enquadramento heteronormativo ortodoxo possui resquícios estigmatizantes religiosos e de poder e que permanece até os dias atuais; em virtude de uma sociedade que funciona sob a lógica da cisheterossexualidade padronizante e ortodoxa compulsória, sendo qualquer "desvio" ou insubordinação no sexo, gênero, desejo e práticas sexuais é vista e tratada como uma questão a ser analisada como anormalidade e aberração.

Mais recentemente, contudo, nos estudos referentes à transexualidade, no âmbito das ciências sociais e humanas, passou-se a rediscutir a real existência dos conceitos de sexo biológico e gênero ortodoxo, muito em virtude das discussões mundiais LGBTQIA+, em especial das questões da realidade de pessoas transexuais, travestis e intersexuais, e também de modelo norte-americano denominado *queer*. Analisa-se a existência de uma construção cultural e histórica que remonta ao século XIX que passou a conter o sexo como a verdade última de todas as pessoas, vinculando assim comportamento ao sexo biológico/genitália, e gênero.

Portanto, passou-se a descontruir o entendimento de que sexo biológico e gênero são conceitos que sempre estiveram presentes na sociedade, estabelecendo-se, então, a compreensão de que foram ideias situações construídas socialmente para a manutenção de determinada ordem religiosa, econômica e cultura. E é baseado nesse atual modelo crítico que os estudiosos no Brasil, especialmente nas ciências sociais, humanas e na saúde coletiva, vêm compreendendo as vivências trans.

Mesmo assim, ainda persiste no cenário brasileiro o estigma e a interpretação social patologizada dessas vivências; resultando o falso entendimento de que a desvinculação entre a identidade de gênero e o gênero estabelecido ao nascer é uma condição médica anormal e, portanto, constitui um transtorno psiquiátrico.

Para melhor compreender o movimento em prol da despatologização, é preciso antes compreender a patologização que ainda persiste no Brasil quando se trata da transexualidade.

O termo "transexual" é historicamente um termo recente, mas não se trata de uma ideia contemporânea. Isso porque, por exemplo, a androginia, ou seja, a ambivalência sexual é representada nas mais variadas culturas em todos os tempos, portanto, a existência de pessoas que não podem ser definidos pela binariedade dos sexos sempre esteve presente na sociedade.

A diferença é que até o século XIX tratava-se de preocupações em cultura de cunho religioso, místico filosofal e moral.; e desde então, a transexualidade passou a ser alvo de especialistas da medicina e de reformadores da moral.

Em 1990, a Organização Mundial da Saúde (OMS) reconheceu que a homossexualidade não se tratava, por si só, de doença, muito menos de patologia mental, com diagnóstico psiquiátrico.[11]

É necessário registrar que as terapias de reversão sexual não são eficazes, muito pelo contrário, causam mais sofrimento psíquico àqueles que são submetidos a elas. Essa foi a conclusão após a decisão de Juiz do Distrito Federal, em 2017, que autorizou que psicólogos brasileiros fizessem atendimento psicológico de reorientação sexual. Tal decisão ia na contramão da Resolução 001/1999 do Conselho Federal de Psicologia

---

[11] VECCHIATTI, Paulo Roberto Iotti. Manual da Homoafetividade. 3. ed. Bauru, SP: Pessotto, 2019. p. 133-134.

(CFP), órgão estabelecedor das normas de atuação profissional sobre as questões de orientação sexual, que reconhecera a homossexualidade como um dos modos de expressão sexual, não constituindo, por óbvio, uma patologia.

Em relação à questão a transexualidade foi transformada em categoria psiquiátrica em fevereiro de 1980, sob o nome de Transtorno de Identidade de Gênero (TIG). Nesse momento, a Associação Americana de Psiquiatria (APA) classifica a transexualidade como transtorno de identidade de gênero (TIG), e a conceitua como uma perturbação rara e que consistia consiste na incongruência entre sexo anatômico e identidade de gênero. Definiu-se como principal recurso terapêutico a adequação cirúrgica da anatomia de gênero.

Já em 2012, a APA substitui a classificação "transtorno de identidade de gênero" pelo termo "disforia de gênero", caracterizada pelo desconforto persistente com características sexuais ou marcas de gênero que remetem ao gênero atribuído no nascimento.

Para os Doutores Guilherme Almeida e Daniela Murta, a alteração na classificação trouxe aspectos positivos para as algumas pessoas trans, sendo o principal aspecto positivo a possibilidade de afirmar que manteve as pessoas trans inscritas na esfera psiquiátrica, mas sua terapêutica passa pelo conhecimento dos problemas físicos, possibilitando a adequação necessária, presente nas falas de algumas pessoas trans.

Não se deve esquecer das categorias diagnósticas da transexualidade nas edições III, IV e V do Manual Diagnóstico e Estatístico de Transtornos Mentais (DSM). Isso porque o manual é um instrumento para guiar a prática da maioria dos psiquiatras, e também por profissionais de outras áreas do saber; uma vez que é um instrumento psiquiátrico formulado pela Associação Americana de Psiquiatria (APA), e que consiste em uma lista de transtornos mentais a partir de sintomas e com identificação através de códigos.

Questiona-se, inclusive, se o DSM atua como um mecanismo de poder, e seria responsável pela normatização dos corpos e vivencias e pela patologização e psiquiatrização das pessoas trans.

Contudo, a despeito disso, em 1980 a transexualidade é transformada em categoria psiquiatra sob a denominação de Transtorno de Identidade de Gênero (TIG), sendo tratada como uma perturbação rara, consistente na incongruência entre o sexo anatômico, formulado e enquadrado ao nascer, e a identidade de gênero.

Fica claro que a APA estabelece uma dicotomia entre o sexo, considerado biológico, e o gênero, entendido como uma expressão social do sexo, portanto, conforme a associação mencionada, para que haja o diagnóstico, é necessário que se verifique um sentimento de inadequação da pessoa com a sua biologia, e que deve persistir por dois anos; ou seja, em resumo, haveria a verificação de uma incongruência do comportamento dentro dos padrões sociais de masculinidade ou feminilidade, oposto ao seu sexo.

Não fosse isso, nesse momento, a APA tenta relacionar a transexualidade e as diversas orientações sexuais, como a homossexualidade, heterossexualidade e assexualidade.; e associa vivências a acontecimentos da tenra infância, como a proximidade física e emocional de um bebê com sua mãe e a ausência relativa do pai durante os primeiros anos de vida, mencionando terem contribuição para o desenvolvimento da transexualidade no homem. E nas meninas, a transexualidade seria decorrente de mães que, aparentemente, não estavam disponíveis para elas em uma idade muito precoce, psicológica ou fisicamente, devido à doença ou abandono.

Essa versão foi substituída em 1994, permanece a categoria diagnóstica de TIG, mas cria-se critérios a ser cumpridos pelos sujeitos para serem diagnosticados com esse "transtorno".

Em 2013, o DSM tem sua quinta e última versão publicada, sendo a que se encontra em vigor, apesar da transexualidade ainda ser patologizada pela APA, há a reclassificação da sua categoria para disforia de gênero, para assim entender a transexualidade como um problema clínico, e não mais como identidade por si própria, como enquadramento anterior.

Na prática, a APA mantém o entendimento de que o nascimento autoriza a designação de um gênero padronizado, conformador e limitado em atitudes e pré-determinado a partir dos indicadores biológicos clássicos, que determina inexoravelmente homens ou mulheres. Portanto, o gênero de nascimento seria consequência do estipulado sexo biológico, o que a princípio poderia solucionar apenas as questões dos intersexuais.

É evidente que ao discorrer sobre a disforia de gênero, as descrições do DSM estão baseadas no binarismo homem e mulher, que pode ser visto categoricamente no próprio tópico "caracerísticas diagnósticas". Assim sendo, a transexualidade continua a ser entendida com base no binarismo.

Na última versão do DSM, ainda, considera-se como fatores de risco e prognósticos em três justificativas: temperamental, ambiental, genético/fisiológico. O primeiro diz respeito aos comportamentos atípicos de gênero da pessoa, como o fato de o menino brincar de Barbie ou meninas de cabelos curtos, os chamados "cabelos de meninos".

É preciso observar que a patologização das pessoas trans passa, ainda, pelo pensamento contínuo da patologização da orientação sexual das pessoas, através da mudança do foco e do nome, como é o caso das chamadas "perversões sexuais", "homossexualismo", "transexualismo" também imputado como "disforia de gênero". A manutenção da associação das pessoas trans ao "homossexualismo", em especial quando patologizam a experiência trans, tende a manter a vinculação obrigatória com a orientação sexual experimentada pelas pessoas homossexuais, o que não está correta.

No Brasil, uma tentativa tímida da despatologização da transsexualidade pode ser vista pela edição da Resolução 1.482/2007 do Conselho Federal de Medicina (CFM), responsável pela aprovação da realização das cirurgias de "mudanças de sexos", ainda que em caráter experimental, nos hospitais públicos universitários do país; o que possibilitou a revisão do revisando seu antigo entendimento de que esses procedimentos tratavam-se de crime de mutilação.

Já em 2008, a Portaria 1.707 do Ministério da Saúde instituiu o processo transexualizador no âmbito do Sistema Único de Saúde (SUS). Dita Portaria considerou ser a transexualidade um desejo da pessoa viver e ser aceita na sua profunda e íntima identificação existencial enquanto de gênero diverso do que lhe foi atribuído quando do nascimento. Houve, assim, a autorização para que o Poder Público contribuisse na melhoria da saúde dessas pessoas, com o aplacamento dos sofrimentos a que eram submetidas.

Nesse sentido, o referido normativo reitera o que já era garantido pela Carta dos Direitos dos Usuários da Saúde, de 2006. Isso representa o direito ao atendimento humanizado e livre de discriminação por orientação sexual e identidade de gênero para todos os usuários do SUS, com atenção também para a dignidade humana, preceito constitucional fundamental.

Em 2018, os Conselhos Federais de Serviço Social (CFESS) e o Conselho Federal de Psicologia (CFP) publicaram resoluções (Resolução n. 845/2018 do CFESS e Resolução n. 001/2018 do CFP) sobre atuação profissional, que entre outras determinações, estabeleceu que psicólogos e assistentes sociais tenham condutas profissionais despatologizantes nas questões vinculadas à identidade de gênero.

Importante o que nos traz Liliane Oliveira Caetano e Rafael da Silva Santos

> Já a Resolução do CFP n. 001 (2018) explicita, também, que cada pessoa deve ter autonomia para determinar sua <u>identidade de gênero</u>, valorizando a importância da autodeterminação.[12] (g.n)

Assim, com essas resoluções, no Brasil, não mais existe a invalidade da autodeterminação das pessoas trans; como se elas não tivessem consciência de quem são.

No âmbito internacional, há a reformulação da CID-10 pela Organização Mundial da Saúde (OMS), retirando do capítulo de transtornos mentais a transexualidade, colocando-a no capitulo relacionado com a saúde sexual, e também excluiu o termo transexualismo da CID.

Mesmo assim, ainda hoje, há muitos debates e preconceitos em torno do tema, sem contar na confusão entre a identidade de gênero e o sofrimento advindo dela, em virtude das posturas e marginalizações sociais a que são submetidas. Ao entender que não é a identidade de gênero que traz sofrimento, mas sim o modo que essa identidade é vista e vivenciada socialmente. Ditas experiências negativas levam a processos de adoecimento e ao diagnóstico de disforia de gênero; daí que se torna

---

[12] SAADEH, Alexandre. **Como lidar com a disforia de gênero (transexualidade): guia prático para pacientes, familiares e profissionais de saúde**/Organização Alexandre Saadeh. 3ª ed. São Paulo:Hogrefe. 2019. Cit.P.119

óbvia a necessidade de fica claro o motivo da despatologização da transexualidade. Essas pessoas não sofrem por se identificarem com gênero diverso do que lhe foi imposto no nascimento, mas por não conseguirem vivenciar em sua plenitude o gênero que se identificam.

Muito embora a transexualidade não seja categorizada como um transtorno psiquiátrico, a criança desassistida pela família muito provavelmente adoecerá, e desenvolverá disforia de gênero; que é o sofrimento por não poder vivenciar na plenitude o gênero que se identifica.

Como nos ensina Daniel Augusto Mori Gagliotti

> Em um conceito psiquiátrico, ou de saúde mental, utilizamos disforia para definir um estado de incômodo ou não satisfação em relação a algo e que causa profunda perturbação mental e/ou física. (...) Quadros disfóricos também podem ocorrer quando os indivíduos não se sentem confortáveis com o próprio corpo, como na disforia de gênero.[13]

Portanto, é oportuno se diferenciar a identidade de gênero dos processos de sofrimentos advindos da incompreensão social, que muitas vezes se inicia na família, e também por um "diagnóstico" construído socioculturamente.

Contar com uma rede familiar e de pessoas amigas capazes de apoiar na complexidade de vida imposta às pessoas trans, e todo o caminho que será percorrido por elas, é de suma importância, porém, acredita-se que ainda hoje seja é uma exceção, e um privilégio de poucos.

A regra, são as narrativas de rompimento com a família de origem, e, com a consequência da privação do convívio familiar, advém a ausência de cuidados e carinhos recíprocos, que fragilizam ainda mais as pessoas trans, impelindo-a aos distúrbios ocasionados pelo abandono e marginalização sistemáticos.

Do mesmo modo, o enfraquecimento da estigmatização é comprometido com a evasão escolar de pessoas transgêneras, e, em

---

[13] SAADEH, Alexandre. **Como lidar com a disforia de gênero (transexualidade): guia prático para pacientes, familiares e profissionais de saúde**/Organização Alexandre Saadeh. 3ª ed. São Paulo:Hogrefe. 2019. Cit.P.13.

seguida, com a sua falta de profissionalização; sendo levadas a viver em condições degradantes para a sua sobrevivência.

Por outro lado e de forma positiva, o Poder Judiciário tem atuado na desburocratização no que se refere à possibilidade de alteração do nome das pessoas trans, atualmente podendo ser realizada diretamente em cartório registral sem ser condicionada à a cirurgia de afirmação sexual.

Em 01/03/2018, foi julgado pelo Supremo Tribunal Federal (STF) a Ação Direta de Inconstitucionalidade (ADI) 4275, que reconheceu aos transexuais o direito da substituição do prenome e do gênero diretamente nos cartórios de registro civil de pessoas naturais, mediante simples autodeclaração. Foi estabelecido não ser necessário, ainda, que as pessoas trans tenham se submetido à cirurgia de afirmação sexual, realização de tratamentos hormonais, muito menos apresentar laudos médicos ou psicológicos.

Consolidou-se, ainda que por decisão judicial, o já previsto pela Corte Interamericana de Direitos Humanos, em sua Opinião Consultiva 23/2017, que opinava pelo direito das pessoas trans expressarem suas identidades em documentos, sem a submissão a procedimentos patologizantes ou necessitando do aval de terceiros.

E, consequentemente, o Artigo 58 da Lei 6.015/73, a Lei de Registros Públicos, foi alterado para permitir a substituição do prenome por apelidos públicos notórios.

Apesar de uma decisão histórica, as pessoas trans ainda encontram muitas e grandes dificuldades para verem seu direito ao nome social, sem quaisquer requisitos, ser respeitados de acordo com a identidade de gênero.

Alguns cartórios dificultam a busca pela alteração do nome, seja pela prestação defeituosa do serviço, não informando de forma clara como os requerentes devem proceder para fazer seus requerimentos, seja por dificultar a gratuidade no procedimento de retificação e impedindo que o requerimento seja via Defensoria Pública; e alguns ainda condicionam os requerimentos a representação da pessoa trans por advogado.

Atitudes que, muito mais que em desacordo com o provimento, reforçam a patoligização das pessoas trans.

No âmbito legislativo, o Decreto n. 8.727/2016 dispôs sobre o nome social e o reconhecimento de gênero das pessoas trans no âmbito da administração pública federal direta, autárquica e fundacional, autorizando que a qualquer tempo pode ser requerido a inclusão do nome social nos documentos oficiais e nos registros de sistemas de informações, cadastros de programas, de serviços, de fichas, de formulários, de prontuários desses órgãos.

Recentemente, em 20 de janeiro de 2021, o Conselho Nacional de Justiça editou a Resolução 366, que alterou a Resolução 348/2020, que estabelece as diretrizes e procedimentos a serem observados pelo Poder Judiciário, no âmbito criminal, com relação ao tratamento da população LGBTQIA+ seja custodiada, acusada, ré, condenada, privada de liberdade, em cumprimento de alternativas penais ou monitoradas eletronicamente.

Por causa dessa resolução, no momento da prisão os magistrados e magistradas deverão definir o local de custódia de forma justificada, sempre após indagar à a pessoa autodeclarada como trans acerca da sua preferência pela custódia em unidade feminina, masculina ou específica, se houver.

Contudo, mais uma vez é perceptível que as pessoas trans continuam a ser vitimizadas, reforçando-se ainda mais a patologização.

É perceptível que as pessoas trans obtiveram algumas garantias, mas do mesmo modo há muito o que ser feito para que se faça cumprir os esses direitos de forma efetiva.

A falta de informação para as pessoas trans e para a sociedade como um todo, e sua exclusão social, colaboram profundamente para a efetiva despatologização da transexualidade. E, ainda, também é importante a manutenção da atenção para que têm como corolário uma perigosa aliança discursiva entre medicalização e religião, com base na intolerância, em especial no Poder Legislativo.

6 CONCLUSÃO

Tendo-se como ponto de partida a concepção que gênero é fluido e consubstancia a maneira pela qual o indivíduo se percebe, denominando-se e através da qual deseja ser reconhecido, identificado por terceiros (do gênero feminino, masculino, neutro, etc), tem-se que a transexualidade infantil está atrelada ao sentimento de gênero em diversidade com o sexo biológico inato da criança. Para sua configuração atuam diversos fatores, inclusive de ordem biológica, mas sem natureza patologizante vez que a transexualidade faz parte da diversidade da humanidade inclusive, com naturalidade e de forma multifatorial. Isso significa dizer que a criança transexual, especificamente enfocada no presente artigo, assim como adolescentes, caracterizam-se como seres sociais produtores de cultura, ativos e autoconscientes. Quanto às crianças, entre três a cinco anos de idade já são capazes de expressar sentimento de gênero, sem prejuízo de poderem transitar de um gênero a outro, sem natureza deliberada, predeterminada ou provocada por terceiros, mas de modo intrínseco, espontâneo, não derivado ou resultante da ação de cuidadores ou parentes ou quaisquer outras explicações de natureza pejorativa que possamos conjecturar. Vimos o quão é complexo aos adolescentes assumir as características de gênero que correspondem aos seus anseios naturais e íntimos, as quais procuram reprimir para se verem livres de violência sob a denominação de maior ou menor "passabilidade". Ou invisibilidade. Há, então, de se indagar sobre a identidade dos indivíduos que efetivamente se acham equivocados ou com a saúde comprometida.

O fenômeno da transexualidade se exterioriza nos primeiros anos de vida da criança pois o sentimento de gênero não está atrelado ao sexo biológico que apresenta o infante, com naturalidade, reitere-se. É crucial que busquemos informações nos estudos técnicos e experiência prática de profissionais habilitados das áreas da saúde física e mental para excluirmos a transexualidade infantil da invisibilidade social e jurídica pois somente assim poderemos propiciar condições para observância da dignidade humana atrelada a adolescentes e adultos transexuais. Não se tratam de fases dissociadas, induzidas, culturais ou ideológicas.

Mais relevante do que a compreensão subjetiva da transexualidade é respeitarmos a dignidade humana, mediante o acatamento à identidade de gênero que menores de idade ostentam nos meios social, familiar e escolar, consoante suas manifestações.

A propósito do ambiente escolar, faltam políticas públicas e normas de caráter cogente para orientação de funcionários e educadores

, em primeiro lugar, franqueando-lhes condições para efetivamente protegerem crianças e adolescentes transexuais, orientando outros alunos a assim proceder e não o inverso vez que destacada em pesquisas a identidade de agressores de crianças e adolescentes transexuais como correspondendo justamente ao corpo docente e funcionários de estabelecimentos de ensino, majoritariamente, circunstância extremamente grave. O estímulo ao uso do nome social e retificação documental de menores, sob as cautelas e formalidades cabíveis, não somente é desejável como se coloca como meio hábil a promover a inclusão social, prevenindo tentativas de suicídio cujos índices são alarmantes e desproporcionais se comparados à população não transexual na mesma faixa etária. Por fim, parece-nos que o crucial a considerar a partir dos dados e ponderações profissionais coletados é que, simplesmente, nenhum ser humano elege a transexualidade com o escopo deliberado de afrontar padrões heteronormativos. A identidade de gênero é fenômeno natural que assim como a própria sexualidade do indivíduo está albergada pela liberdade e diversidade do ser humano as quais, em observância ao princípio da dignidade da pessoa humana insculpido na Carta Magna, impõe-se a todos acatar, com repúdio a quaisquer preconceitos.

REFERÊNCIAS

CARDIAL, Karen. Orientação sexual e identidade de gênero: escola precisa saber incluir. Matéria Veiculada em 01/10/2021. Disponível em https://revistaeducacao.com.br. Acesso em 08/07/2022.

CECCARELLI, Paulo Roberto. Transexualidades. 3 ed. São Paulo. Person Clinical Brasil. Coleção Clínica Psicanalista. 2017.

EDUCAÇÃO, Observatório de Educação. A experiência das pessoas trans na Educação. Disponível em: https://observatoriodeeducacao.institutounibanco.org.br. Acesso em 08/07/2022.

GODOY, Victor Patutti, A Proteção Jurídica da Criança e do Adolescente Transgênero, Belo Horizonte, Editora Dialética. 2021.

MARANHÃO, Emerson, Transversais. Longa Metragem. Circuito Comercial. 2022.

PORTAL Supremo Tribunal Federal. Disponível em: www.portal.stf.jus.br. Acesso em 08/07/2022.

RIBEIRO, Everton, A Segurança Escolar de Estudantes LGBT na Pauta da Formação de Professores, Experiência Estética e Desenvolvimento Humano, Editora Appris, Curitiba, 1ª edição, 2010.

SAADEH, Alexandre, CAETANO, Liliane de Oliveira, GONZALEZ, Luciane, BORK, Beatriz, CORDEIRO, Desirée Monteiro, ESPIRITO SANTO, Cassiana Léa do, BENEDITO Leandro Augusto Pinto, ARANTES Matheus de Cillo BAROSSI, Zoe, GAGLIOTTI, Daniel Augusto Mori, CIASCA, Saulo Vito, SCHLUTER, Karine, SAAVEDRA, Maíra Caricari Diversidade Sexual e de Gênero, Amtigos-Ambulatório Transdisciplinar de Identidade de Gênero e Orientação Sexual do IPq-HCFM/USP: proposta de trabalho com crianças, adolescentes e adultos. /Organização Alexandre Saadeh. 3ª ed. São Paulo: Hogrefe. 2019.

SIQUEIRA, Lucas. Crianças e Adolescentes Trans sofrem Hostilidade no Ambiente Escolar Brasileiro. Disponível em www.aliancalgbti.org.br, Postado em 13/12/2021. Acessado em 08 de julho de 2022.

SOUZA, Renata. 77% dos jovens transgênero sofrem transfobia no ambiente escolar. Disponível em https://www.cnnbrasil.com.br/nacional/estudo-diz-que-77-de-criancas-e-adolescentes-sofrem-transfobia-no-ambiente-escolar/. Acesso 07/07/2022.

VECCHIATTI, Paulo Roberto Iotti. Manual da Homoafetividade. 3. ed. Bauru, SP: Pessotto, 2019. p. 133-134.

VIAPIANA, Tábata. Disponível em: www.conjur.com.br. Acesso em 08/07/2022.

DOI: 10.5281/zenodo.14017473

DIREITO CIVIL E CONTEMPORANEIDADE: NOVAS PERSPECTIVAS E DESAFIOS

O DIREITO AO SOSSEGO NA ERA DIGITAL: UMA ANÁLISE DA RESPONSABILIDADE CIVIL FRENTE AO ASSÉDIO DE CONSUMO ATRAVÉS DE LIGAÇÕES E MENSAGENS INCESSANTES

16

Caio César do Nascimento Barbosa[1]

1 A ERA DIGITAL E O ASSÉDIO DE CONSUMO

Na era digital, onde a tecnologia se tornou a ponte essencial entre empresas e consumidores, surgiram inúmeras oportunidades de interação. No entanto, junto com essas oportunidades, emergiu uma prática insidiosa e invasiva: o assédio de consumo perpetrado por grandes corporações. Essas empresas, em sua incessante busca por lucro, não hesitam em bombardear os telefones de seus clientes com chamadas e mensagens indesejadas[2].

Seja para cobranças indevidas, venda agressiva de produtos ou serviços, ou simplesmente para manter sua marca presente na mente do consumidor, essa forma de assédio não só invade a privacidade e perturba a tranquilidade dos consumidores, mas também levanta sérias questões éticas e jurídicas que merecem uma análise cuidadosa.

---

[1] Advogado. Diretor Adjunto do Portal Jurídico Magis e da Associação Guimarães de Estudos Jurídicos (AGEJ). Especialista em Direito, Inovação e Tecnologia pelo Instituto de Ciências Jurídicas Aplicadas e Escola Superior de Advocacia da OAB/MG. Bacharel em Direito – modalidade Integral – pela Escola Superior Dom Helder Câmara/MG.

[2] MARTINS, Guilherme Magalhães; JÚNIOR, José Luiz De Moura Faleiros; BASAN, Arthur Pinheiro. A responsabilidade civil pela perturbação do sossego na internet. **Revista de Direito do Consumidor**, p. 227-253, 2020, p. 233.

Com o advento das tecnologias de comunicação instantânea e o acesso facilitado aos dados pessoais dos consumidores, as grandes corporações encontraram novos meios para alcançar seus alvos de mercado. Utilizando técnicas sofisticadas de marketing digital e telemarketing, essas empresas conseguem rastrear e contactar consumidores a qualquer momento do dia, resultando em uma invasão constante e indesejada na vida cotidiana das pessoas[3]. Essa prática, além de ser uma afronta direta ao direito ao sossego, traz à tona a necessidade urgente de proteção jurídica robusta para assegurar a dignidade e a integridade dos consumidores na era digital.

Sobre o assédio de consumo:

> O assédio de consumo é uma prática comercial que, muitas vezes, envolve estratégias agressivas ou manipulativas por parte de empresas ou vendedores com o objetivo de induzir os consumidores a adquirir produtos ou serviços. Essas táticas podem ser variadas, indo desde pressões psicológicas e promessas enganosas até a criação de situações de urgência artificial.[4]

Desta forma, o assédio de consumo demonstra-se como uma novel espécie de dano, recém-surgida, caracterizado como novo dano da era digital, de cunho moral, com acepção "fundamentada nos direitos básicos do consumidor, garantindo a integridade psíquica das pessoas conectadas a Internet através de instrumento jurídico já historicamente consagrado, a saber, a responsabilidade civil".[5]

---

[3] BARBOSA, Caio César do Nascimento. **A novidade média na Idade Mídia: a publicidade digital exagerada e o consumo desenfreado** Magis – Portal Jurídico. 2023. Disponível em: https://magis.agej.com.br/a-novidade-media-na-idade-midia-a-publicidade-digital-exagerada-e-o-consumo-desenfreado/. Acesso em: 24 jul. 2024.

[4] BARBOSA, Caio César do Nascimento. **Consumidor sob pressão: breves notas sobre o assédio de consumo no ciberespaço.** Magis – Portal Jurídico. 2023. Disponível em: https://magis.agej.com.br/consumidor-sob-pressao-breves-notas-sobre-o-assedio-de-consumo-no-ciberespaco/. Acesso em: 24 jul. 2024.

[5] BASAN, Arthur Pinheiro. **Publicidade digital e proteção de dados pessoais**: O direito ao sossego. Indaiatuba: Editora Foco, 2021. *E-book*, p. 37.

2 A PERTURBAÇÃO DO DIREITO AO SOSSEGO: *"0303"* ESTÁ LIGANDO

Essa importunação realizada pelas empresas é patológica, pois retira a tranquilidade do cidadão médio, afrontando o direito ao sossego, intrinsicamente ligado à garantia fundamental da dignidade da pessoa humana consubstanciada no **artigo 1º, III, da Constituição Federal de 1988**[6]. O direito ao sossego, também conhecido como "*right to be left alone*", é um componente essencial da vida digna, protegendo os indivíduos contra interferências indesejadas em sua privacidade e tranquilidade[7].

Essas incessantes importunações podem ser caracterizadas como práticas abusivas, de acordo com o **artigo 37, §2º, do Código de Defesa do Consumidor (CDC)**[8], devido à sua natureza repetitiva e desrespeitosa ao direito do consumidor de não ser incomodado. Além disso, o **artigo 6º, IV, do CDC** assegura aos consumidores a proteção contra métodos comerciais coercitivos ou desleais, incluindo práticas de assédio de consumo que claramente se enquadram nesse contexto.

É comum que diversas empresas, especialmente do setor de telecomunicações e cartões de crédito, utilizando números distintivos como os iniciados por "0303", enviem múltiplas mensagens diárias, em horários alternados e até noturnos, com o intuito de promover novos planos e ofertas, mesmo para indivíduos sem contratos vigentes.

Para todos os efeitos legais, os consumidores importunados por tais práticas têm respaldo para contestá-las pela figura do *bystander*, o consumidor por equiparação (ou sem contrato de consumo), de acordo

---

[6] BRASIL. **Constituiçao da República Federativa do Brasil**. 1988. Disponível em: http://www.planalto.gov. br/ccivil_03/constituicao/constituicao.htm. Acesso em: 20 jul. 2024.

[7] SILVA, Michael César; GUIMARÃES, Glayder Daywerth Pereira; BARBOSA, Caio César do Nascimento. **Digital Influencers e Social Media:** repercussões jurídicas, perspectivas e tendências da atuação dos influenciadores digitais na sociedade do hiperconsumo. Indaiatuba, SP: Editora Foco, 2024, p. 258.

[8] BRASIL. Código de Defesa do Consumidor. Lei nº. 8.078, de 11 de setembro de 1990. Disponível em: http://www.planalto.gov.br/ccivil_03/LEIS/L8078.htm. Acesso em: 20 jul. 2024

com o **artigo 17 do CDC**, podendo exigir que as importunações cessem, inclusive judicialmente. O consumidor detém o direito de exigir que as empresas cessem as importunações por meio de ligações e envio de mensagens publicitárias, configurando um exercício legítimo da sua vontade, amparado pelo princípio da boa-fé objetiva.

3 PRINCÍPIOS FUNDAMENTAIS E ABUSO DE DIREITO

Caso tais práticas persistam após a expressa manifestação do consumidor em não desejar mais ser abordado, configura-se uma violação ao direito ao sossego, caracterizando-se, assim, um desrespeito aos preceitos fundamentais que regem as relações de consumo. Se o consumidor expressamente declara sua recusa em adquirir os produtos ou serviços da empresa demandada, qualquer insistência injustificada configura-se como um claro exemplo de ***abuso de direito***. É essencial que as empresas reconheçam e respeitem as decisões dos consumidores, agindo de forma ética e responsável, em conformidade com os princípios legais.

O descumprimento desse princípio fundamental não apenas expõe a empresa a possíveis sanções legais, mas também mina a confiança do consumidor no mercado, comprometendo a própria sustentabilidade e reputação da empresa no longo prazo. Nesse contexto, é evidente a responsabilidade civil, conforme preconizam **os artigos 186, 187 e 927 do Código Civil Brasileiro**[9], em consonância com o **artigo 14 do Código de Defesa do Consumidor**. A inércia das empresas em cessar as importunações representa não apenas um dolo ao consumidor, mas também um abuso de direito e uma afronta à boa-fé objetiva, retirando-lhe o direito ao sossego e à tranquilidade.

---

[9] BRASIL. **Código Civil.** Lei no 10.406, de 10 de janeiro de 2002. Disponível em: http://www.planalto.gov.br/ccivil_03/leis/2002/l10406compilada.htm. Acesso em: 20 dez. 2023.

4 CONFIGURAÇÃO DO ASSÉDIO E A REPARAÇÃO DE DANOS SOB A ÓTICA JURISPRUDENCIAL E PELA TEORIA DO DESVIO PRODUTIVO

De mesmo modo, é pertinente destacar que as ligações incessantes referentes a supostas dívidas inexistentes também configuram danos passíveis de reparação. Tais práticas não apenas infringem o direito ao sossego do consumidor, mas também podem induzi-lo a situações de constrangimento e angústia, violando, assim, sua dignidade e integridade psicológica. Nesse sentido, a insistência das empresas em contatar o consumidor para cobrar dívidas não reconhecidas demonstra claramente uma conduta negligente e lesiva, que não pode passar despercebida na era digital.

Ademais, pela Teoria do Desvio Produtivo do Consumidor (ou Perda do Tempo Útil), a perda de tempo útil imposta pelo fornecedor, de forma desnecessária, caracteriza a abusividade e enseja indenização por danos morais. Conforme indica Túlio Coelho Alves, com a perda do tempo útil, "vê-se quebra da legítima expectativa, haja vista que o consumidor acaba por despender de tempo para a resolução dos referidos entraves"[10].

Ilustrando tais situações no contexto jurisprudencial, torna-se relevante trazer à baila decisão do processo de nº 5009770-37.2023.8.13.0567, da Unidade Jurisdicional da Comarca de Sabará/MG:

> Quanto ao pedido de indenização por danos morais, entendo que a cobrança indevida e abusiva de quantia, referente ao serviço que o requerente já havia solicitado a interrupção, é ato ilícito que enseja o dever indenizatório, pois, além de ser cobrado por dívida inexistente, as cobranças eram excessivas e foram do horário comercial, o que causa transtornos que superam os meros dissabores do cotidiano.
> Assim, **a provocação inoportuna por atitude inconsequente da parte ré gerou a perda do tempo útil da consumidora, pois gastou seu tempo livre em leitura de mensagens constantes e indevidas.**

---

[10] ALVES, Túlio Coelho. **A aplicação da Teoria do Desvio produtivo**. Magis – Portal Jurídico. 2022. Disponível em: https://magis.agej.com.br/a-aplicacao-da-teoria-do-desvio-produtivo/. Acesso em: 26 out. 2023

Nessa linha de raciocínio, entendo que **uma das mais lamentáveis das perdas é a perda do tempo e, por isso, a contribuição dessa perda por empresas negligentes que atuam de forma desarrazoada acarretam ao consumidor danos morais passíveis de compensação**. (grifamos) (TJ-MG, Unidade Jurisdicional da Comarca de Sabará/MG, autos de nº 5009770-37.2023.8.13.0567, abril de 2024).[11]

Com efeito, a referida decisão reconhece a Teoria do Desvio Produtivo, sendo que a constante interrupção do tempo útil do consumidor por meio de incessantes ligações e envio de mensagens representa não apenas uma inconveniência, mas também uma **violação do seu direito à eficiência e produtividade**, vez que as chamadas indesejadas desviam o foco de atividades importantes, comprometendo não só a realização de tarefas prioritárias, mas também a qualidade de vida do consumidor, bem como sua própria **saúde mental**.

Em outra decisão, de nº 0701246-09.2023.8.07.0003, a Segunda Turma Recursal dos Juizados Especiais do Distrito Federal concluiu que:

> JUIZADOS ESPECIAIS CÍVEIS. **CANCELAMENTO DE SERVIÇO SMS PUBLICITÁRIO. PRESTAÇÃO DE SERVIÇO. TELEFONIA. CONSUMIDOR. MENSAGENS EXCESSIVAS. ABUSO DE DIREITO. DANO MORAL CONFIGURADO.** VALOR REDUZIDO. RECURSO CONHECIDO E PARCIALMENTE PROVIDO. (grifamos) (TJ-DF, Segunda Turma Recursal dos Juizados Especiais do Distrito Federal, Relatora: Marilia de Avila e Silva Sampaio, Autos de nº 0701246-09.2023.8.07.0003, dezembro de 2023).[12]

Em suma, ao proferir a decisão no caso, a Turma destacou que as evidências apresentadas pela Autora eram suficientes para indicar a falha na prestação de serviços pela empresa ré e a prática comercial abusiva, **caracterizada pelo envio de mensagens publicitárias a qualquer momento do dia**. O colegiado ainda esclarece que a demandante

---

[11] TJ-MG, **Unidade Jurisdicional da Comarca de Sabará/MG**, autos de nº 5009770-37.2023.8.13.0567, abril de 2024.
[12] TJ-DF, **Segunda Turma Recursal dos Juizados Especiais do Distrito Federal**, Relatora: Marilia de Avila e Silva Sampaio, Autos de nº 0701246-09.2023.8.07.0003, dezembro de 2023.

conseguiu validar a recepção de inúmeras mensagens, mesmo após solicitar o cancelamento.

Portanto, tal prática não só caracteriza abusividade por parte do fornecedor, mas também justifica a necessidade de compensação por danos morais, reconhecendo o impacto negativo causado pela perda do tempo útil.

A recente jurisprudência reflete uma preocupação crescente com as práticas abusivas das empresas no contexto digital, especialmente no que diz respeito ao assédio de consumo através de ligações e mensagens incessantes. As decisões judiciais têm reconhecido a violação do direito fundamental do consumidor ao sossego e à eficiência, respaldando a aplicação da Teoria do Desvio Produtivo.

O tempo desperdiçado e a interferência nas atividades cotidianas do consumidor são agora considerados não apenas como inconveniências, mas como danos morais passíveis de compensação. Essa abordagem reforça a importância de proteger os consumidores contra práticas comerciais abusivas, não apenas para garantir sua tranquilidade, mas também para preservar a integridade de suas atividades e saúde mental.

5 DO PAPEL DA RESPONSABILIDADE CIVIL CONTEMPORÂNEA NA PREVENÇÃO DE NOVOS DANOS

Diante desse panorama, é imperativo que as empresas assumam responsabilidade por suas ações e respeitem o direito dos consumidores ao sossego e à tranquilidade. Com efeito:

> Em última análise, a proteção do consumidor contra o assédio de consumo exige uma abordagem holística que envolva regulamentações, conscientização pública, educação e ações de fiscalização. É fundamental que os sistemas jurídicos e regulatórios evoluam para lidar com essa nova espécie de dano, **garantindo que os consumidores não sejam**

prejudicados por práticas comerciais antiéticas ou ilegais.[13]

Caso o consumidor expresse seu desejo de ver as importunações cessarem, sejam através de chamadas ou mensagens, deverá indicar para as empresas, que devem parar com o envio de conteúdo publicitário (ou dívidas inexistentes) de forma imediata. Caso contrário, o consumidor poderá acionar o Poder Judiciário, através de **ações de obrigação de (não) fazer (não envio de mensagens/chamadas para o número indicado), requerendo ainda indenização por danos materiais e morais.**

Para mitigar esses abusos, é essencial que as empresas assumam a responsabilidade por suas ações e respeitem os direitos fundamentais dos consumidores, incluindo o direito ao sossego e à tranquilidade. Além disso, medidas proativas, como regulamentações mais rigorosas, conscientização pública e educação sobre os direitos dos consumidores, são necessárias para combater eficazmente o assédio de consumo.

Somente por meio de uma abordagem holística e coordenada, que envolva tanto o poder público quanto o setor privado, será possível garantir um ambiente de consumo justo, ético e respeitoso, que promova a confiança e a equidade entre empresas e consumidores.

REFERÊNCIAS

ALVES, Túlio Coelho. **A aplicação da Teoria do Desvio produtivo**. Magis – Portal Jurídico. 2022. Disponível em: https://magis.agej.com.br/a-aplicacao-da-teoria-do-desvio-produtivo/. Acesso em: 26 out. 2023.

BARBOSA, Caio César do Nascimento. **A novidade média na Idade Mídia: a publicidade digital exagerada e o consumo desenfreado**Magis – Portal Jurídico. 2023. Disponível em: https://magis.agej.com.br/a-novidade-media-na-idade-midia-a-publicidade-digital-exagerada-e-o-consumo-desenfreado/. Acesso em: 24 jul. 2024.

---

[13] BARBOSA, Caio César do Nascimento. **Consumidor sob pressão: breves notas sobre o assédio de consumo no ciberespaço.** Magis – Portal Jurídico. 2023. Disponível em: https://magis.agej.com.br/consumidor-sob-pressao-breves-notas-sobre-o-assedio-de-consumo-no-ciberespaco/.

BARBOSA, Caio César do Nascimento. **Consumidor sob pressão: breves notas sobre o assédio de consumo no ciberespaço.** Magis – Portal Jurídico. 2023. Disponível em: https://magis.agej.com.br/consumidor-sob-pressao-breves-notas-sobre-o-assedio-de-consumo-no-ciberespaco/. Acesso em: 24 jul. 2024.

BASAN, Arthur Pinheiro. **Publicidade digital e proteção de dados pessoais**: O direito ao sossego. Indaiatuba: Editora Foco, 2021. *E-book*, p. 37.

BRASIL. **Constituição da República Federativa do Brasil.** 1988. Disponível em: http://www.planalto.gov.br/ccivil_03/constituicao/constituicao.htm. Acesso em: 20 jul. 2024.

BRASIL. **Código de Defesa do Consumidor.** Lei nº. 8.078, de 11 de setembro de 1990. Disponível em: http://www.planalto.gov.br/ccivil_03/LEIS/L8078.htm. Acesso em: 20 jul. 2024

BRASIL. **Código Civil.** Lei no 10.406, de 10 de janeiro de 2002. Disponível em: http://www.planalto.gov.br/ccivil_03/leis/2002/l10406compilada.htm. Acesso em: 20 dez. 2023.

MARTINS, Guilherme Magalhães; JÚNIOR, José Luiz De Moura Faleiros; BASAN, Arthur Pinheiro. A responsabilidade civil pela perturbação do sossego na internet. **Revista de Direito do Consumidor**, p. 227-253, 2020, p. 233.

SILVA, Michael César; GUIMARÃES, Glayder Daywerth Pereira; BARBOSA, Caio César do Nascimento. **Digital Influencers e Social Media:** repercussões jurídicas, perspectivas e tendências da atuação dos influenciadores digitais na sociedade do hiperconsumo. Indaiatuba, SP: Editora Foco, 2024, p. 258.

TJ-MG, **Unidade Jurisdicional da Comarca de Sabará/MG**, autos de nº 5009770-37.2023.8.13.0567, abril de 2024.

TJ-DF, **Segunda Turma Recursal dos Juizados Especiais do Distrito Federal**, Relatora: Marilia de Avila e Silva Sampaio, Autos de nº 0701246-09.2023.8.07.0003, dezembro de 2023.

SEGURANÇA PÚBLICA E CIDADANIA

ESTADO DE COISAS INCONSTITUCIONAL NO SISTEMA PRISIONAL: A DECLARAÇÃO DE INCOMPETÊNCIA DO PODER PÚBLICO

17

Bruno Coelho Da Paz Mendes[1]

Atualmente, o tema em maior evidência, quando falamos sobre o sistema prisional brasileiro, é o chamado *Estado de Coisas Inconstitucional*. Seu conceito está ligado ao fato de o poder público, assumidamente, não ter condições ou meios de fazer cessar as graves e reiteradas violações a direitos fundamentais e a direitos humanos em desfavor de pessoas que cumprem pena privativa de liberdade em estabelecimentos penais no Brasil.

O Estado de Coisas Inconstitucional foi declarado, pelo Supremo Tribunal Federal – STF, após a mais alta instância do Poder Judiciário Brasileiro tomar conhecimento da existência dessas violações generalizadas, através da Arguição de Descumprimento de Preceito Fundamental (ADPF) n°. 347/DF, mencionado o seguinte:

> Há um estado de coisas inconstitucional no sistema carcerário brasileiro, responsável pela violação massiva de direitos fundamentais dos presos. Esse estado de coisas demanda a atuação cooperativa das diversas autoridades, instituições e comunidade para a construção de uma solução satisfatória[2].

Contudo, embora tenha o STF declarado tal estado de coisas no sistema prisional brasileiro somente no ano de 2015, ele existe desde que o mundo é mundo e o sistema prisional foi criado.

---

[1] Advogado criminalista e Professor universitário. Ex-policial. Especialista em Segurança Pública, Especialista em Ciências Criminais. Mestrando em Direito.
[2] BRASIL, Supremo Tribunal Federal.

O sistema prisional é um local de alta periculosidade e insalubridade, onde todo e qualquer problema é agravado rapidamente, principalmente aqueles relacionados à saúde de pessoas privadas da liberdade.

Ademais, em muitos estabelecimentos penais no Brasil não é sequer possível que a pessoa presa tenha uma alimentação adequada e que até mesmo consiga dormir, devido à superlotação de presos que assola o sistema prisional. Nesse sentido, é bastante comum que em celas que foram inicialmente construídas para alojar 04 (quatro) pessoas contenham 10 (dez), 20 (vinte), 30 (trinta) ou até mais.

O *Estado de Coisas Inconstitucional* é materializado nos estabelecimentos penais brasileiros através de uma série de violações a direitos fundamentais e aos direitos humanos, bem como por ausência de saúde e higiene, mas em se tratando de um conjunto de fatores negativos, pode-se dizer que a superlotação é um de seus principais, pelo fato de que dela decorrem vários outros como, por exemplo, aconteceu com o surgimento das organizações criminosas, hoje o maior de todos os problemas a serem enfrentados pela segurança pública.

Diante disso, o principal objetivo apresentado na ADPF nº. 347/DF é fazer com que o poder público, através do Poder Judiciário, em atuação conjunta com o Poder Executivo e com o Ministério Público, possa pôr fim a essas graves e reiteradas violações a direitos que não deveriam ser atingidos pela sentença penal condenatória, como o direito à integridade física e mental, à dignidade da pessoa humana e o direito à vida, pois não é possível que o poder público garanta que a pessoa inicie o cumprimento de pena e termine-o com vida.

De mais a mais esses direitos jamais poderiam ser violados ou restringidos a pessoas privadas da liberdade. Porém, não há mais como o poder público assegurá-los a partir do momento em que pessoas adentram um estabelecimento penal no Brasil, para o cumprimento de penas privativas de liberdade, sejam penas provisórias ou definitivas.

Sendo assim, o STF determinou que a União, estados e Distrito Federal, em conjunto com o Departamento de Monitoramento e Fiscalização do Conselho Nacional de Justiça (DMF/CNJ), deverão elaborar planos a serem submetidos à homologação do Supremo Tribunal Federal, no prazo de seis meses, especialmente voltados para o controle da superlotação carcerária, da má qualidade das vagas existentes e da entrada e saída dos presos.

Apesar disso, não se pode afirmar, sequer a longo prazo, que ainda que sejam todas as ações propostas na ADPF nº. 347/DF o *Estado de Coisas Inconstitucional* que vivencia o sistema prisional brasileiro será desfeito.

Seguimos na esperança de ver esse estado de coisas desfeito e um sistema prisional voltado ao cumprimento dos direitos fundamentais que, sem dúvida, impactam no processo de ressocialização.

REFERÊNCIAS

STF: ADPF nº 347/DF (Supremo Tribunal Federal, Pleno. ADPF nº 347 MC/DF. Rel.: Min. Marco Aurélio. DJ. 09/09/2015);

DIREITO 4.0: FRONTEIRAS DIGITAIS

SEGURANÇA DE DADOS NO SETOR PÚBLICO: UMA DIFICULDADE INSUPERÁVEL?

18

Clayton Douglas Pereira Guimarães[1]
Glayder Daywerth Pereira Guimarães[2]

1   CONSIDERAÇÕES INICIAIS

Com o avanço da tecnologia e a crescente digitalização de serviços, tanto no setor privado quanto no público, o tratamento e a segurança de dados pessoais tornaram-se questões centrais em debates jurídicos e políticos. No âmbito governamental, a coleta e o processamento de dados de cidadãos são essenciais para a implementação de políticas públicas e a prestação de serviços. Informações sobre saúde, segurança, educação, habitação e outros aspectos da vida dos indivíduos são armazenadas e gerenciadas por órgãos públicos. Nesse contexto, a proteção de dados não é apenas uma questão técnica, mas envolve o

---

[1] Especialista em Ciências Jurídicas com ênfase em Direito Civil e Processo Civil pela Faculdade Arnaldo Janssen. Bacharel em Direito, na modalidade Integral, pela Escola Superior Dom Helder Câmara. Autor de artigos no âmbito do Direito Digital, Direito do Consumidor e Responsabilidade Civil. Copresidente da AGEJ - Associação Guimarães de Estudos Jurídicos. Diretor Geral e membro do Conselho Editorial do Portal Jurídico Magis. Advogado.
[2] Especialista em Direito Digital e Proteção de Dados pelo Centro Universitário - UniAmérica. Bacharel em Direito - modalidade Integral - pela Dom Helder Escola de Direito. Copresidente da AGEJ - Associação Guimarães de Estudos Jurídicos. Diretor Executivo, membro do Conselho Editorial e Colunista do Magis - Portal Jurídico. Membro do Conselho Editorial, membro do Conselho Executivo e membro do Conselho Parecerista da Revista de Direito Magis. Advogado.

cumprimento de direitos fundamentais, como a privacidade e a segurança da informação.

O setor público, em particular, enfrenta desafios únicos no que diz respeito à segurança de dados. A administração pública lida com uma quantidade imensa de informações pessoais sensíveis, muitas vezes sem o mesmo nível de investimento em segurança e infraestrutura encontrado no setor privado. Além disso, há uma expectativa social de que os dados fornecidos ao governo para a prestação de serviços sejam utilizados de forma ética e protegidos de possíveis violações. Por isso, garantir que o Estado atue com responsabilidade no tratamento dessas informações é uma tarefa complexa, que exige regulamentação adequada e um compromisso claro com a proteção dos direitos dos cidadãos.

A promulgação da Lei Geral de Proteção de Dados (LGPD) em 2018 trouxe uma mudança significativa na forma como o tratamento de dados pessoais é regulado no Brasil. Inspirada pelo Regulamento Geral sobre a Proteção de Dados (GDPR) da União Europeia, a LGPD impõe regras rigorosas para o setor privado e público, buscando estabelecer um equilíbrio entre a necessidade de tratamento de dados para fins legítimos e a proteção dos direitos dos titulares. Com a LGPD, o governo se vê obrigado a adotar medidas eficazes para garantir que os dados sob sua tutela sejam tratados de maneira segura, respeitando princípios como transparência, finalidade, adequação e necessidade.

Nesse artigo, abordaremos a relação entre a segurança de dados e o setor público, com foco nas responsabilidades impostas pela LGPD. Discutiremos como o tratamento de dados pelo governo deve ser conduzido à luz da legislação vigente, as particularidades das obrigações do poder público e os desafios que as instituições governamentais enfrentam para garantir a proteção adequada das informações pessoais. Ao final, será feita uma análise das consequências jurídicas e sociais do descumprimento dessas obrigações e as perspectivas para o futuro da segurança de dados no Brasil, especialmente no contexto da administração pública.

2   O PARADIGMA DA LEI GERAL DE PROTEÇÃO DE DADOS (LGPD)

A Lei Geral de Proteção de Dados (LGPD), Lei nº 13.709/2018,[3] é um marco regulatório fundamental no Brasil, responsável por disciplinar o tratamento de dados pessoais em âmbito nacional.[4] Sua promulgação foi motivada por um contexto global de crescente preocupação com a privacidade e a proteção de dados, especialmente após escândalos internacionais relacionados ao uso indevido de informações pessoais, como o caso Cambridge Analytica e a coleta massiva de dados por grandes corporações. A LGPD foi inspirada no Regulamento Geral sobre a Proteção de Dados (GDPR) da União Europeia, considerada uma das legislações mais avançadas no mundo em termos de proteção de dados pessoais.

2.1   Origem da LGPD e Contexto Global

A criação da LGPD no Brasil foi impulsionada tanto por fatores internos quanto externos. No plano internacional, a entrada em vigor do GDPR em maio de 2018, estabeleceu uma referência global sobre como os países deveriam tratar a questão da privacidade e dos dados pessoais.[5] O regulamento europeu introduziu regras severas para empresas e governos em relação ao tratamento de dados, impondo sanções rigorosas para aqueles que não cumprissem os requisitos, como a obrigação de obter consentimento claro dos titulares e garantir a segurança dos dados armazenados.

---

[3] BRASIL. **Lei Geral de Proteção de Dados Pessoais (LGPD)**. Lei nº 13.709. 2018. Disponível em: https://www.planalto.gov.br/ccivil_03/_ato2015-2018/2018/lei/l13709.htm. Acesso em: 16 out. 2024.

[4] KREPKE, André Felipe. Proteção de dados, contexto social e a necessária lembrança de uma agenda brasileira. **Magis**: Portal Jurídico. 2023. Disponível em: https://magis.agej.com.br/protecao-de-dados-contexto-social-e-a-necessaria-lembranca-de-uma-agenda-brasileira/. Acesso em: 16 out. 2024.

[5] OLIVEIRA, Júlio Moraes. A importância da proteção de dados na sociedade da informação. **Magis**: Portal Jurídico. 2022. Disponível em: https://magis.agej.com.br/a-importancia-da-protecao-de-dados-na-sociedade-da-informacao/. Acesso em: 16 out. 2024.

Internamente, o Brasil já havia experimentado uma crescente digitalização de serviços públicos e privados, aumentando o volume de dados pessoais tratados por empresas e pelo Estado. O crescente uso de novas tecnologias em áreas como a saúde, educação e finanças gerou um ambiente propício para a coleta, armazenamento e tratamento de grandes quantidades de informações sensíveis. No entanto, até a LGPD, o Brasil carecia de uma legislação específica e robusta que abordasse de forma integrada a proteção de dados pessoais. A Constituição Federal de 1988[6] já mencionava a inviolabilidade da intimidade e privacidade como direitos fundamentais, mas não havia uma regulamentação específica voltada à proteção de dados em ambiente digital.

2.2 A Elevação da Proteção de Dados a um Direito Fundamental

A aprovação da LGPD consolidou a ideia de que a proteção de dados é um direito fundamental dos cidadãos. A sua importância foi posteriormente reforçada pela Emenda Constitucional nº 115, de 2022, que elevou a proteção de dados pessoais, incluindo nos meios digitais, ao status de direito fundamental, inserindo-o no artigo 5º da Constituição Federal. Essa mudança significou um reconhecimento explícito do papel central que a proteção de dados desempenha em uma sociedade contemporânea digitalizada, colocando o Brasil em consonância com tendências globais de garantir o controle dos indivíduos sobre suas informações pessoais.

Com essa elevação constitucional, os órgãos públicos e privados são agora obrigados a tratar os dados pessoais com o devido respeito aos direitos fundamentais de privacidade, intimidade, liberdade e livre desenvolvimento da personalidade.[7] Esse direito, tal como previsto na LGPD e na Constituição, busca equilibrar o uso legítimo de dados para

---

[6] BRASIL. **Constituição da República Federativa do Brasil**. 1988. Disponível em: http://www.planalto.gov.br/ccivil_03/Constituicao/ConstituicaoCompilado.htm. Acesso em: 16 out. 2024.
[7] SOUSA, Mariana Almirão de. O impacto da modernidade líquida na privacidade. **Magis:** Portal Jurídico. 2022. Disponível em: https://magis.agej.com.br/o-impacto-da-modernidade-liquida-na-privacidade/. Acesso em: 16 out. 2024.

finalidades econômicas e administrativas com a necessidade de garantir a autonomia do indivíduo sobre suas informações.

2.3 Responsabilidade no Âmbito da LGPD

A responsabilidade pelo tratamento de dados recai sobre duas figuras principais: o **controlador** e o **operador**. O controlador é a pessoa física ou jurídica, pública ou privada, que toma as decisões sobre o tratamento de dados, definindo as finalidades e os meios. O operador, por sua vez, é quem efetivamente realiza o tratamento dos dados em nome do controlador, seguindo suas instruções. Ambos são responsáveis por garantir que o tratamento de dados ocorra em conformidade com a LGPD, e ambos podem ser responsabilizados em caso de violação da lei.

A LGPD prevê uma abordagem de **responsabilização objetiva**, ou seja, independentemente de culpa, o controlador e o operador podem ser responsabilizados por danos causados aos titulares de dados pessoais em decorrência de violações à lei. Isso significa que, em caso de falha no tratamento seguro dos dados, os responsáveis podem ser obrigados a reparar danos materiais ou morais causados aos titulares. No entanto, a lei também estabelece exceções à responsabilidade, como quando o controlador demonstrar que não houve violação à legislação de proteção de dados ou que o dano foi causado exclusivamente por culpa do titular ou de terceiros.

Além disso, a LGPD introduz o conceito de **accountability** (prestação de contas), que exige que os controladores e operadores sejam proativos na adoção de medidas para garantir o cumprimento da lei e estejam preparados para demonstrar, a qualquer momento, que seguem as boas práticas de governança de dados. Isso inclui a criação de programas de conformidade, a nomeação de um **encarregado de proteção de dados** (DPO), a implementação de medidas de segurança da informação e a realização de auditorias periódicas.

2.4 Sanções e Fiscalização pela ANPD

A Autoridade Nacional de Proteção de Dados (ANPD) é o órgão responsável pela fiscalização e aplicação das normas da LGPD no

Brasil.[8] Ela possui o poder de aplicar sanções administrativas em caso de descumprimento da lei, que podem variar desde advertências até multas significativas. As multas podem chegar a 2% do faturamento da empresa ou órgão, limitadas a R$ 50 milhões por infração. Outras sanções incluem a suspensão ou proibição do tratamento de dados, o que pode ter impactos severos no funcionamento de órgãos públicos e empresas que dependem de dados para suas atividades.

No setor público, a aplicação das sanções administrativas é um pouco diferente, uma vez que a legislação prevê formas alternativas de responsabilização, como a advertência e a necessidade de corrigir o tratamento de dados em desacordo com a lei. No entanto, os órgãos públicos também estão sujeitos a controles rígidos e à necessidade de conformidade, especialmente considerando que muitas das informações que tratam são de extrema sensibilidade.[9]

Em suma, a LGPD representa um avanço crucial na regulação do tratamento de dados pessoais no Brasil, impondo um novo padrão de responsabilidade para os controladores e operadores. No setor público, essa responsabilidade é amplificada, dada a natureza sensível dos dados tratados e o impacto direto que o uso inadequado dessas informações pode ter na vida dos cidadãos. O cumprimento da lei é uma obrigação não apenas legal, mas também ética, que visa garantir a confiança pública nas instituições e o respeito aos direitos fundamentais de privacidade e proteção de dados.

---

[8] CHAFFIM, Luiza Rafaela Vasconcelos; CHACON, Eduarda. Vazamento de Dados pelo Poder Público: sanções e o papel da ANPD. **BFBM**. 2024. Disponível em: https://www.bfbm.com.br/vazamento-de-dados-pelo-poder-publico-sancoes-e-o-papel-da-anpd/. Acesso em: 16 out. 2024.

[9] COELHO, Alexander. A ameaça dos dados pessoais no setor público. **Migalhas**. 2024. Disponível em: https://www.migalhas.com.br/depeso/410506/a-ameaca-dos-dados-pessoais-no-setor-publico/. Acesso em: 16 out. 2024.

3 TRATAMENTO DE DADOS PELO PODER PÚBLICO

O tratamento de dados pessoais pelo poder público é uma questão central dentro da Lei Geral de Proteção de Dados (LGPD).[10] O governo, em suas diversas esferas – federal, estadual e municipal –, lida diariamente com volumes massivos de informações pessoais, abrangendo desde dados cadastrais básicos até dados sensíveis, como históricos médicos, registros financeiros e informações sobre segurança pública. Por lidar com dados de natureza crítica e de milhões de cidadãos, a administração pública assume uma responsabilidade ampliada em relação à privacidade e segurança dessas informações. O cumprimento da LGPD, portanto, é indispensável não apenas para garantir a conformidade legal, mas também para assegurar a confiança do público nos serviços prestados pelos órgãos governamentais.

A LGPD aplica-se integralmente ao setor público, impondo regras claras e rígidas sobre como o Estado deve tratar os dados pessoais. No entanto, o tratamento de dados pelo governo possui algumas particularidades em relação ao setor privado. Enquanto empresas privadas necessitam, na maioria dos casos, obter o consentimento explícito do titular dos dados para realizar seu tratamento, o poder público, em certas situações, pode processar informações pessoais sem a necessidade de consentimento. Isso ocorre, por exemplo, quando o tratamento de dados é necessário para a execução de políticas públicas, ou quando for imprescindível para o cumprimento de obrigações legais e regulatórias. Mesmo assim, essa flexibilização não isenta os órgãos públicos de seguir os princípios estabelecidos pela LGPD, como finalidade, adequação, necessidade e transparência. O governo deve limitar-se a tratar os dados estritamente necessários para o cumprimento de suas funções e assegurar que as informações sejam utilizadas de forma compatível com a finalidade prevista.

---

[10] MARINI, Bruno; MONÇÃO, Amanda Marques. Da proteção aos dados pessoais sensíveis sob a luz da lei geral de proteção de dados (LGPD). **Magis**: Portal Jurídico. 2024. Disponível em: https://magis.agej.com.br/da-protecao-aos-dados-pessoais-sensiveis-sob-a-luz-da-lei-geral-de-protecao-de-dados-lgpd/. Acesso em: 16 out. 2024.

Um dos grandes desafios enfrentados pela administração pública é o equilíbrio entre a necessidade de transparência e publicidade de suas ações e a proteção da privacidade dos cidadãos. O princípio da publicidade, consagrado na Constituição Federal, exige que os atos da administração pública sejam transparentes, permitindo o controle social e o acesso à informação. Contudo, a LGPD impõe limites a essa transparência quando envolve dados pessoais, especialmente quando esses dados são sensíveis. Assim, as informações tratadas pelo poder público precisam ser devidamente protegidas contra acessos não autorizados e usos indevidos. Por exemplo, dados relacionados à saúde dos cidadãos, armazenados em sistemas do Sistema Único de Saúde (SUS), ou informações financeiras e fiscais geridas pela Receita Federal, são altamente sensíveis e exigem robustos mecanismos de segurança. Vazamentos ou o uso indevido desses dados podem resultar não apenas em danos individuais, mas em crises de confiança no próprio sistema público.

A responsabilidade pelo tratamento adequado de dados pessoais no setor público também é regulada de maneira específica pela LGPD. A lei exige que os órgãos governamentais adotem medidas técnicas e administrativas apropriadas para proteger os dados contra acessos não autorizados, destruição acidental, vazamentos e outros incidentes que possam comprometer a privacidade dos cidadãos. Nesse contexto, a segurança da informação se torna uma preocupação central para a administração pública. Instituições governamentais precisam implementar sistemas de segurança cibernética eficientes, além de desenvolver protocolos internos de proteção de dados e promover a conscientização de seus servidores quanto à importância da privacidade.[11]

Além disso, a LGPD introduziu o conceito de "encarregado de proteção de dados" ou Data Protection Officer (DPO), figura que também deve ser instituída no setor público. O encarregado atua como um elo entre o órgão governamental e a Autoridade Nacional de Proteção de

---

[11] MORATTO, Juliana. Incidentes de ciberataques ao governo triplicam em 2024, alerta CTIR Gov. **Contábeis**. 2024. Disponível em: https://www.contabeis.com.br/noticias/67153/crescem-1-300-os-vazamentos-de-dados-no-setor-publico-em-2024/. Acesso em: 16 out. 2024.

Dados (ANPD), sendo responsável por supervisionar a conformidade com a LGPD, prestar esclarecimentos aos titulares dos dados e monitorar as operações de tratamento realizadas pelos órgãos públicos. A nomeação de encarregados de dados é essencial para garantir que a administração pública adote práticas consistentes de proteção de dados e promova uma cultura de privacidade em todas as suas esferas.

Embora a LGPD tenha imposto obrigações rígidas, a implementação dessas diretrizes no setor público enfrenta desafios consideráveis. Muitos órgãos ainda operam com sistemas de tecnologia obsoletos, sem a infraestrutura adequada para garantir a segurança das informações. Além disso, a falta de investimentos contínuos em segurança da informação e capacitação de servidores agrava a vulnerabilidade dos sistemas públicos, tornando-os alvos atraentes para ataques cibernéticos. Casos de vazamentos de dados por parte de instituições públicas já ocorreram no Brasil, revelando fragilidades no sistema de proteção de dados do governo. Um exemplo notório foi o vazamento de dados do SUS, que expôs informações de milhões de brasileiros. Esses incidentes ressaltam a necessidade de modernização tecnológica urgente, bem como a importância de políticas robustas de segurança cibernética no setor público.[12]

Outro aspecto relevante é o tratamento de dados sensíveis.[13] Enquanto no setor privado o tratamento de dados sensíveis requer maior cuidado e o consentimento explícito dos titulares, no setor público o manejo dessas informações pode ser feito sem consentimento quando há interesse público envolvido. No entanto, a LGPD exige que o tratamento de dados sensíveis pelo poder público siga estritamente as finalidades legais e seja feito de forma proporcional e limitada. Isso significa que, mesmo diante de uma necessidade legal ou regulatória, os órgãos públicos devem evitar a coleta excessiva de dados e garantir que as

---

[12] DKRLI. Conheça alguns dos principais casos de vazamentos de dados e suas lições. **DKRLI.** 2024. Disponível em: https://www.dkrli.com.br/2024/04/29/conhecas-alguns-dos-principais-casos-de-vazamentos-de-dados-e-suas-licoes/. Acesso em: 16 out. 2024.

[13] CSIRT – UFPA, Grupo de Resposta a Incidentes de Segurança UFPA. Vazamento expõe dados de milhares de brasileiros. **CSIRT – UFPA.** 2021. Disponível em: https://csirt.ufpa.br/noticias/vazamentos-exp%C3%B4em-dados-pessoais-de-milhares-de-brasileiros. Acesso em: 16 out. 2024.

informações tratadas sejam as estritamente necessárias para o cumprimento de suas funções. Dessa forma, busca-se evitar o uso desproporcional de dados pessoais e minimizar riscos de violações.

A responsabilidade do poder público no tratamento de dados pessoais vai além do cumprimento das diretrizes impostas pela LGPD. Ela está diretamente relacionada à confiança dos cidadãos nas instituições públicas. O descumprimento da LGPD por parte de um órgão governamental, além de sujeitá-lo a sanções e medidas corretivas aplicadas pela ANPD, pode gerar um desgaste na relação entre o governo e a população, prejudicando a legitimidade das políticas públicas e da própria administração pública. Portanto, garantir a segurança de dados e a privacidade dos cidadãos não é apenas uma questão legal, mas também uma condição essencial para o fortalecimento da democracia e do estado de direito.

Em suma, o tratamento de dados pessoais pelo poder público à luz da LGPD envolve uma série de desafios e responsabilidades. A legislação trouxe um novo patamar de exigências para a administração pública, que precisa modernizar suas práticas e sistemas, capacitar seus servidores e adotar uma cultura de privacidade robusta. Embora o poder público tenha maior flexibilidade para tratar dados sem consentimento, ele também tem a responsabilidade de assegurar que esses dados sejam protegidos e utilizados de forma ética e proporcional. Nesse cenário, o equilíbrio entre transparência e privacidade se torna fundamental para garantir tanto a eficácia dos serviços públicos quanto a proteção dos direitos individuais.

4   CONSIDERAÇÕES FINAIS

A Lei Geral de Proteção de Dados (LGPD) representa um marco fundamental na legislação brasileira ao regular o tratamento de dados pessoais, estabelecendo um novo paradigma de proteção à privacidade no Brasil. O setor público, devido à sua natureza, enfrenta desafios distintos e complexos em relação ao cumprimento dessa legislação. Embora a LGPD tenha sido elaborada com o objetivo de proteger os direitos fundamentais dos indivíduos, no caso da administração pública, ela também visa equilibrar a necessidade do governo em tratar dados pessoais para a implementação de políticas públicas e a prestação de serviços essenciais à sociedade.

O poder público, por sua vez, lida com dados em grande escala e de natureza muitas vezes sensível, como informações de saúde, segurança e registros financeiros. Nesse contexto, a LGPD impõe obrigações claras, destacando a importância de princípios como a finalidade, necessidade, transparência e segurança no tratamento de dados. Embora a administração pública tenha maior flexibilidade em certas circunstâncias, como no caso do tratamento de dados sem o consentimento explícito dos titulares para fins de cumprimento de obrigações legais ou execução de políticas públicas, isso não diminui sua responsabilidade quanto à proteção dessas informações. A adoção de medidas técnicas e organizacionais para garantir a segurança dos dados e a conformidade com a lei é um imperativo que deve ser seguido à risca.

A criação da Autoridade Nacional de Proteção de Dados (ANPD) e a figura do encarregado de proteção de dados são elementos centrais na supervisão e aplicação da LGPD no setor público. A ANPD tem um papel fundamental na fiscalização, enquanto o encarregado age como um ponto de contato para a conformidade interna, garantindo que os órgãos públicos mantenham um alto padrão de governança de dados. Entretanto, apesar do arcabouço normativo, a implementação efetiva da LGPD no setor público encontra obstáculos significativos, como a falta de infraestrutura tecnológica adequada, a carência de investimentos em segurança da informação e a necessidade de capacitação contínua dos servidores.

Além das questões operacionais, é importante destacar o impacto que a LGPD tem sobre a confiança pública nas instituições. O tratamento inadequado de dados pessoais pode gerar uma crise de legitimidade e um profundo desgaste na relação entre o governo e a população. Em um cenário de digitalização crescente, em que os dados se tornam uma moeda valiosa tanto para o desenvolvimento de políticas públicas quanto para o setor privado, o respeito à privacidade e à proteção de dados torna-se essencial para o fortalecimento da democracia e para o pleno exercício dos direitos fundamentais. Nesse sentido, a administração pública não pode ser vista apenas como uma mera coletora de informações, mas como uma guardiã da privacidade dos cidadãos.

Portanto, a implementação da LGPD no setor público requer uma abordagem integrada, que combine modernização tecnológica, transparência, capacitação de recursos humanos e a adoção de boas práticas de governança de dados.[14] A responsabilidade do Estado no tratamento de dados é ampla, abrangendo desde a proteção técnica contra vazamentos e ataques cibernéticos até a gestão ética e proporcional das informações sensíveis dos cidadãos. A segurança de dados, no entanto, vai além de uma simples exigência legal: é um compromisso social e ético que reforça o papel do governo como garantidor dos direitos fundamentais em uma era marcada pela transformação digital.

O futuro da proteção de dados no Brasil, especialmente no âmbito do setor público, depende de uma contínua evolução legislativa, regulatória e técnica. A adaptação constante a novas ameaças e o desenvolvimento de uma cultura sólida de privacidade dentro das instituições governamentais são passos fundamentais para assegurar que a LGPD seja eficaz. O cumprimento da legislação não só preserva a privacidade dos cidadãos, mas também contribui para um governo mais eficiente, transparente e confiável, capaz de utilizar as informações de forma responsável e segura para o benefício da sociedade como um todo.

Em síntese, a LGPD impõe ao poder público uma responsabilidade que transcende a simples observância de normas jurídicas. Trata-se de assegurar a dignidade, a privacidade e os direitos fundamentais dos cidadãos em um ambiente onde a informação é um recurso estratégico. A proteção de dados no setor público, portanto, não é apenas uma questão de conformidade, mas de promoção de valores democráticos e de confiança mútua entre Estado e população. A segurança de dados se revela como um pilar fundamental para o desenvolvimento de uma administração pública moderna, eficiente e respeitosa dos direitos individuais, em consonância com os desafios de uma sociedade cada vez mais conectada e dependente do tratamento seguro de informações pessoais.

---

[14] INOVALLY. Os custos dos vazamentos de dados no Setor Público: o que você precisa saber? **Inovally.** 2024. Disponível em: https://inovally.com.br/os-custos-dos-vazamentos-de-dados-no-setor-publico-o-que-voce-precisa-saber/. Acesso em: 16 out. 2024.

REFERÊNCIAS

BRASIL. **Constituição da República Federativa do Brasil.** 1988. Disponível em: http://www.planalto.gov.br/ccivil_03/Constituicao/Constituicaocompilado.htm. Acesso em: 16 out. 2024.

BRASIL. **Lei Geral de Proteção de Dados Pessoais (LGPD).** Lei nº 13.709. 2018. Disponível em: https://www.planalto.gov.br/ccivil_03/_ato2015-2018/2018/lei/l13709.htm. Acesso em: 16 out. 2024.

CHAFFIM, Luiza Rafaela Vasconcelos; CHACON, Eduarda. Vazamento de Dados pelo Poder Público: sanções e o papel da ANPD. **BFBM.** 2024. Disponível em: https://www.bfbm.com.br/vazamento-de-dados-pelo-poder-publico-sancoes-e-o-papel-da-anpd/. Acesso em: 16 out. 2024.

COELHO, Alexander. A ameaça dos dados pessoais no setor público. **Migalhas.** 2024. Disponível em: https://www.migalhas.com.br/depeso/410506/a-ameaca-dos-dados-pessoais-no-setor-publico/. Acesso em: 16 out. 2024.

CSIRT – UFPA, Grupo de Resposta a Incidentes de Segurança UFPA. Vazamento expõe dados de milhares de brasileiros. **CSIRT – UFPA.** 2021. Disponível em: https://csirt.ufpa.br/noticias/vazamentos-exp%C3%B4em-dados-pessoais-de-milhares-de-brasileiros. Acesso em: 16 out. 2024.

DKRLI. Conheça alguns dos principais casos de vazamentos de dados e suas lições. **DKRLI.** 2024. Disponível em: https://www.dkrli.com.br/2024/04/29/conhecas-alguns-dos-principais-casos-de-vazamentos-de-dados-e-suas-licoes/. Acesso em: 16 out. 2024.

INOVALLY. Os custos dos vazamentos de dados no Setor Público: o que você precisa saber? **Inovally.** 2024. Disponível em: https://inovally.com.br/os-custos-dos-vazamentos-de-dados-no-setor-publico-o-que-voce-precisa-saber/. Acesso em: 16 out. 2024.

KREPKE, André Felipe. Proteção de dados, contexto social e a necessária lembrança de uma agenda brasileira. **Magis:** Portal Jurídico. 2023. Disponível em: https://magis.agej.com.br/protecao-de-dados-cont

exto-social-e-a-necessaria-lembranca-de-uma-agenda-brasileira/. Acesso em: 16 out. 2024.

MARINI, Bruno; MONÇÃO, Amanda Marques. Da proteção aos dados pessoais sensíveis sob a luz da lei geral de proteção de dados (LGPD). **Magis:** Portal Jurídico. 2024. Disponível em: https://magis.agej.com.br/da-protecao-aos-dados-pessoais-sensiveis-sob-a-luz-da-lei-geral-de-protecao-de-dados-lgpd/. Acesso em: 16 out. 2024.

MORATTO, Juliana. Incidentes de cibertataques ao governo triplicam em 2024, alerta CTIR Gov. **Contábeis.** 2024. Disponível em: https://www.contabeis.com.br/noticias/67153/crescem-1-300-os-vazamentos-de-dados-no-setor-publico-em-2024/. Acesso em: 16 out. 2024.

OLIVEIRA, Júlio Moraes. A importância da proteção de dados na sociedade da informação. **Magis:** Portal Jurídico. 2022. Disponível em: https://magis.agej.com.br/a-importancia-da-protecao-de-dados-na-sociedade-da-informacao/. Acesso em: 16 out. 2024.

SOUSA, Mariana Almirão de. O impacto da modernidade líquida na privacidade. **Magis:** Portal Jurídico. 2022. Disponível em: https://magis.agej.com.br/o-impacto-da-modernidade-liquida-na-privacidade/. Acesso em: 16 out. 2024.

www.ingramcontent.com/pod-product-compliance
Lightning Source LLC
Chambersburg PA
CBHW052310220526
45472CB00001B/54